Annual Report of Contemporary World Studies

顾问 王家瑞

当代世界研究报告（2014—2015）

主　　编　郭业洲 丁孝文
执行主编　尤宁戈 隋晓玮

党建读物出版社

本书编写人员

陈　健	陈铁楠	陈文学	陈晓玲	陈宣伯
崔　翔	丁　逾	杜　洋	冯　茵	付　蕾
傅巍然	郭亚敏	侯红育	黄凤龙	贾　鹏
雷　欣	李　博	李　娜	李　颖	李俊福
李双伍	梁庇寒	林　蔚	母欣阳	沈　芳
沈　强	石晓虎	孙兆龙	王　薇	王　岳
徐　斌	颜谋锋	杨　晨	杨德利	叶国玲
张光平	张海波	张思萌	张晓明	张镱及
赵　强	赵　岩	赵丽华	钟伟云	朱丽涵
朱水飞	朱晓姝	邹国煜		

目　录

三、对外战略研究

四、廉政建设与国家治理研究

五、当代世界社会主义探讨

(代前言)

2014年国际形势新动向

2014年,世界经济经历新一轮分化,国际形势经历新一轮动荡,大国关系经历新一轮调整,国际体系经历新一轮变革,中国与世界的关系也在这种变动中经历新一轮互动,影响我国和平发展的国际因素和外部条件日益复杂。

一、世界经济分化态势进一步加剧,国际力量对比的平台期特点日益显现

世界经济复苏仍较乏力,前景亦不明朗,主要经济体差速发展态势更加明显。美国在发达国家中"脱颖而出",保持了低速扩张,第三季度国内生产总值增长率达到5%,创下11年之最,美元也已连续3年升值,且正式退出量化宽松政策。欧元区虽开始复苏,但基础仍很薄弱,经济改革难以推行,经济增长连续两个季度减速。日本经济在经历了2013年下半年的强劲复苏后,2014年出现大幅回落,民间投资、企业资本支出等重要指标均明显下滑。中国经济虽有所放缓,但在新兴国家中仍"一枝独秀",2014年经济增长率维持在7.4%。在"莫迪新政"刺激下印度经济也有较大起色。但俄罗斯、巴西、南非等国情况不容乐观,特别是俄罗斯受国际油价下跌和欧美制裁影响,卢布大幅贬值,致使俄罗斯经济5年来首次出现萎缩,2014年经济增长率仅有0.3%,2015年可能是零增长。总的看,与国际金融危机发生初期呈现出的"南升北降"不同,发达国家整体仍在"止跌回升",新兴国家整体仍是"冲高回落",这一"升"一"落"短期内恐难改变,表明国际力量对比或正进入"战略相持"的平台期,最终演变结果将取决于主要大国国内变革的成败和对外所作的战略选择。

二、不稳定成为世界"新常态",国际政治中的"新强人现象"愈益突出

国际金融危机深层次影响仍在,朝核、伊核和叙利亚问题及巴以冲突等

难题未解,阿富汗、伊拉克、利比亚局势风浪难平,乌克兰危机、"伊斯兰国"、埃博拉疫情又"异军突起",各种形式的极端思想、民族主义和民族分裂主义重浮水面,传统安全问题与非传统安全威胁相互交织、互动频繁,国际安全环境面临日益严峻的挑战。在内部发展陷入困难和外部危机不断上演的双重压力和刺激下,从2012年开始,以普京复任俄罗斯总统、安倍再任日本首相为发端,到2014年塞西和莫迪分别以绝对优势当选埃及总统和印度总理,一些主要大国相继出现强势领导人执政的情况。这些人的共同点是以高票当选,被民众寄予厚望,执政理念普遍保守、务实并有民族主义倾向,对内大刀阔斧推进各项改革,对外多奉行以"进攻性现实主义"为指导的政策。"强人执政"将导致当前和未来一段时期主要大国的综合国力竞争更加激烈,围绕经济发展空间和地缘战略要地的博弈更加频繁,大国关系中摩擦和碰撞、对抗与冲突的一面比以前可能有所增加,彼此战略意志的较量也会更突出,将给国际和地区形势带来更多不确定因素。

三、乌克兰危机引发大国关系深度调整,中美俄新型战略三角初露端倪

乌克兰危机是冷战后美国不断压缩俄罗斯战略空间产生的美俄结构性矛盾的集中爆发,导致大国关系出现新的分化组合。美、欧、日、澳等国围绕乌克兰危机和对俄制裁加紧协调配合,相互策应,尤其注重利用意识形态手段"求同对异",跨大西洋联盟和跨太平洋关系进一步拉紧和深化。面对美西方的战略遏制和挤压,俄罗斯对西方的幻想彻底破灭,急需向东扩展生存空间,中俄全面战略协作伙伴关系面临进一步强化的重大机遇。国际关系似出现以西方"再结盟"为一边,以中俄战略协作"再深化"为另一边,印度、东盟等在中间摇摆游移的格局,其中,中、美、俄三者如何互动不仅对各自的内外战略选择有着重要影响,也牵动着国际和地区局势的演进方向和发展进程。

四、美国坚定推进亚太"再平衡"战略,地区格局和秩序酝酿新的变化

美加强对日本的战略利用,通过给日本松绑和挑起中日矛盾,推动形成

美国主导下的中日平衡或制衡局面的意图越来越明显。奥巴马成为首个公开宣布钓鱼岛问题适用《美日安保条约》的美国总统。美国还纵容日本修改宪法解释并解禁集体自卫权，日本成为“正常国家”进程明显加快。美国摆明在南海权益争端中照顾“小国”“弱国”的态度，挑唆纵容菲律宾、越南采取挑衅和极端行为，并鼓励东盟在领土争端中发挥更大作用。美国在朝核问题上坚持设置高门槛，六方会谈陷入僵局，与韩国频频举行军事演习，并以朝核威胁为借口加快推动在韩国部署“萨德”反导系统，还以人权为借口加大对朝鲜施压，半岛形势面临新的变局。美国炒作“印太”概念，推动印度“向东看”，并有意把东亚峰会打造成由美国主导的亚太安全平台。这些表明，美国虽受乌克兰危机、“伊斯兰国”、埃博拉疫情和国内党争等因素牵制，难以集中精力投入亚太，但其“重返亚太”的决心是坚定的，一俟内外形势好转，美国会进一步加大投入，各方围绕地区格局与秩序主导权的斗争将更为激烈。

五、围绕国际规制的争夺日趋激烈，全球治理体系变革或将提速

发达国家与新兴国家均想通过先打造一套新的由自己主导的规则或机制，然后不断扩大其覆盖面，最终达到实现于己有利的全球性多边安排的目的。美国除继续推进以“下一代贸易规则”为核心的跨太平洋经济伙伴关系协定（TTP）、跨大西洋贸易与投资伙伴协定（TTIP）和国际服务贸易协定外，也在着力打造“美元跨太平洋经济伙伴关系协定”，加紧达成以美元为中心的“货币互换机制”。新兴国家则在成立金砖开发银行和应急储备库、亚洲基础设施投资银行、丝路基金、上合组织开发银行等方面迈出重要步骤或达成共识。面对这些进展，美西方国家危机感大增，千方百计给新兴国家制造麻烦，除集中唱衰金砖国家、阻挠相关地区国家加入亚投行外，还通过在气候变化、流行疾病、恐怖主义、核不扩散、网络安全、保护人权等问题上发力，以抢抓更多话语权。双方互相影响、互有攻守，或将激活全球治理体系新一轮变革和调整。2014 年底世界贸易组织正式通过成立以来首个多边贸易促进协议《贸易便利化协议》，各方在 2014 年的亚太经济合作组织领导人非正式会议和二十国集团领导人峰会上分别就建设亚太自贸区和重启国际货币基金组织和世界银行份额改革达成一致，就表明了这一点。

一、世界及地区形势新变化

国际政治思潮新动向

2014年,国际政治思潮围绕世界秩序与格局、国家治理、“两个主义”的自我反思、新科技革命以及极端主义思潮新发展等展开交流碰撞。

一、国际秩序的失序与重构成为关注焦点

近年来,国际秩序与格局的“混乱”和“无序”引发国际社会深刻忧虑,“世界秩序瓦解论”和“国际格局无极论”升温。美国《外交》杂志、美国前国务卿基辛格、诺贝尔经济学奖得主斯宾塞教授等指出,随着美国影响力衰落,国际社会对中东、欧洲和亚洲等地冲突动荡束手无策,威斯特伐利亚体系建立以来所确立的民族国家基础和国际行为准则遭到严重侵蚀。大国新一轮地缘政治博弈导致地区冲突升级,人们对建立相互依存的“全球合作体系”渐失信心,冷战后的国际秩序从“有序”滑向“无序”。多国媒体和智库刊文称,随着八国集团作为全球最有效的治理平台陷入分裂,世界或将进入没有领导者的“G0”时代,现行国际体系让位于多个权力中心的潮流不可阻挡。俄罗斯对外关系和国防政策委员会主席卢基扬诺夫在《有规则和没有规则的游戏》一文中坦言,一个多极化的世界并不必然代表秩序、和谐与平衡,反而会因玩家众多且缺乏规则而变得更加混乱。

关于未来世界秩序,大致有三类观点:一是“回归论”,认为只有“重新回归美西方领导”,国际秩序才能维持稳定,呼吁美国“在21世纪世界秩序演变中扮演负责任的角色”。二是“新冷战论”,指出中、俄等新兴大国与传统西方大国的世界观和价值观截然不同,双方为争夺国际新秩序主导权而展开的“新冷战”不可避免,并极有可能因失控转为“热战”。三是“协调论”,强调新兴大国是保持国际体系稳定的重要力量,应给予其更大发言权和影响力,让其承担更多责任,传统强国与新兴大国有可能在平等基础上通过谈判建立协调一致的国际新秩序。

二、对"国家治理"进行深刻反思并试图重新定义

英国《经济学家》总编米克尔思韦特批评西方民主制度畸形发展扭曲了政府运行,降低了国家治理效能,导致"民主功能障碍"和"权力危机",认为西方国家必须彻底改革国家治理体系。福山在《政治秩序与政治衰败》一书中指出,政府能力、法治和民主问责是国家良治的三大基石,其中强有力的政府对国家治理的促进作用比民主制度更加突出。当前美国政府陷入结构性失衡,"民主制度"沦为"否决政治",两党"恶性均衡"阻碍政府运作,导致美国政治制度日益衰败。《纽约时报》称,新兴国家若不能确保经济发展的平衡性与可持续性、妥善应对环境恶化、化解社会矛盾与民族主义情绪、激发政治体制活力,也将陷入治理困境。英国剑桥大学政治学和国际关系学院高级研究员马丁·雅克、瑞典哥德堡大学教授罗斯坦认为,国家治理的核心是政府质量,没有高质量的政府就没有良好的国家治理。自由市场和民主政治并不必然产生高质量政府,对广大发展中国家而言,国家治理的成败不在于是否建立西式民主制度,而在于如何提升政府能力。

三、社会主义和资本主义力量均试图通过反思调整实现突破发展

当前,世界社会主义力量加快向"谋发展"阶段转变,众多社会主义性质的政党在口号主张和政策实践中刻意突出公平公正、团结互助、生态环保和可持续发展等价值理念,承认世界社会主义复兴的现实困难,倡导以渐进方式实现对资本主义的替代超越。第十六届世界共产党和工人党国际会议在继续抨击帝国主义和资本主义的同时,也对社会主义内部宗派主义和机会主义盛行、党建涣散、组织行动能力弱化、舆论话语权缺失等问题深刻反思,提出要尊重各国社会主义独立探索和多元实践,充分利用包括选举在内的各种宝贵资源上台执政以践行社会主义理想,进一步加强国际团结。

国际社会对资本主义的批判更为深入。法国学者托马斯·皮凯蒂的《21世纪资本论》因深刻揭露资本主义"原罪"引发全球热议。该书指出,资本收益率总是高于经济增长率,是全球一切不平等的根源,而资本主义自由市场机制催生和固化了这种根源性不平等。出路在于实施全球累进资本税,加强政府宏观调控和经济干预,将财富和私人资本置于有效民主监督之下,以矫正贫富差距和促

进公共利益。资本主义上层精英也加强自我反思。芝加哥学派式微,主张市场社会经济的德意志和奥地利学派的影响力回升。包括奥巴马、默克尔、卡梅伦、施泰因布吕克等各国政要和世界银行经济学家米兰洛维奇、诺贝尔经济学奖获得者保罗·克鲁格曼等均认识到,在发挥市场作用的同时,必须加强国家干预和控制金融风险,警惕过度迷信市场的完全自由竞争模式,主张通过改革创造出一种“制度创新的自由主义”“有秩序的自由主义”和“实用的新自由主义”。

四、民族主义、民粹主义、极端主义和威权主义思潮复杂交织

一是民族主义与民粹主义融合趋势明显,在反对精英统治和代议制民主同时,鼓吹民族优越论,对外示强情绪浓厚。在欧洲表现为各类极右翼政党迅速崛起,在亚洲表现为日本军国主义思潮借尸还魂,在中东欧则展现出“去共产主义遗产”和“去俄化”情绪。二是极端恐怖主义思潮加快了全球恐怖主义“集团化”和“实体化”演变进程。马格里布地区的“西非圣战统一运动”和“博科圣地”恐怖组织,中亚地区的“泛突厥斯坦”运动,阿拉伯半岛和东南亚基地组织分支以及在伊拉克、叙利亚异军突起的“伊斯兰国”等,均以伊斯兰激进主义为指导,主张突破民族国家界限,通过极端手段建立跨区域宗教神权国家。三是分裂主义呈现新动向。欧洲各国反全球化和反一体化倾向加剧,亚洲、中东的东突厥运动和库尔德主义等蠢蠢欲动,苏格兰公投、乌克兰危机和西班牙加泰罗尼亚主义等为全球分裂主义升温再添注脚。

五、新科技革命对全球产业格局、国家发展模式和国际关系的影响备受关注

美国战略管理学教授理查德·达韦尼、麻省理工学院教授尼尔格申·费尔德等认为,新技术革命将突破技术范畴,“重新定义全球工业生产的权力关系”。土耳其前经济部长、布鲁金斯学会副会长凯末尔·德尔维什指出,应以新的概念框架来衡量经济发展本质,将管控技术力量发展产生的“新社会契约”纳入未来全球经济发展考量之中。美国趋势学家、《第三次工业革命》作者里夫金则认为,第三次工业革命将最终导致资本主义生产关系的消失。到2050年,资本主义现有的垂直分工体系、规模化生产方式和市场竞争模式将向个体分散、智能网络和包容分享的合作经济模式转变,人类社会发展也因此

更具可持续性。美国《国家利益》网站称,新科技革命“创造性”和“破坏性”并存,可能造成长期结构性失业、加剧贫富差距和引发社会不稳,未来走向尚不确定。美国大西洋理事会发表《2030 年展望:美国应对未来技术革命战略》报告指出,美国在新技术革命中的领先地位可帮助其在未来的“后西方世界”中确立举足轻重的地位。

国际战略安全形势

2014年，国际战略安全形势总体稳定，但地区热点不断，俄罗斯强势反弹，美西方抱团明显。

一、美国企图长期主导世界事务的一面更加突出

美国总统奥巴马强调美国要长期充当世界领袖，要塑造符合其利益的未来国际和地区环境。

（一）美国凭借强大军力竭力塑造于己有利的全球安全环境。美国更加突出军事因素，拓展关键能力、提高部队现代化水平、加大战备投入，确保维持相对于潜在对手的技术优势，推进美国在所有领域的利益。同时，美国大力巩固全球军事同盟，要实现“盟友关系现代化”，让盟国分担责任。在亚太地区，美国强化与日、韩、澳等同盟，维系“亚太安全基石”。在欧洲地区，美国利用乌克兰危机激活北约，强化对俄军事威慑和经济制裁，要求北约国家增加军费开支，提升作战能力，加强在东欧军力部署。美俄由战略容忍转向战略冷对抗。在中东地区，美国继续打压、制裁异己国家，牵头打击“伊斯兰国”，有选择地对待恐怖组织。

（二）美国将推进亚太“再平衡”战略作为全球战略重点。美国加大在亚太军事存在，提升军事同盟关系，发展与菲律宾、越南、新加坡、印度尼西亚等国的军事合作；重点整合太空、空中、地面、海上、网络等各领域部队，推进“空海一体战”，同时提出“海洋绞杀战”“近海控制战”等作战概念；重点发展有针对性的军事技术，“要用革命性、颠覆性的新技术压倒敌人”；提出美欧日要加强协调，限制对华军事和两用技术出口。

二、美俄边履行核裁军条约，边推进战略力量发展，未来国际战略安全环境不容乐观

（一）美俄虽继续执行新核裁军条约，但“减量增值”特征明显。最新数据显

示,俄罗斯目前拥有1643枚核弹头,有528件已部署的战略运载系统,两项均比2014年初有较大增加;美国拥有1642枚核弹头,有794件已部署的战略运载工具。这表明俄罗斯正在实施战略核力量现代化计划,发展新型核武器和新型导弹。俄罗斯计划到2021年全面实现核导弹部队现代化。俄罗斯2015年国防预算将超过32868亿卢布,达到创纪录的高点。美国公布2014—2023年用于维持和研发核武器的费用为3550亿美元。2023年后,美国将采购新运载工具和核弹头,核武器开支将显著增加。

(二)美国继续开展导弹防御系统建设和外空军事活动,大力发展网络空间作战能力。美国优化全球反导布局,不断改进和完善反导技术和能力,推进欧洲分阶段适应方案,宣布在罗马尼亚的反导基地正式服役,向韩国提供末段高空区域导弹防御系统,以实现与美国战区导弹防御系统联为一体。美国为谋求军事制高点,在外空开展指挥与控制、通信、监视、侦测和定位等军事活动,反对中俄向日内瓦裁军谈判会议提交的“防止在外空放置武器、对外空物体使用或威胁使用武力条约”的更新草案。美国不断扩充网军,计划将网络安全人员从目前的1800人增加到2016年的6000人,重点发展全谱网络作战能力,将中、俄等国作为网络攻击目标,炒作中国网络威胁论。日本防卫省正式成立由90人组成的自卫队网络防卫队。

(三)美俄新一轮核裁军进程难以启动。奥巴马总统2013年提出,美俄在新核裁军条约规定的1550枚核弹头上限的基础上再减少1/3的建议。美国2014年虽向俄罗斯重申了这一建议,但因谈判新裁军条约难以在奥巴马任期内完成,对进一步裁军的兴趣有所下降。俄罗斯认为美国要求启动新一轮核裁军谈判不切实际,并将未来核裁军谈判与美国发展反导系统、全球快速打击系统、非战略超音速武器、太空武器、战略稳定等问题挂钩。美俄关系趋冷后,新一轮核裁军谈判更难以启动。

三、全球核安全和防扩散努力取得一定进展

全球核安全峰会取得积极成效。2014年3月,第三届核安全峰会在荷兰召开,取得三大成果:各方同意尽量减少高浓铀和钚等危险核材料的使用、储量和储存地点;增强对核及其他放射性材料的安全保障,提高对非法贩运核及其他放射性材料的打击力度;加强国际合作,支持国际原子能机构发挥作用。美国提出主办2016年全球核安全峰会,继续加强全球核安全。

国际防扩散努力进展不一。1. 伊朗执行临时核协议取得进展,但仍未达成

伊朗核问题全面协议。伊朗已将半数以上20%浓度的浓缩铀纯度降低，获得有限的石油收益。但伊朗核问题谈判核心障碍仍未突破，伊朗坚持拥有铀浓缩权利，保留相当数量并图谋升级离心机，要求全面解除对伊制裁，而美西方为确保伊朗不发展核武器，尽可能要求伊朗全面放弃核能力，使分歧在短期内难以弥合。2. 朝鲜坚持自己为“核国家”，美国坚持朝鲜发展核武器与经济不可兼得，各方立场差异巨大，朝鲜核问题谈判未能取得进展。

中亚地区形势

一、政权建设稳步推进，总统牢固把控权力运行

中亚各国总统威权统治稳固，各国政局保持稳定，有序推进可控的政权建设。哈萨克斯坦总统纳扎尔巴耶夫对政府机构实行大部制改革，将原有的17部、9署和54个委员会缩减为12部和近30个委员会。纳扎尔巴耶夫还进行两轮较为明显人事变动，分别调整总理、副总理以及主要经济部门的领导人；制订和落实国家反腐败规划，以抓捕前总理阿赫梅托夫为标志掀起新一轮反腐旋风，有效整肃权力体系。塔吉克斯坦总统拉赫蒙在2013年选举后改组总统办公厅，并设立总统助理办公室，通过人事调整加强对权力的垂直领导。2013年以来，塔吉克斯坦中央政府约60%的官员被更新，政府22名成员中有13人更换，很多地方大员也在调整之列。土库曼斯坦总统别尔德穆哈梅多夫为提高执政威望，注重搭建国内民主架构，自2013年宣布中止自己民主党党籍后，继续推进国内多党化进程。乌兹别克斯坦总统卡里莫夫利用2014年年底议会选举积极培育国内政党政治竞争氛围，并以2015年实施宪法修正案为契机进一步推动国家政权建设步伐。吉尔吉斯斯坦实行议会总统制，但总统阿塔姆巴耶夫仍掌握较大权力：一方面通过掌控的社会民主党掌权控局，并主动调和国内权力矛盾，成功解决4月出现的执政联盟危机；另一方面为缓解国内对其觊觎更多权力的担忧，在多个场合宣布不寻求修宪连任。议会各党派均表示将继续推进议会制发展，总统、议会和政府三方逐渐认同权力共享、共治理念。

二、各国议会全面实现多党运行，政党活跃度较高，总统党或政权党作用继续上升

（一）哈萨克斯坦总统党作用进一步凸显。在谋划国家反腐败战略、2050战略以及“光明之路”新经济计划中，哈萨克斯坦“祖国之光”党被总统赋予重

要的决策和施策地位。同时,"光明道路"党、共产人民党在议会内积极发挥建设性反对派作用,不时对哈萨克斯坦央行货币政策、政府社会保障举措等进行批评。

(二)吉尔吉斯斯坦政党政治出现多样而复杂变化。吉尔吉斯斯坦社民党继续依托总统党地位积极拓展自身势力,深挖在中央和地方各级权力体系中的影响力,尤其在首都比什凯克牢牢掌控政府和议会。祖国党则在经历4月执政联盟三党重组后推选自己的候选人出任总理,在政府中的作用进一步提升。围绕2015年议会选举,吉尔吉斯斯坦国内各党派已开始预作准备。10月,议会内反对派故乡党和共和国党宣布合并为共和国故乡党。

(三)土库曼斯坦、乌兹别克斯坦、塔吉克斯坦积极塑造各自特色的多党制。土库曼斯坦多党制已具雏形。1月,土库曼斯坦新一届国民会议首次囊括民主党和工业家企业家党两派力量,而且还将工、青、妇等社会力量纳入议会治理。10月,土库曼斯坦农业党以议会外建设性反对派的形式组建,成为该国第三个政党。乌兹别克斯坦继续实施四党平衡的多党制,有序推进政党参与国家治理。2014年底乌兹别克斯坦举行议会选举,四党仍继续保持相对稳定的力量对比格局。塔吉克斯坦积极打造人民民主党为主导的多党制。为筹备2015年3月议会大选,兼任党主席的拉赫蒙总统亲自出席人民民主党十三大,进一步明确该党在实现国家政治经济多元化、多党制、法治以及推动公民社会中的引领性作用。与此同时,当局对伊斯兰复兴党等继续保持挤压态势,严控国内出现新的激进反对势力,对社民党、共产党、农业党等建设性反对派则采取相对宽容的态度。

三、经济运行基本平稳,发展战略落实有力,但面临的经济风险增多

(一)地区经济保持较快增长。2014年,中亚地区是独联体范围内经济增长的亮点区域。上半年,五国保持经济良好增长态势,哈萨克斯坦实现3.7%增速,吉尔吉斯斯坦为4.1%,塔吉克斯坦是6.7%,乌兹别克斯坦为8.3%。土库曼斯坦前三季经济增速达10.3%,被国际货币基金组织评为经济增速最快的国家。

(二)各国强力推进国家振兴发展战略。哈萨克斯坦将实施2050战略确定为国家中心任务,进一步出台路线图和分阶段规划。11月,总统宣布启动总额达300亿美元的"光明之路"新经济计划,全面推进国内基础设施建设。吉尔吉

斯斯坦2013—2017年稳定发展战略稳健推进。奥托尔巴耶夫出任总理后,吉尔吉斯斯坦新政府提出建设7条战略性国际交通走廊,确定了76个吸引外资项目。塔、乌、土也正在加紧出台国家中长期发展规划。

(三)地区部分国家融入一体化和多边合作进程的步伐加快。2013年底,乌兹别克斯坦正式批准《独联体自贸区协定》。哈萨克斯坦在关税同盟中的地位进一步上升,积极推动2015年初启动欧亚经济联盟。2014年5月,吉尔吉斯斯坦在欧亚经济委员会阿斯塔纳会议上签署加入欧亚一体化的行动计划,正式启动加入欧亚经济联盟进程;12月,吉尔吉斯斯坦议会批准加入关税同盟的8项法律草案,为加入欧亚经济联盟扫除法律障碍。2014年以来,地区多边互联互通合作取得较大进展,10月,乌兹别克斯坦总统访问土库曼斯坦时,双方表示将启动乌兹别克斯坦—土库曼斯坦—伊朗—阿曼国际交通运输走廊项目。12月,哈萨克斯坦—土库曼斯坦—伊朗国际铁路正式全线开通,成为中亚地区近年来最重要的多边合作成果,极大促进了地区互联互通建设。

但需看到,在国际金融危机深化、俄罗斯经济受制裁和国际能源资源价格下行背景下,中亚单一型经济遭受前所未有的压力。中亚国家货币相继贬值,经济增速出现放缓苗头。2014年以来,中亚五国货币平均贬值幅度超过10%,哈萨克斯坦货币贬幅超过20%。根据国际货币基金组织测算,2014年中亚经济增速将比2013年下降近两个百分点。四季度,国际原油价格持续暴跌,以哈、土为代表的能源经济遭受较大冲击,两国总统已呼吁国际社会稳定油气资源价格。此外,塔、吉两国依靠外援和侨汇度日的状态还未改变,经济的波动性加大。2014年上半年,塔吉克斯坦贸易逆差接近20亿美元,而前三季度吉尔吉斯斯坦外贸逆差近30亿美元。2014年底,吉尔吉斯斯坦外债余额达37亿美元,超过标准警戒线。在国际和地区主要大国增长乏力的环境下,外部资金流入吉、塔等国的数量剧减,能源和交通瓶颈更难破解,实现经济内生增长的难度进一步加大。

四、地区安全形势依旧严峻

各国围绕边界、水资源等老大难问题继续针锋相对。2014年以来,吉塔、乌吉围绕边界问题冲突不断,引发外界担忧。6月,世界银行对塔吉克斯坦罗贡水电站可行性研究报告放行,乌塔呈现新一轮对抗态势。乌兹别克斯坦伊斯兰运动、哈里发战士、伊斯兰圣战联盟、伊斯兰解放党等恐怖组织和极端势力在中亚地区继续保持活跃态势。随着美军及北约部队撤离阿富汗,中亚地区南部面临较严峻的安全形势。伊斯兰解放党在吉尔吉斯斯坦南部青年和妇女中积极招募成员。近5年,哈萨克斯坦以恐怖和极端主义罪先后起诉300多人。塔吉克斯坦2014上半年共破获5起恐怖主义袭击阴谋,逮捕49名恐怖和极端组织成员。2014年初塔吉克斯坦南部霍罗格地区毒恐势力引发的局势动荡受到外界广泛关注。此外,乌克兰问题等地缘政治风险亦对地区各国产生较大影响。

五、外部力量博弈出现新变化,地区各国外交面临多重压力

俄罗斯继续加大对中亚地区的经营力度。俄罗斯竭力推进欧亚经济联盟,驱逐美国在中亚的军事存在。在美西方制裁下,俄罗斯视中亚为摆脱战略困境的重要阵地,继续保持对哈萨克斯坦拉拢态势的同时,有意识地拉拢吉尔吉斯斯坦、乌兹别克斯坦等国。2014年5月,在俄罗斯的推动下,吉尔吉斯斯坦签署启动加入欧亚经济联盟的协议;11月,俄吉正式成立总额为5亿美元的发展基金,以尽快使吉尔吉斯斯坦适应参与欧亚一体化的条件;12月,吉尔吉斯斯坦媒体透露,俄吉两国就未来4—5年内俄罗斯对吉尔吉斯斯坦经济投入70亿—80亿美元签署协议;12月,俄罗斯总统普京到访乌兹别克斯坦,宣布免除乌兹别克斯坦8.6亿美元外债。俄乌双方还就加强农业、安全等领域合作达成共识,并商定启动独联体自贸区和乌兹别克斯坦加入欧亚经济联盟谈判。普京选在乌兹别克斯坦即将举行议会和总统大选前访问,意在为卡里莫夫亲自站台支持。

美军及北约战斗部队撤离阿富汗基本结束,美国正式关闭吉尔吉斯斯坦马纳斯军事基地。美欧与俄罗斯在乌克兰问题上的激烈对抗,也导致其对中亚的关注度下降。近期,美欧对中亚各国的援助呈下降趋势,比如2013年美国对塔吉克斯坦无偿援助占比超过50%,2014年上半年占比则不足10%。2014年1月,美国助理国务卿比斯瓦尔访问土库曼斯坦,主要目的就是保障土库曼斯坦—阿富汗—巴基斯坦—印度天然气管道项目气源供应。

从2014年中亚地区外交走向看,部分国家靠俄态势进一步显现。哈萨克斯坦有意推进自己的强国外交战略,在外交中注重塑造自身国际形象,但在欧亚地区发挥影响力仍需借助俄罗斯的幕后支持。2014年初,哈萨克斯坦出台的《2020年前外交政策构想》指出,在《哈俄睦邻友好同盟条约》基础上优先发展对俄罗斯全方位合作,视俄罗斯为哈实现地区大国战略的外交支柱之一。吉尔吉斯斯坦关闭美国马纳斯军事基地并积极谋求加入欧亚经济联盟,乌俄关系进一步回暖以及塔引俄戍边,均是中亚国家作出外交选择的信号。这种转向也将引发美欧对各自中亚政策进行反思,美欧不可能轻易放弃在此的战略存在。

六、丝绸之路经济带成为我国深化与中亚战略合作的新坐标

习近平主席2013年访问中亚时首次提出建设丝绸之路经济带战略构想。2014年以来,在全球经济持续动荡以及俄罗斯经济因制裁受重挫的大背景下,中亚各国更加意识到中国是它们最现实和最可靠的战略伙伴,向中国看的态势越发明显。总体看,2014年我国与中亚各领域合作发展迅速,双方打造升级版战略伙伴关系的进程加速推进。除习近平主席访塔外,李克强总理访哈,我国与中亚各国领导人在上合、亚信、博鳌亚洲论坛等多边平台也开展着密切沟通。2014年,中亚五国总统均实现访华,塔、乌两国总统更是两度来华,各国发展对华关系的积极性大大提升。在会晤会谈中,丝绸之路经济带建设成为战略沟通、务实合作的首要议题,各方均强调经济带建设与五国各自发展战略高度契合。

展望2015年中亚形势,克服地缘政治经济风险影响、实现国家发展仍是地区各国面临的主要任务,乌兹别克斯坦总统大选、塔吉克斯坦、吉尔吉斯斯坦议会选举将是地区政治发展中的重要看点。中亚各国如何处理欧亚一体化与融入其他经济合作进程间的关系、如何平衡大国力量博弈等外交议题也值得关注。

南亚地区形势

2014年，南亚各国仍处于政治转变、经济转型、安全转轨的关键期，印度主导的“一强众弱”南亚格局继续强化，南亚持续成为各大国争夺的重点。

一、大多数国家处于政治转变关键期，乱治交织

2014年，南亚大部分国家处于大选年或执政考验年。印度、孟加拉国、阿富汗年内分别举行大选。印度人民党在大选中获得压倒性胜利，莫迪总理作风强势，秉承“小政府、大治理”理念，凝聚民众发展和改革共识，一党独大政治生态初步确立。孟加拉国执政党人民联盟在议会大选中获胜，哈希娜总理连任，有效应对反对党抵制大选局面，强力控局。阿富汗4月、6月举行两轮总统投票，由于存在争议，总统一度“难产”，直至9月才达成加尼出任总统、阿卜杜拉任首席执行官的安排，但新政府受多方掣肘，施政困难。巴基斯坦、尼泊尔、马尔代夫2013年分别举行大选和制宪会议选举，执政一年来也面临各种考验。8月起，巴基斯坦第三大党正义运动党发动反政府示威，军队柔性干政，巴基斯坦政局变数增加。尼泊尔政治力量对比发生重大变化，主要政党为拓展自身政治利益重新结盟，围绕解决新宪法争议问题激烈博弈，以完成制宪为目标的政治转型进程再次陷入僵局。马尔代夫总统亚明执政后开局良好，朝野力量对比进一步拉大，但反对派小动作不断。斯里兰卡于2015年1月举行总统大选，执政多年的自由党总统拉贾帕克萨下野，统一国民党总统西里塞纳上台。

总体来看，南亚政坛呈现乱治交织，传统特色和现代变革并存的特点。一是民主程序扎根，街头政治对政府执政冲击有限。大部分国家经选举实现政权更替观念深入人心，街头政治虽然在巴、孟、尼等国有所抬头，但难以撼动选举合法性。二是政党与家族、族群力量共同影响各国政权更替与政治发展。南亚主要国家政党作用突出，强人政治颇受瞩目。印人党借力“莫迪旋风”强势掌权，得到民众广泛认可，国大党甘地家族和代表其他族群的地方性政党遭遇重创。孟加拉国哈西娜和卡莉达·齐亚家族、巴基斯坦谢里夫和布托家族都是引领所在

国政党的主要力量,实力不相伯仲。阿富汗族群政治作用大,双头体制运行,为活跃政党政治提供了发展空间。三是受全球变革之风影响,南亚一些国家逐步推动行政机制变革,呈现出治理新气象。印度强化总理权力,组建瘦身内阁,缩减行政程序,连续出台严肃政风的“六项规定”,并进一步向地方放权。孟加拉国等也注重提升施政效率,缩减繁文缛节。

二、南亚国家经济普遍处于转型恢复期,发展任务艰巨

2014 年以来,各国把经济发展作为巩固执政的重要因素,加大变革力度,大多实现恢复性增长。一方面,各国注重落实规划。莫迪强调发展至上,致力于把“古吉拉特模式”推向印度全国。巴基斯坦制定《2025 年远景规划纲要》。孟加拉国继续推动“2021 年愿景计划”,为到 2041 年建成中等发达国家的宏大目标努力。斯里兰卡也积极落实“马欣达愿景”。另一方面,各国强力推进改革,吸引外资。印度以“高效、发展、进步”进行改革,提出“制造印度”“清洁印度”“建设智慧城市”等口号发展制造业、改善生活环境、提升基础设施建设,大幅放宽外资在国防、房地产、保险等领域的投资比例上限。巴基斯坦积极推进以市场为导向的经济改革。孟加拉国决定在未来 2 年建设 5 个特别经济区,积极吸引外资,降低外资公司税率。各国诸项措施得力,加之受全球工业活动回暖影响,南亚国家经济普遍向好。印度经济形势 2014 下半年有所好转,莫迪执政 3 个月间国内生产总值增速达 5.7%,较 2013 年同期增长 1.1%,出口连续 3 个月实现 10% 以上增速,2014 财年国内生产总值增速达到 5.4%—5.9%。斯里兰卡经济保持强劲增长势头。巴基斯坦经济实现止跌回稳,2014 年增速为 2009 年来最快。孟加拉国经济下半年也逐步从低迷中恢复。据世界银行预测,南亚地区 2014 年、2015 年增速将分别达到 5.3%、5.9%,高于全球 2.8%、3.4% 的平均增速。

南亚经济能否实现长远发展仍面临诸多考验,有三个突出问题值得密切关注。一是各国经济结构性调整成效。莫迪大刀阔斧实施改革,但政策利好发酵尚需时日,印度多年来财政赤字不断增加,经常项目逆差问题未得到根本解决,国内通货膨胀高居不下,结构性改革涉及多方利益,在国内仍面临一定压力。巴基斯坦、孟加拉国经济改革起步晚,成效仍有待观察。二是各国政治安全形势。2013 年以来的孟加拉国政治恶斗、2014 年的巴基斯坦反政府示威游行给两国分别造成 30 亿美元和 53 亿美元的直接损失。巴基斯坦安全形势持续吃紧,美国和北约对阿富汗援助以及在阿富汗军事开支多年保持在阿富汗国内生产总值的 90% 左右,美国撤军后阿、巴安全形势发展对两国经济影响不容小觑。三是能

源、电力等基础设施建设进展。据统计,南亚区域合作联盟成员国30%地区需要通过进口电力来满足经济社会发展需求,孟加拉国煤气短缺,巴基斯坦电力缺口高,严重制约经济发展。

三、南亚安全形势处于转轨交替期,传统安全、非传统安全问题常态化

首先,印巴边境出现擦枪走火,但总体可控。5月,巴基斯坦总理谢里夫赴印度出席莫迪总理就职仪式,双方关系出现些许缓和。但由于矛盾复杂,两国内部均有干扰力量,和解曙光转瞬即逝,双方在边境数度交火,紧张局势再度升温。印巴冲突涉及国家主权,不会轻易消弭,但当前印巴战略态势对比对印度有利,两国执政重点都聚焦发展,在此背景下对抗升级的可能性不大。

其次,阿、巴安全局势不容乐观。尽管美国从阿富汗撤军期限延长一年,但巴基斯坦塔利班和阿富汗塔利班实力未减,阿、巴安全形势演变愈发复杂。谢里夫政府对巴塔"谈""打"结合,但谈判成效不大。6月卡拉奇机场恐怖袭击事件后,巴基斯坦军方开展"利剑"行动,击毙1800多名恐怖分子,但并未有效遏制巴塔活动,12月还发生了巴塔血洗学校的严重暴恐事件。阿塔在美国拉拢下保持与阿富汗政府和谈姿态,实则加强对控制区的管理,与阿富汗政府军进行小规模对抗试探,图谋卷土重来。

最后,南亚暴恐势力发展与反恐斗争将进一步常态化。随着全球极端势力抬头,盘踞在中东的"伊拉克和沙姆伊斯兰国"加紧向阿巴渗透,给地区安全带来不稳定因素。巴塔、阿塔还为"东突"等恐怖组织提供宣传资料,培训骨干力量,威胁我国国家安全。巴、阿政府控局能力有限,难以通过军事和谈判策略解决问题。美国致力于反恐,但其着力点、策略与两国不完全一致,虽与阿富汗签署《双边安全协议》承诺继续予以援助,力度却不复从前。地区尚未形成有效的安全合作机制。美国延时撤军后,阿富汗将形成一定权力真空,印、俄、巴等国有心作为,但阿富汗和解转型涉及多方,各种矛盾错综复杂,所需投入巨大,单凭外方之力恐难如愿。

四、印度在南亚的主导地位继续强化,南亚整体地缘政治地位进一步上升

首先,印度强化在南亚主导地位,运筹大国外交有声有色。莫迪上台后邀请

南亚各国首脑出席其就职仪式,随后即出访不丹、尼泊尔,巩固与邻国关系。印度积极融入亚太,将"东向"政策拓展为"东进"政策并出席印度—东盟领导人峰会。印度在主要大国间自如穿梭,游刃有余。莫迪访问日本、美国,获得美国支持印度"入常"的承诺,热情接待俄罗斯总统普京访印,规划未来10年印俄关系并取得实质性成果。印度还借助多边平台不断拓展影响力。莫迪出席金砖国家峰会和二十国集团峰会,积极在国际重大议题上发出印度声音。

其次,南亚地缘地位提升,美、俄、日竞相加大投入。美国对印度积极拉拢,把加强在印太(印度—太平洋)地区军力部署视为其亚太布局的关键环节,鼓励印成为"印度洋安全的纯粹提供者",同时松绑对印度军售,加强对印度投资,拉印度组建的美印澳、美日印小多边对话机制步入正轨,推印度参与美日印澳四边对话。俄罗斯在受西方国家孤立和经济制裁的背景下,视同印度合作为提升新兴大国话语权的重要基石,与印度双多边合作不断拓宽。日本在深化对印关系的同时,不断加大对其他国家投入。日本首相安倍晋三分别访问斯里兰卡、孟加拉国,向孟加拉国提供11.8亿美元优惠贷款,换取孟加拉国退出安理会非常任理事国竞选、支持日本参选,在联合国人权理事会涉斯里兰卡提案中投弃权票。

最后,南亚各国外交实用主义特点愈发突出。随着南亚成为域外大国布局、争夺的重要地带,各国外交的大国平衡色彩较以往浓厚。莫迪个人风格明显,希望有所作为,实现印度民族复兴,注重与美、俄、日、中平衡发展关系。南亚其他国家普遍受印度影响较大,同时希望发展与华关系,也接受美、日拉拢,以争取自身利益最大化。同时,南亚各国外交经济实用主义增强,促进经济合作成为各国外交的优先考虑。印度对其他国家经济带动作用不大,地区吸引域外经贸和投资需求强烈。美、日虽日益重视对南亚投资,但数额较少或口惠而实不至,南亚各国为促进发展转型升级,积极拓宽全方位对外关系。

东南亚地区形势

2014年东南亚国家形势总体稳定，主要国家经济保持增长势头，东盟一体化进程加快推进，但各国转型发展任务繁重，地区格局与秩序继续深入调整，大国博弈更加复杂。

一、地区各国局势总体平稳可控，印度尼西亚、泰国、缅甸等部分国家治理方式酝酿重要变化，国家变革节奏显著加快，政治、经济和社会转型进程深入推进

印尼作为地区“龙头”，2014年大选有惊无险，顺利实现权力交接，为维护地区国家局势稳定发挥了关键作用。新任总统佐科展现务实清廉形象，推行亲民“新政”，力求破除权钱交易、贪污腐化等政治顽疾，上台伊始即展现出革新气象。泰国朝野斗争升级导致政坛格局出现大变动。军方于5月发动政变，巴育出任总理，公布了制定新宪法、实施全面改革和2015年底前举行大选“三步走”路线图，暂时稳住局势。巴育政府正深入思考现行政治体制弊端，推进修宪和改革，以巩固政变成果，扶植亲王室力量发展，引导国家长远发展方向。

部分国家受选举政治和社会潮流变化等影响，派系博弈激烈，朝野关系更趋复杂。缅甸执政集团内部分歧扩大，权力竞争加剧，与民盟、少数民族政党围绕大选、修宪、民族和解和民生等议题频繁攻防。马来西亚、柬埔寨等国执政党2013年成功度过大选年，2014年借胜选势头，着力应对民众利益和政治诉求更加多元带来的复杂挑战，巩固执政基础。菲律宾主要政党围绕2016年大选加快分化组合。越南、老挝受西方渗透压力较大，意识形态领域斗争暗流涌动，两国执政环境更加复杂。

二、地区主要国家经济保持平稳增长,但发展势头出现分化,外部压力和挑战增多

各国普遍采取积极财政、产业、外资政策,促进基础设施、民生等领域投资,刺激经济增长。印尼政府制订2014—2019年中期发展计划,确立重点发展海洋经济、能源、农业三大产业。印尼、马来西亚政府削减燃油津贴,实行消费税改革,减少财政支出,加大对中小企业发展、青年就业等扶持力度。越南根据2025年工业发展战略规划,加快机械冶金、化工、电子信息等十大行业发展。缅甸出台一系列吸引外资举措,2014财年吸引外资突破50亿美元。菲律宾、泰国采取公私合营、加快审批进度等方式加大基础设施建设。

主要经济体保持中速增长,但受国际经济环境影响,整体增速有减缓迹象。地区多数国家维持经济中速增长,越南前三季度经济增长5.62%,全年增长5.98%。印尼前三季度经济增长5.11%,全年增长5.2%。马来西亚上半年增长6.3%,为东盟国家中最高;发展水平相对落后国家经济增长较快,缅甸2013—2014财年经济增长7.5%,下财年增长7.8%。柬埔寨经济增长达7.2%。但菲律宾前三季度经济增长5.77%,高速增长势头有所减弱;较发达国家经济低速增长,且增速较去年放缓。新加坡前三季度增长3.3%,全年增长2.8%;文莱第一季度经济下滑3.3%,第二季度开始恢复缓慢增长;个别国家经济出现波动。泰国经济受政局变动因素影响较大,上半年增长率同比下降0.1%,全年增长率仅0.8%。横向比较,地区国家经济竞争力有所提升。在国际经济组织和评级机构全球竞争力排名中,新加坡由去年的第5位上升至第3位,马来西亚由第15位上升至第12位,印尼从第50位跃升至第34位。进入第四季度,部分国家受国际油价和大宗商品价格下跌因素影响较大,预期增长率可能略有下调。国际油价下跌给印尼、马来西亚、文莱等产油国经济发展和政府财政收入等造成一定冲击。美国退出量化宽松造成菲律宾等国家外资撤出,引发金融市场波动。欧洲需求疲软造成泰国、菲律宾等出口下滑。

三、东盟经济共同体建设进入冲刺阶段,地区一体化进程明显加快

2014年是东盟落实2015年建成经济共同体目标的关键一年,东盟内部紧迫感明显增强,2014年召开的第二十四届东盟峰会以“团结起来,迈向和平与繁

荣的共同体”为主题，重点推进共同体建设和区域安全等合作。继续以建设单一市场和生产基地、加强互联互通为抓手，着力推进经济共同体建设。促进贸易便利和投资手续标准化，消除非关税贸易和投资壁垒，探讨实施“东盟单一窗口”，启动“东盟服务贸易协议”谈判。落实《东盟互联互通总体规划》，利用东盟基础设施基金、推动公私联营等方式扩大融资，加快东盟高速公路网、单一航运和航空市场建设。据东盟秘书处报告，经济共同体建设迄今已完成设定目标的81.7%。

强调区域合作架构建设，加大安全防务合作，稳步推进政治安全共同体建设。东盟峰会同意在《东南亚友好合作条约》和“巴厘原则”基础上探讨建立地区框架可能性，外长会通过“东盟对外关系指导方针”。建立东盟防长会议热线，就海上突发事件加强沟通协调，加大在人道主义救援和救灾、打击跨国犯罪、联合军演等非传统安全领域合作，增进安全互信。积极构建东盟身份认同，促进社会文化共同体建设。加大教育、环境、扶贫、妇女儿童、疾病防控等领域合作，加强媒体资源整合，推出东盟“宣传总体规划”，提升民众对东盟共同体认知。

东盟一体化进程在取得不少成绩的同时，还存在成员国差异巨大、整体与国别目标难以协调、缺乏有效约束监督手段、机制建设不完善等结构性问题和挑战，建成真正的共同体仍任重道远。

四、大国加紧博弈，力争主导地区格局秩序重塑，地区国家和东盟外交积极进取，域内外互动更加频繁

美国继续推进亚太“再平衡”战略，深化与地区主要国家政治、经济、安全利益捆绑。日本搭乘美国顺风车，安倍在香格里拉对话会上渲染中国威胁，谋求将东海、南海问题挂钩。域内外大国博弈加剧，地区国际影响力持续上升，地区形势的复杂性更为突出。

在这一背景下，地区国家和东盟全方位推进对外合作，积极拓展国际影响和发展空间。一方面，外交更加积极进取。东盟利用“10+1”“10+3”、东亚峰会等与中、日、韩、美等大国深化合作，利用大国平衡政策谋求战略主动权，提升东盟国际影响力。与中国、中国香港分别启动自贸区升级版和自贸区谈判，加强“区域全面经济伙伴关系”谈判，在南海问题上发声，维护区域合作主导权。印尼、马来西亚、新加坡等国积极参与联合国、亚太经合组织、二十国集团等国际和地区多边会议，提升在气候变化、可持续发展、打击恐怖主义和极端主义等热点议题上的话语权。另一方面，更加注重通过务实外交服务国内发展，大国外交各

有侧重。缅甸与美西方互动频繁,泰国政变后巴育密集出访,通过调整大国关系换取更宽松国际环境。菲律宾与美国强化同盟关系,总统阿基诺访问欧洲,冀望大国在南海问题上为其撑腰。地区各国普遍高度重视经济外交、能源外交,大力吸引外资,深化投资贸易、能源等务实合作。印尼新政府外交更加务实高效,从过去强调打造“千友零敌”的全方位外交格局转向突出强调外交要为本国发展建设服务。

地区国家总体上奉行大国平衡政策,强调不选边站队,在东盟框架下加强内部协调,向外界发出一致声音。多数国家重视发展对华友好关系,期望搭乘中国经济发展快车。借重美国的同时,对其利用多、投入少的政策本质有较清醒认识,不愿一味随美国起舞。但不乏一些国家以利用大国博弈谋取利益的小国心态,“经济倚中,安全靠美”取向更加突出。

中东地区形势

2014年,中东地区乱象纷呈,局势剧烈动荡,“伊斯兰国”极端势力强势扩张,地区热点多点爆发,教派之争、教俗矛盾、部落冲突相互交织,地区国家转型曲折推进,美国中东战略投放适度回摆,域内外大国博弈加剧。

一、“伊斯兰国”极端组织威胁蔓延,冲击地区传统政治版图

“伊斯兰国”极端组织强势崛起,急剧扩张,深度介入伊拉克、叙利亚内乱,攻城略地,肆意杀戮,在伊、叙控制区实行严格伊斯兰法,宣布建立哈里发国家并拟发行货币,其行为已超越一般意义的恐怖组织。“伊斯兰国”在中东、欧美广泛招募支持者,恐怖威胁不断外溢扩散,不仅严重影响伊、叙两国局势,而且造成整个地区动荡不安,地区传统政治版图遭受严重冲击。在“伊斯兰国”组织扩张影响下,埃及极端组织以西奈半岛为主要基地频繁发动袭击,政府被迫在西奈半岛部分地区实施紧急状态。“基地”组织也门、阿尔及利亚分支组织亦日趋活跃,不断制造事端。此外,地区恐怖组织相互勾连、协调行动呈上升趋势。埃及极端组织“圣城支持者组织”、利比亚海滨城市达尔纳等纷纷宣布效忠“伊斯兰国”,“基地”组织叙利亚分支“努斯拉阵线”酝酿配合“伊斯兰国”联手反美。“伊斯兰国”坐大标志着国际恐怖主义进入新一轮活跃期。

二、地区热点多点爆发,起伏不定

以色列发动“护刃行动”,与巴勒斯坦爆发历时长达50天的严重武装冲突,导致近3000人死亡,10万人无家可归。巴以互信缺失加剧,重启和谈更加困难。伊拉克乱局继续,什叶派、逊尼派、库尔德三派围绕组阁等矛盾尖锐。伊朗建立包容性政府、实现民族和解困难重重。叙利亚内战未息,政府与反对派拉锯之势持续,双方举行首次面对面谈判,叙利亚问题第二次国际会议召开,国际社

会政治解决叙利亚问题共识上升。美纠集国际和地区盟友,联手打击叙境内"伊斯兰国"极端组织,并向叙利亚温和反对派组织提供武器装备,给叙利亚问题增添更多复杂因素,叙利亚政府仍面临内外巨大压力。伊朗2013年与伊朗核问题六国达成第一阶段协议后,于2014年2月启动全面协议谈判,美国宣布放松对伊朗制裁举措,伊朗与美西方互动增多,伊朗国际处境得到一定改善。但伊朗核问题仍在铀浓缩、重水堆、解除制裁等焦点问题上难有突破,谈判二度延期。南苏丹政治和谈时断时续,武装冲突持续,权争与部族仇杀相互交织。

三、地区国家转型曲折困难,推进路径差异明显

利比亚内乱继续,权力之争加剧,世俗与宗教两派民兵武装发生大规模军事冲突,两个议会、两个政府分庭抗礼,国家政权运转失序,境外势力频频插手,政治过渡趋于夭折。也门政治过渡进程遭遇重大挫折,制宪、公投、大选等筹备工作进展缓慢,安全形势急剧恶化,前执政党全国人民大会公开分裂并解除总统哈迪党内所有职务,"基地"组织活动猖獗,胡塞民兵组织实际控制首都萨那和北方大部分省份,"南方运动"激进派倾向独立导致南方分裂危险增大,也门国家统一面临考验。与利比亚、也门两国不同,埃及和突尼斯转型进程正有序推进。埃及逐步开启从乱到治进程,顺利通过宪法公投,成功举行总统选举,渐次上马重大民生项目,过渡进程稳步推进。突尼斯政局趋稳,民心思定,新一届议会选举及总统选举顺利举行,世俗派政党联盟"呼声运动"领导人埃塞卜西赢得选举,政治动荡后的首届正式政府产生,突尼斯成为地区首个通过和平方式完成政治过渡的国家。

四、地区政治格局复杂演进,力量对比趋向新的平衡

一是"强人政治"呈回归之势。阿尔及利亚举行总统选举,强势总统布特弗利卡虽年迈体弱,但仍获蝉联;叙利亚政权内外交困,但巴沙尔总统仍高票连任;埃及军方掌控政局,前军方领导人塞西顺利当选总统;土耳其举行首次总统直选,现任强势总理埃尔多安当选总统,并有意修宪扩大总统权力。二是教俗矛盾持续发酵。埃及通过新宪法公投、解散穆兄会下属政党及拘捕、审判穆兄会成员和支持者等举措,继续打压伊斯兰极端势力;突尼斯复兴运动继失去执政地位后,在议会选举中又丧失第一大党地位;也门改革集团遭受重创,在政治生活中地位下降。但在土耳其、摩洛哥、苏丹和利比亚等国,伊斯兰政治力量仍在各国

政治生活中发挥重要作用。三是地区碎片化更加凸显。地区政治力量经历新一轮调整,非阿拉伯力量影响和实力上升。伊朗与西方关系得到一定改善,战略压力减缓,借助叙利亚、伊拉克等问题不断提升地区影响力。土耳其地区作用进一步凸显,库尔德力量借地区动荡和反恐战争抬升地位,离心倾向增强,谋求自治和独立步伐加快。巴以问题被关注度下降,以色列生存环境改善,巴勒斯坦处境愈加艰难。海合会国家虽有抱团取暖需求,但内部纷争增多,沙特、阿联酋、巴林与卡塔尔内斗公开化。中东国家分化组合幅度加大,地区新的力量平衡正在形成。

五、美国为管控中东加大重点投放,域内外大国博弈加剧

美国出台反恐新战略,拉拢国际和地区盟友联手打击在伊拉克、叙利亚境内的"伊斯兰国"等恐怖组织,借反恐调整中东政策,适度回调对中东重点投放,以图在不干扰其全球战略部署前提下管控中东乱局,排解其地区利益面临的威胁,维护其地区事务主导权。俄罗斯发挥传统优势,通过伊朗核问题、叙利亚问题等频频发力,力图填补美国实施亚太"再平衡"战略而在中东留出的空间,并借以缓解在乌克兰问题上的压力。在打击叙利亚境内"伊斯兰国"问题上,俄罗斯联手伊朗、叙利亚对美掣肘,强调空袭行动应得到联合国授权和叙利亚政府同意,并提议在联合国主持下召开地区恐怖主义问题论坛,用政治手段解决中东悬而未决的问题。英、法、德等欧洲国家希在中东保持传统影响,借参加美国反恐行动增加其地区存在。沙特、伊朗等地区大国继续明争暗斗,直接或借助代理人插手地区他国事务。

撒哈拉沙漠以南非洲地区形势

2014 年，撒哈拉沙漠以南非洲地区形势总体向好，多数国家政局保持稳定，经济持续较快增长；一体化建设稳步推进；西方大国和新兴发展中国家持续加大对非投入；中非合作内涵不断丰富和深化，中非关系迈上新台阶。但同时，非洲政治、经济、安全形势仍存在许多不确定因素，现代化发展之路仍面临不少挑战。

一、政局总体稳定，但政治发展仍存在诸多问题

（一）多国选举平稳有序进行。南非、马拉维、莫桑比克、博茨瓦纳、纳米比亚、马达加斯加、几内亚比绍、圣多美和普林西比等 8 国举行选举。各国选举进展较为平稳有序，冲突和街头暴力明显减少，虽有部分国家出现局部计票混乱、选举违规等现象，但局势总体可控。一些长期执政的大党老党有效应对内外挑战，取得胜利。南非总统祖马成功连任，南非非洲人国民大会执政地位巩固。莫桑比克解放阵线党在选举中获胜，候选人纽西当选总统。博茨瓦纳民主党再次赢得选举胜利，卡马蝉联总统。纳米比亚西南非洲人民组织以绝对优势获胜，根哥布高票当选总统。与前几届选举相比，这些大党老党虽依旧占据强势地位，但除纳米比亚人组党外，其他各党得票率均有所下挫，面临的问题和挑战明显增多。一些国家结束过渡期举行大选，政治危机初步得到解决。几内亚比绍在 2012 年政变后首次举行大选，几内亚和佛得角非洲独立党再次上台执政。马达加斯加通过选举结束了长达 5 年的政治危机，宪政秩序得到初步恢复。部分国家出现政权更替。马拉维执政党人民党执政失误，深陷腐败丑闻，反对党民主进步党成功胜选上台。圣多美和普林西比民主独立行动党击败解放运动—社会民主党，重新上台执政。此外，刚果（布）、塞内加尔等多个撒哈拉沙漠以南非洲国家举行地方选举，执政党均获胜。

（二）部分国家政治发展面临困境。一些国家执政党因接班人问题内耗不断，派系斗争加剧。赞比亚爱国阵线内部围绕权力交接明争暗斗已久。萨塔总统去世后，爱国阵线群龙无首，增加了赞比亚政局走势的不确定性。津巴布韦非

洲民族联盟党内两派围绕接班人的权力斗争进一步公开化，第一副主席兼副总统穆菊茹及其支持者在津巴布韦民盟六大上遭受严重打击。乌干达执政党内部围绕2016年大选斗争激烈，总理姆巴巴齐试图参选，遭总统穆塞韦尼解职，总书记职务被暂停。部分国家掀起一股修宪风潮，领导人试图通过修宪谋求长期执政。布隆迪执政党为保证总统恩库伦齐扎参加下届大选资格推动修宪，遭到执政盟友争取民族进步统一党反对，引发国内政治局势紧张。布基纳法索孔波雷修宪图谋第三任期，引发政治危机和军人政变，被迫下台。刚果（金）、刚果（布）等国领导人也有意推动修宪谋求连任。这些现象表明，撒哈拉沙漠以南非洲地区国家政治体制尚未成熟，治理现代化仍任重道远。

二、部分热点问题有所降温，但非传统安全威胁上升

联合国驻马里综合稳定特派团加强兵力部署和行动，马里北部安全形势较前有所改善。刚果（金）东部地区局势出现积极进展，继叛军“M23运动”与政府签署和平协议后，“卢旺达解放民主力量”部分成员也向南部非洲发展共同体维和部队投降。中非共和国各武装和政治派别签署停火协议，政治和解取得一定进展。在非传统安全威胁方面，一是西非爆发大规模埃博拉疫情。几内亚、利比里亚、塞拉利昂三国爆发埃博拉疫情并迅速蔓延扩散，波及尼日利亚、塞内加尔和马里等国，美国、西班牙等非洲以外国家也出现感染病例，引起全球恐慌。疫情不仅给相关国家人民安全、经济社会发展带来严重冲击，而且对非洲大陆和全球公共卫生安全构成现实威胁。二是恐怖主义活动日益猖獗。尼日利亚“博科圣地”活动范围不断拓展，频频制造重大袭击和绑架事件，并多次进攻政府军营，已造成数千人死亡。“伊斯兰马格里布基地组织”在马里北部、尼日尔等国活动频繁。索马里“青年党”在本国及周边邻国不时制造恐怖袭击。地区恐怖组织之间相互勾连，并加强与地方分裂主义、跨国有组织犯罪团伙等联合行动，有沿撒哈拉沙漠南缘形成一道横亘东西的动荡弧之势，对地区相关国家安全形势构成威胁。

三、经济保持平稳增长态势，但仍面临诸多挑战

据联合国等机构预测，2014年撒哈拉沙漠以南非洲地区经济将保持5%左右的增长率。东、中、南、中西部非洲地区经济增速将分别达到6.4%、5.7%、4.2%和6.1%。这主要基于以下因素：一是埃塞俄比亚、莫桑比克、坦桑尼亚等

国稳步调整经济发展战略,加快经济结构转型,积极推进经济多元化战略,经济增长内生动力不断增强。二是外国对非投资显著增加,预计2014年非洲吸引外国直接投资额将远超2013年的560亿美元,有望达到创纪录的671亿美元。外国投资主要集中在南非、尼日利亚、安哥拉、莫桑比克、坦桑尼亚等国。从投资领域看,除资源性产业外,制造业、服务业也成为外资投入的主要领域。三是基础设施建设“助推”作用明显。东非铁路、埃塞俄比亚—吉布提铁路等多个大型基建项目相继启动并进展顺利。然而,部分国家安全局势恶化、埃博拉疫情持续蔓延,以及传统结构性问题如地区国家经济发展不平衡、国际市场原材料和初级产品价格大跌、全球经济下行风险增大等内外因素,都可能会对地区经济发展产生一定影响。

四、区域合作继续深化,一体化建设稳步推进

(一)非盟和次区域组织自主解决地区和平与安全问题能力不断增强。非盟积极介入地区热点问题,多次召开会议讨论中非、刚果(金)、南苏丹、布基纳法索等地区性安全问题;举行反恐安全峰会,设立特别基金,打击地区恐怖主义活动。大湖地区国际会议组织召开首脑会议,就刚果(金)东部局势展开调解工作。对南苏丹冲突、中非和几内亚比绍政治危机、莱索托问题等地区热点,“伊加特”(政府间发展组织,IGAD)、西非国家经济共同体、南部非洲发展共同体等次区域组织积极斡旋,努力在维护地区安全方面发挥作用。

(二)经济一体化取得积极进展,农业、军事等领域合作不断深入。东非共同体、南部非洲发展共同体和东南非共同市场三方自贸区谈判进展顺利,并在2014年底举行的三方首脑峰会后正式启动。该自贸区涵盖26个非洲国家、总人口达6亿,国内生产总值超过1万亿美元,可为非洲区域一体化发展战略的实施奠定坚实基础。非盟批准成立总额为230亿美元的非洲货币基金,使非洲在货币合作与经济一体化方面迈出坚实脚步。非盟峰会将2014年确定为非洲“农业与粮食安全年”,加强农业科技水平与合作,扩大农业生产规模,确保可持续发展。非洲快速反应部队组建工作取得重要进展,已有乌干达、南非、坦桑尼亚等十多个国家表态自愿加入,目前5支区域性部队已有4支组建完毕。

(三)共同外交活跃。非洲作为整体更加团结自信,积极参与重大多边活动,努力维护和争取自身利益,国际地位显著提高。非盟年初针对联合国2015年后发展议程确定非洲共同立场,希望将其置于该议程中心,以更好地解决非洲地区未来发展问题。在联合国安理会改革、应对气候变化、贸易谈判等问题上,

非洲国家加强协调,用一个声音说话,为自身谋利。此外,非盟及部分非洲国家抵制第四届欧非峰会,抗议欧盟有选择性邀请非洲国家领导人参会,最大程度地维护非洲整体利益。

五、西方大国和新兴国家继续加大关注和投入,积极维护和拓展在非影响

(一)西方大国多策并举,积极介入非洲事务。一是加大对非经贸经援力度。美国召开首届美非峰会,高调宣布370亿美元的合作大单,承诺延长并完善《非洲增长与机遇法案》,并在非洲增设商务外交机构。欧盟启动"泛非计划"第一期;举办第四届欧非峰会,通过未来3年对非合作路线图,承诺未来7年内为欧非合作提供280亿欧元资金支持;加快与非洲次区域组织《经济伙伴关系协定》谈判,与南部非洲发展共同体就此达成一致。日本召开第五届东京非洲发展国际会议第一次部长级会议,落实会议承诺的对非援助大单,推出多项对非合作新措施。二是不断强化在非军事存在。美国在索马里建立军事协调小组,协助清剿"青年党";与吉布提签署协议续租军营;以应对埃博拉疫情为由,由美军非洲司令部负责在利比里亚建立疫情防控联合指挥中心,派遣4000名军人参与疫情防控。法国积极派军参与联合国中非、马里维和行动;在尼日尔等国部署军事人员,开展"新月形沙丘"反恐军事行动;通过尼日利亚安全问题峰会,向西非地区恐怖组织宣战,积极展现对非影响力。

(二)新兴发展中国家进一步加强对非合作。金砖国家领导人第六次会晤在巴西举行,成立金砖国家开发银行,并专门设立非洲区域中心。俄罗斯与南非签署核能战略合作伙伴协议,为南非建造多个核电机组。巴西发挥其在军事、能源等领域优势,加强与安哥拉等国防务合作,帮助非洲国家开发能源资源,推广生物燃料技术。韩国、卡塔尔等国积极发展与非洲国家关系,邀请科特迪瓦、卢旺达、肯尼亚等国领导人往访,签署多项协议,加强各领域合作。

西欧地区形势

2014 年,西欧地区主要形势特点可以概括为"五个一",即一次选举、一个意外、一次换届、一场危机、一个热潮。

一、政治领域的一次选举:第八届欧洲议会选举

5 月举行的欧洲议会选举是 1979 年欧洲议会直选以来最重要的一次选举,不仅是赋权欧洲议会的《里斯本条约》生效后的第一次选举,直接勾画了欧洲整体政治生态版图,更重要的是它改变了欧盟政治的游戏规则,历史上首次"直选"欧委会主席,将选举结果与欧委会主席提名人选直接挂钩。选举结果还直接导致多个成员国政坛震荡,数位政党领袖辞职。整体看,欧洲政治力量对比依旧保持右强态势,但已向左右平衡回摆。右翼或中右翼政党主导的政府在数量上略占优势,有 16 个,左翼或中左力量占主导的政府在数量上为 12 个(金融危机刚开始时只有 4 个)。

此次选举结果折射出当前欧盟政治生态的诸多动向。一是传统主流政党力量下降,政党格局碎片化、分散化趋势更加明显,出现"大党不强、小党不弱"现象。传统主流大党地位不断受到小党、新党冲击,无法保持"独大"优势。欧洲人民党和社会党在欧洲议会一共丢失近 60 个席位,法国两大党社会党和人民运动联盟仅获得 1/3 议席数,英国最大的保守党和工党也未能保住第一大党地位,而德国、西班牙、希腊等多国涌现的小党、新党却首次挤进欧洲议会。二是欧洲刮起民粹主义旋风。疑欧、反欧、民粹主义政党在英国、法国、丹麦、希腊等国的欧洲议会选举中成为最大赢家,欧洲议会中反一体化势力的席位也从 12% 升至 20% 左右。虽然这些势力内部分歧较大,短期内难以捏合在一起形成气候,但仍将持续影响欧洲政坛风向和成员国政治。三是"左右抱团"趋势增强。为应对新兴政党对国家政治和欧洲一体化的冲击,传统主流政党危机感上升,不再故步自封,包括德国在内的近十个国家出现"左右共治"的大联合政府,"左右共治"已成为主流政党维持政治主导权的现实选择。欧洲议会选举结束后不久,主要

党团就明确表示要联合应对反一体化党团和议员。四是法国、意大利等国执政党出现重大理论调整。法国总统奥朗德年初将其坚持的社会主义“右转”到社民主义，意大利总理伦齐则主导民主党摒弃内部分歧，“左转”加入欧洲社会党。

二、经济方面的一个意外：欧盟经济复苏进程再现波折

2013 年，各界对欧洲经济复苏前景审慎乐观，认为会呈现缓慢复苏态势，但意外的是复苏进程仅持续了几个季度便再次出现停滞，欧元区以及德国、法国、意大利等国经济情况大大低于预期，仅在第三季度出现微弱改善迹象。欧元区前三个季度增长率分别是 0.2%、0 和 0.2%；德国经济第二季度出现 2012 年来首次萎缩，为负 0.1%，三季度开始恢复增长，但仅有 0.1%，大大低于一季度的 0.8%；法国经济严重低迷，第一、二季度增长率都为零，第三季度开始实现增长，为 0.3%。为摆脱经济复苏出现波动、通缩风险和失业率居高不下的困境，欧盟秋季峰会重点讨论了经济议题，决定加强欧元国家经济政策协调，未来 3 年增加 3000 亿欧元投资。在欧央行推出一系列刺激措施后，容克也在出任欧委会主席尚未“满月”即推出大规模投资计划。但在内外复杂因素相互交织影响下，特别是高失业率、低通胀率、欧俄相互制裁、埃博拉疫情等问题短期内难见解决曙光，欧洲经济快速复苏前景仍不乐观。欧盟及主要大国纷纷调低增长预期，欧委会将 2014 年欧元区经济增长预期从 1.2% 调降为 0.8%，将 2015 年增长预期从 1.7% 降至 1.1%，并将德、法、意三大国 2015 年经济增长预期分别调降为 1.3%、0.3% 和负增长。

改变当前经济形势、彻底走出欧债泥潭的关键是欧盟改革机制体制问题，各成员国加快国内改革，增加经济政策相互协调。欧盟及成员国迫切需要在“增长”与“紧缩”之间找到最佳平衡点，法国、意大利、西班牙、希腊等国需要更快、更多改革，德国需要采取财政刺激措施，增加内需和投资，才能把欧洲经济引擎打着火，恢复欧洲经济复苏信心，带动欧洲经济摆脱低迷。

三、一体化领域的一次换届：欧洲理事会、欧盟委员会、欧洲议会和欧盟对外行动署领导人首次同年换届

历经各方角力、博弈，欧盟机构领导人选尘埃落定，最终来自中右翼阵营的波兰总理图斯克、卢森堡前首相容克分别出任欧洲理事会主席和欧盟委员会主

席,来自中左翼阵营的欧洲议会议长舒尔茨连任议长,意大利外长莫盖里尼出任欧盟外交与安全政策高级代表。随着法国经济持续疲软、政治影响力下降,“法德轴心”已变成“德法轴心”,德国在欧洲一体化中的核心地位进一步巩固,欧洲事务的“德国模式”尽显。

在德、法等大国推动下,2014 年欧洲一体化进程有所进展,但仍面临诸多困难和不确定性。欧盟利用欧债危机倒逼效应,在金融领域一体化方面迈出实质性步伐,拉脱维亚如期加入欧元区,通过了“欧洲工业复兴战略”“未来五年战略优先议程”等重大发展规划,欧洲一体化保持“小步慢走”节奏。但欧洲一体化建设已进入深水区,面临很多困难。从政治层面看,欧盟机构与成员国、成员国之间矛盾复杂,凝聚力下降。多数国家乐见德国推动欧洲经济复苏,但不愿看到其主导欧洲事务;英国多次否决和抵制治债措施,甚至提出“脱欧”公投时间表;南北欧洲、新老欧洲、欧元区国家与非欧元区国家长期存在各种嫌隙,欧盟机构与成员国为主权让渡范围与程度不断拉锯,都制约了欧盟整体运行效率和整体实力的展现。从社会层面看,民主和身份认同危机有增无减。本次欧洲议会选举凸显民众对欧盟事务“事不关己”的态度,“欧洲公民”认可度不高,投票率虽止住下跌趋势,但仍处历史第二低位。43.1% 的投票率仅比上届高 0.1 个百分点。捷克、斯洛伐克、克罗地亚等国的投票率则不足 25%。此外,欧洲分离主义运动有蔓延之势。虽然苏格兰公投无果而终,西班牙加泰罗尼亚的公投也被取消,但在经济大环境不好的情况下,分离主义运动一刻也不会停歇。

四、对外关系方面的一场危机:引发欧美俄地缘政治、安全大博弈的乌克兰问题

乌克兰危机的持续升级对欧洲冲击非常大,严重影响欧盟经济复苏进程,使欧洲感受到新的威胁,更加向美国靠拢;同时,乌克兰问题也进一步暴露了欧盟的机制性弱点,虽对俄罗斯进行了制裁,但成员国各有打算,对外行动署的成立并未根本改变欧盟对外政策难以形成合力的尴尬局面。

一段时间以来,欧盟积极调整对外战略与政策:一是更加注重周边事务,将维护周边安全视为“首要”任务。乌克兰问题爆发后,欧洲更加积极推动东部伙伴计划,同乌克兰、格鲁吉亚和摩尔多瓦正式缔结联系国协定,同时不断推进欧盟—地中海关系发展。二是进一步拉紧与美国关系纽带,加强政治、经济、军事等领域互动、联合。不仅积极推进有“经济北约”之称的欧美自贸协定,而且不断强化与美国就全球治理、亚太事务、对俄罗斯围堵等的协调与配合。三是加快

全球自贸战略布局。积极与亚洲、南美、非洲以及海湾多个国家开展相关谈判，完成了与加拿大等国的自贸谈判。

五、中欧关系的一个热潮：习近平主席访欧掀起“中国热”

习近平主席访欧期间，同欧方领导人就深化中欧全面战略伙伴关系达成广泛共识，并创造性地提出构建中欧和平、增长、改革、文明四大伙伴关系，为中欧关系未来发展指明了方向，在中欧关系发展史上具有划时代意义。从某种程度上说，当前中欧关系处于历史最好水平，进入了“成熟稳定期”。总体看，中欧各领域合作发展较为顺利，四大伙伴关系全面展开并有序推进，理念互学、文明互鉴、政治借重、经济交融将构成中欧关系的立体发展框架。一是中欧高层交往明显增多，政治互信较前有所增强。继习近平主席访欧后，李克强总理两次访问欧洲，刘云山和张高丽同志也先后到访。这些访问各有侧重，在地域上覆盖了西欧、东欧，南欧、北欧，在往访对象上覆盖了欧盟机构、大国、中等国家与小国；同时，欧洲多国政要也相继访华，欧洲发展对华关系的积极性大大提升。二是中国全面深化改革同欧洲改革发展的“对接”领域日益增多，合作深度和广度不断增强。双边贸易额持续增长，前三个季度达到4571.08亿美元，同比增长11.8%。我国同德国、法国、英国、意大利等大国的全面合作，与荷兰、希腊、比利时等小国的特色合作，同中东欧国家的区域合作，在规模和水平上都前所未有。德国、意大利、西班牙、希腊、奥地利等国对“一带一路”倡议反应积极，希望参与相关经贸合作项目。三是人文交流领域不断取得新成果。中欧高级别人文交流对话机制第二次会议新增的妇女领域和教育、科技、文化等正成为中欧合作的新亮点，中欧人文交流与合作作为中欧关系“稳定器”的作用愈发明显。

展望2015年欧洲形势，经济增长仍将成为欧洲事务中最重要的主题，欧盟主要机构领导人换届后如何尽快磨合、推动欧洲经济复苏将成为最大看点。欧盟如何利用巴黎联合国气候变化大会有所作为也值得关注。中欧关系方面，双方以建交40周年为契机，在各领域全面推动构建四大伙伴关系将成为重中之重。

中东欧地区形势

2014年，中东欧地区形势总体稳定的趋势未改，但受多重因素影响动荡性有所上升，出现了一系列新特点、新趋势。

一、政局总体保持稳定，动荡性有所增加

2014年是中东欧国家转型25周年，也是欧盟东扩10周年。25年来，随着与欧盟老成员国趋同与融合进程的不断推进，这些国家政局总体保持稳定。而久拖不决的欧债危机对地区经济社会影响持续发酵，也深刻影响着各国政治生态，政局动荡性较前突出。政府改组、议会提前选举现象频发，社会矛盾趋于尖锐，但局势总体可控。2014年，除已入盟的中东欧国家举行了欧洲议会议员选举外，匈牙利、波黑举行了议会大选，斯洛文尼亚、塞尔维亚、马其顿、保加利亚先后提前举行了议会选举，斯洛伐克、马其顿、罗马尼亚举行了总统选举。围绕选举，各国政治力量分化组合进一步加剧。从选举结果看，匈牙利、塞尔维亚、马其顿、波黑四国执政党或由执政党推举的候选人蝉联执政，斯洛文尼亚、保加利亚出现政权更迭，斯洛伐克政坛新人在总统选举中异军突起，罗马尼亚反对党候选人问鼎总统宝座。在欧洲议会议员选举中，中右翼政党总体占优。同时，欧选结果也牵动着中东欧国家国内政局走向。各国左右翼政治力量博弈升温，中右力量借欧选势力增强之势，强力挑战中左力量的执政地位，加剧了政局的动荡性。保加利亚社会党在议会提前选举中丧失执政地位，罗马尼亚社会民主联盟候选人、现总理蓬塔在总统选举中遭遇滑铁卢。中左力量接连受挫，中右力量有所上升，地区政党格局由“左强右弱”向“左右对峙”回摆，但尚未发生根本性变化。

纵观2014年举行的系列选举，地区国家多党政治虽总体运行平稳，但政治转型进程中潜藏的问题在经济持续低迷的催化下外化、凸显出来，也折射出地区国家转型政治面临的现实困境。一是公众政治参与热情降低，政治冷漠化趋势增强，政党的代表性功能弱化。无论是在各国欧洲议会议员选举，还是其他各类选举中，选民的投票率都相对较低。这充分反映出民众对选举政治感到倦怠，对

主要政党和政治人物的认同感和信任度下降，对国家政经和社会发展现状失望和对欧洲一体化的不满。同时，民众在选举中参与度的降低也在一定程度上造成了政党政治代表性的不足。二是政党稳定性差，政党政治“碎片化”现象突出，稳定的政治格局尚未形成。仍处于转型进程中的地区国家不仅政党数量多，得票相对分散，而且新兴政党不断涌现，并能够迅速进入议会甚至主政。斯洛文尼亚采拉尔党、塞尔维亚前进党、克罗地亚可持续发展党、保加利亚改革者阵营等在各类选举中表现“抢眼”，搅动着这些国家传统政党政治格局，也显示出主流政党应对危机能力的缺乏。国内政治力量的分散，造成了国家政治结构稳定性的脆弱，也严重影响着政府效率。三是党派利益至上、朝野对立严重，缺乏沟通与和解，建设性的政党关系尚未建立。地区国家选举失利的政党利用议会、街头政治等各种手段不断发起反攻，搅乱政局。而执政联盟内的政党也常常为了各自的党派利益相互掣肘，造成政府危机频现甚至倒台。激烈的党争导致多国提前举行议会选举和政府改组，政局稳定性受到冲击。

二、经济形势稳中向好，结构性问题未解

随着欧洲经济整体复苏，以及各国经改举措积极效应的逐步显现，大部分地区国家普遍保持恢复性增长态势，但增速仍未达到危机前水平。同时，区域内已入盟国家与未入盟国家经济复苏两极分化态势依旧。

中东欧8个欧盟成员国2014年国内生产总值平均增长率约为2.6%，远高于欧盟1.3%和欧元区0.8%的平均水平，呈现稳定复苏态势。其中波兰、匈牙利更是实现了3.3%和3.2%的较强劲复苏。这些国家经济稳中向好，主要得益于欧盟援助资金的合理分配和使用，以及经济发展模式由“出口导向、投资拉动”逐步向“出口、投资与内需并重”的新经济发展战略的转变。各国工农业生产增幅明显，国内投资企稳回升，内需拉动作用显现。

未入盟的西巴尔干5国经济复苏势头微弱，2014年国内生产总值平均增长率约为1.2%。其中，塞尔维亚和波黑受特大洪灾影响经济增长约为-0.5%和0.7%。与已入盟的中东欧国家相比，西巴尔干5国经济发展仍高度依赖欧盟资本与市场，经济发展与欧盟经济走势密切相关。随着欧盟经济的缓慢复苏，5国对欧盟的出口大幅回升，平均增长率近17%，塞尔维亚更高达25%，成为推动经济复苏的主要动力。同时，外部资本流入的回暖也对这些国家经济增长产生了积极影响。但内需依然不振，各国经济复苏进程仍相对缓慢。

总体看，2014年中东欧经济形势稳中有进，但各国经济发展仍面临诸多挑

战。一是高失业和通缩风险困扰地区经济,造成持续复苏动力不足和复苏前景不确定性增强。二是各国出口和投资高度依赖欧盟,欧盟市场的波动直接影响地区国家出口和经济可持续增长。三是各国产业结构相对单一,还无法对经济发展形成多元支撑。同时,乌克兰危机引发的地缘政治风险及欧俄相互制裁等因素也对地区经济持续复苏产生消极影响。面对国内外制约经济发展的复杂因素,地区国家欲实现经济可持续发展,仍需深化经济体制改革,加快转变经济发展方式,调整优化经济结构,减少对外部的依赖,进一步提升国民经济整体素质和抗风险能力。

三、大国博弈中夹缝求生,外交陷入两难处境

随着美欧与俄罗斯围绕乌克兰问题争斗烈度加剧、制裁攻防战不断升级,乌克兰危机对中东欧国家的外溢影响逐步显现,处于美欧与俄罗斯夹缝地带的地区国家再度被卷入大国博弈的漩涡。各国从自身地缘安全与政经利益出发,依据与美欧关系的不同状态及与俄罗斯经贸关系的密切程度,作出了不同反应。

已入盟的中东欧8国面对俄罗斯在乌克兰问题上的强硬立场和行动,对自身安全的忧虑显著增强,“恐俄”情绪回升,几乎一边倒地对俄罗斯“吞并”克里米亚做法提出严厉批评。在国家安全问题上,各国倚重美欧阵营的态势未改。这些国家积极参与北约在中东欧的密集军演,呼吁北约增加在中东欧军事存在。但在对俄罗斯实施经济制裁问题上,却明显分裂为两大阵营。波兰由于特殊的地缘安全诉求和历史宿怨,主张对俄罗斯采取强硬态度,实施更加严厉制裁;而其他国家则更多出于现实经济利益考虑,较为理性地面对俄罗斯,在进退维谷的两难选择中,更倾向于反对对俄罗斯制裁,竭力呼吁欧俄能通过政治对话解决矛盾与分歧,妥善处理利益关系。

在未入盟的国家中,阿尔巴尼亚剧变后一直全力推行亲美欧政策,对外政策西倾色彩极为浓厚,在乌克兰问题上力挺美欧。2014年9月的北约峰会同意启动有关黑山候选国资格的磋商,最晚在2015年底作出决定是否邀请黑山入盟。为此,黑山也亦步亦趋紧随美欧对俄立场。而与俄罗斯传统友好的塞尔维亚、马其顿和波黑三国则利用尚未入约加盟的特殊地位,有意规避在外交上完全依附于某一方,竭力维持与东西方的平衡合作关系。这些国家在主张维护国家主权和领土完整的同时,对俄罗斯做法表示理解,并以尚不是欧盟成员国为由,拒绝参与对俄罗斯制裁。

总体看,地缘相近且大多已置身于欧洲大西洋体系内的中东欧国家在乌克

兰问题上采取的不同立场，折射出各国以维护国家安全和政经利益最大化为核心的务实外交战略。这些国家立足自身发展与实际需要，在左右为难中，审慎维系与美欧俄的关系。尽早实现乌克兰问题“软着陆”，避免欧洲重陷冷战阴影，是国小力微的地区国家共有的愿望，也更符合各国根本利益。但在乌克兰问题长期化背景下，中东欧国家还将在大国博弈夹缝中处于左右为难的尴尬境地。如何在欧盟对俄罗斯政策大框架内，搞好左右折冲的大国平衡外交，将是中东欧国家需要面对的一个长期课题。

四、依托中国—中东欧国家合作平台，双方各领域合作稳步推进，关系发展步入提质增速期

2014 年是中国与中东欧国家合作深入发展的关键之年。中国与中东欧国家合作机制启动两年多来，合作理念深入人心，合作势头蒸蒸日上，展现出旺盛的生命力和强大的吸引力。习近平主席对欧洲进行了历史性访问，中欧双方就共同打造和平、增长、改革、文明四大伙伴关系达成重要共识。这也为中国和中东欧国家合作奠定了发展“坐标系”，明确了前进“路线图”。2014 年以来，双方将各自的发展战略紧密结合，不断创新合作方式，充实合作内涵，提升合作规模和水平。双方高层往来频繁，党际交往活跃，互利合作亮点纷呈，人文交流有声有色。布加勒斯特会晤的各项成果稳步推进，中国和中东欧国家合作步入新一轮提质增速期。

拉美地区形势

2014年,拉美地区形势主要呈现以下特点:

一、政局总体稳定,政治力量对比维持"左强右弱"格局,但左翼执政难度加大

2014年是拉美"大选年",9国举行大选,政权平稳更迭。其中,巴西、哥伦比亚、玻利维亚、乌拉圭、萨尔瓦多、多米尼克执政党蝉联执政,哥斯达黎加、巴拿马、安提瓜和巴布达执政党轮替。

主要国家政局保持稳定。墨西哥培尼亚政府利用《墨西哥协议》,顺利推进政治选举及电信、能源等关键领域改革,执政的革命制度党戮力同心,全力支持政府施政,执政基础巩固。但由于改革成效尚未充分显现,43名大学生惨遭杀害的"伊瓜拉事件"再次凸显国内根深蒂固的政治腐败,民愤持续发酵,培尼亚总统支持率下降。墨西哥各政党加紧备战2015年6月中期选举,相互较量暗流涌动。智利巴切莱特总统第二任开局良好,执政联盟由4党扩至7党,占据议会多数,执政基础更加稳固。巴切莱特依竞选承诺,推出以促进社会公正和包容增长为目标的教育、税务和选举改革法案,进展较顺,巴切莱特支持率保持在50%以上。哥伦比亚和平进程持续推进,政府与主要反政府武装已就农村和土地改革、游击队政治参与、贩毒等三大议题达成协议,围绕对受害者赔偿、结束冲突两大议题进行的谈判有望于2015年结束,但谈判仍存波折和变数,和谈协议最终能否公投过关尚难预料。

中左翼赢得7国大选,在地区政党政治格局中继续占优,特别是巴西劳工党连任对左翼具有标志性意义。但中左翼政府执政损耗增多,隐忧重重。一是委内瑞拉局势动荡,马杜罗政府执政挑战严峻。2月始,委内瑞拉持续爆发大规模反政府示威游行,朝野斗争空前尖锐。马杜罗政府全力应对,对反对派分而治之,重拳打压激进派,推动与温和派对话,局面暂时得到控制。马杜罗还大规模调整内阁,并采取一系列加强党内团结举措,旨在提高执政效能。但委内瑞拉内

外致乱因素复杂积聚，统一社会主义党及其政府的前行道路不容乐观。二是巴西罗塞芙总统仅以微弱优势连任，执政掣肘增多。罗塞芙大选险胜，得票率为近四次总统选举最低，反对党力量上升对劳工党形成强大制约，加之执政联盟内部软肋短板层出不穷，授人以柄，各党意识形态多元，诉求各异，难凝共识，罗塞芙第二任期施政难度前所未有。三是阿根廷政局进入过渡期，左翼再续辉煌殊难。2014 年以来，阿根廷经济形势恶化，政府应对不力，民众不满日升，克里斯蒂娜总统支持率一路走低。根据阿根廷宪法，克里斯蒂娜不可再参选，阿根廷将正式进入“后基什内尔”时代。面对 2015 年大选，各派政治力量分化组合，执政的“胜利阵线”获胜前景黯淡。四是厄瓜多尔执政党在地方选举中遭遇挫折。在 2 月举行的地方选举中，执政的主权祖国联盟运动战绩不佳，失去首都基多和第三大城市昆卡等市长职位，暴露出左翼党建薄弱等普遍性问题。

二、经济持续低迷下行

受地区经济结构单一、国际大宗商品价格下降、美国结束量化宽松政策等因素影响，拉美主要经济体表现欠佳，2014 年地区经济仅增 1. 1%，低于全球平均水平。由于出口疲软，内需不振，南美地区国家经济表现差强人意，预计仅增 0. 7%。但在美国经济复苏带动下，中美洲地区增长达 3. 7%，加勒比地区增长 1. 9%，较前稍见起色。

巴西经济“滞涨”风险加大，政府年内 10 次上调基准利率至 11. 25%，投资下挫；外贸形势恶化，对主要贸易伙伴逆差加大；消费不振，物价上涨，全年经济仅增 0. 2%。墨西哥宏观经济运行平稳，但由于结构性改革短期内尚难见效，且石油价格下降，经济增长 2. 1%，低于预期。委内瑞拉物资短缺严重，通胀率高达 70%，以政府管控为主的经济政策效果不彰，国际油价下跌使经济雪上加霜，全年负增 3%。阿根廷比索大幅贬值，通胀率达 35%，政府施计几无成效，预计全年负增 0. 2%。7 月底，阿根廷同美国“秃鹫基金”未能在最后时限内就偿债问题达成一致，债务违约阴影再次笼罩，国际融资更为困难。

面对严峻经济形势，拉美国家普遍采取经济刺激措施，扩大基础设施等领域投资，并启动能源、财税等关键领域改革。巴西继续实施严格的财政政策和灵活的货币政策，加力执行“加速增长计划”，借举办世界杯和奥运会之机大力发展基础设施，加大社会领域投入。墨西哥通过电信、能源改革二级法案并发布实施总额达 7. 7 亿美元的基础设施发展规划，希冀以此为经济发展打开新空间。智利新政府推出包括“促增长促创新提高生产力计划”“关于加强 2014 年投资的计划”等在内的一系列发展规划,提振经济。秘鲁政府推出“一揽子”经济刺激计划,试图通过改革税务系统、简便手续等措施,推动矿业、油气和电信等行业投资。哥伦比亚政府提出以农业、矿业、科技创新、基础设施、住房为拉动经济的五大“火车头”,提高生产力,扩大内需,加大公共及私人投资。上述措施有的已初见成效,预计2015年拉美经济将增长2.5%。

三、一体化持续进展,对话与竞争并存

拉美和加勒比国家共同体作为地区主要对话协调机制的作用和影响扩大。拉共体第二届峰会在古巴成功举行,成员国就机制化建设、重点关注领域、对外合作等达成共识,宣布拉美和加勒比地区为“和平区”,并明确提出把扩大拉共体国际影响力作为首要任务之一,以强化其“地区代言人”的地位。峰会成果表明,面对深刻复杂变化的国际地区形势和不断涌现的机遇挑战,各国更加重视地区内对话协调,旨在实现联合自强、整体崛起的共同战略目标。

南美国家联盟在巴西主导下务实合作不断深化,对外协调能力增强。联盟着力推进地区互联互通、能源、防务、基础设施建设等领域一体化,南美防务学院正式成立并召开首届代表会议。在地区热点问题上,联盟主动发声,积极参与调解委内瑞拉朝野冲突,凸显联盟在处理地区事务方面正扮演愈来愈重要的角色。南方共同市场召开第46届峰会,就促进包容性和可持续发展、加强地区经贸合作、推进地区一体化进程达成共识,还就南方银行、南方共同市场与欧盟自由贸易协定谈判、支持阿根廷在主权债务重组问题上的立场等进行了讨论。太平洋联盟内联外扩,影响力提升。该联盟强力推进贸易自由化和便利化,搭建经贸一体化和自贸谈判平台,已成为拉美外向型发展模式的代表。联盟2014年吸收哥斯达黎加和巴拿马为候选成员国,并接纳厄瓜多尔、美国、法国等域内外28国为观察员国,在当前地区多层多速一体化发展格局中呈现最猛上升势头。

2014年,拉美次区域组织加强了对话与协调,南方共同市场首脑会议推动建立南共市—美洲玻利瓦尔联盟—“加勒比石油计划”—加勒比共同体互补经济区,南方共同市场与太平洋联盟举行“区域一体化对话”会议,彰显各次区域组织加强协作和融合的强烈愿望。但地区一体化仍面临新老困难和挑战。拉共体尚处于起步阶段,内部机制不健全,成员国情况错综复杂,政治和意识形态差异较大,发展理念迥异,在环境保护、气候变化等议题上尚能达成共识,但在推进务实合作方面效果不彰。各次区域组织间虽努力协调对话,但相互竞争一面难掩,真正融合任重道远。

四、多元化外交活跃，古美关系实现重大突破

2014 年，拉美国家以主办大型国际活动和多边峰会为契机，积极开展峰会外交，国际影响力持续提升。巴西主办世界杯足球赛和金砖国家领导人第六次会晤，玻利维亚、秘鲁和墨西哥分别主办 77 国集团成立 50 周年纪念峰会、联合国气候变化大会和第二十四届伊比利亚美洲国家首脑会议。金砖国家与南美国家合作开启新篇章。金砖国家领导人第六次会晤期间与南美国家领导人举行对话会，就加强金砖国家与南美两大市场对接，积极参与基础设施建设、资源开发、产业发展、项目融资等合作进行了研讨。

与此同时，随着拉美国际地位和影响力不断上升，世界主要力量不断加大对拉美借重和战略投入。美拉关系有所缓和。2014 年以来，美国支持委内瑞拉反对派制造乱局引发拉美国家不满。但美国随后主动改善美拉关系，奥巴马总统出席在墨西哥举行的北美峰会，美国副总统、国务卿、国土安全部长等高级别官员访拉，乌拉圭、智利、哥斯达黎加总统访美。欧拉合作深入发展。双方高层交往密切，巴西、墨西哥、哥伦比亚总统访欧，法国总统、意大利总理等接踵访拉。墨欧高级别政治对话开启，第七届巴西—欧盟峰会成功举办。欧盟与南共市自贸谈判取得重要进展，南方共同市场各成员国已形成对欧谈判共同立场。欧盟与古巴关系有望“破冰”，双方就签订政治对话与合作协议已进行两轮谈判。俄拉关系升温。在乌克兰危机愈演愈烈、俄美地缘战略较量不断升级背景下，俄罗斯外长拉夫罗夫访问古巴、尼加拉瓜、智利、秘鲁，双方就加强经贸、军事、能源等领域合作深入交换意见。7 月，俄罗斯总统普京访问古巴、尼加拉瓜、阿根廷、巴西并出席在巴西举行的金砖国家领导人会晤，宣布免除古巴曾欠苏联 350 亿美元债务的 90%，与上述 4 国在能源、贸易等领域签署多项合作协议。日拉关系取得新进展。日本首相安倍晋三访问巴西、墨西哥、智利、哥伦比亚、特立尼达和多巴哥，并在特立尼达和多巴哥举行日本—加勒比领导人会议，旨在推行资源外交，制衡中国影响，并为其“入常”拉票，但目前看成效有限。

古美关系出现重大转折。12 月 17 日，古巴国务委员会主席劳尔·卡斯特罗和美国总统奥巴马分别发表讲话，宣布将就恢复两国外交关系展开磋商。双方还释放了所关押的对方情报人员。美国发表对古巴关系最新政策文件，公布了美国在外交、经贸、合作等诸多领域改善对古巴关系的具体举措，同时强调将继续促进古巴民主、人权发展。古美关系解冻从根本上看源于相互需求，将改善古巴外部环境，也将对西半球地缘政治走向产生重要影响。同时要看到，古巴面

临更大“和平演变”压力,双方根本利益冲突依然存在。

五、古巴经济社会模式更新进入攻坚阶段

2014年以来,古巴出台政策力度加大。一是通过新的《外国投资法》,对外资的优惠力度空前。古巴部长会议还批准了新的《外国投资项目目录》,包括246个项目,所需外国投资额达87.1亿美元,涉及农产品加工、建筑、制药与生物技术、可再生能源等重点行业。二是继续推进马里埃尔特区建设。作为特区建设重点项目的马里埃尔港一期工程已于1月竣工并投入运营。目前区内已实现通电、通水、通讯、通路。同时,为吸引外资、刺激经济发展、实现科技创新,特区实行特殊的税收、保险和劳务政策。三是注重加强经济发展中长期规划,古巴部长会议审议通过《2015年经济计划》和《2016年至2030年经济社会发展规划》基本框架,确定了未来经济发展的目标、原则和重点领域。四是继续为实现货币和汇率并轨创造条件。主要措施包括调整法律框架和会计登记信息系统,发行更大面值钞票、普及银行卡支付,采取相关措施确保并轨后企业存贷款、债务等资产状况核算的准确性等。

但受国际市场镍价低迷、欧洲经济复苏乏力及发展资金匮乏等诸多因素制约,古巴全年经济仅增长1.1%,经济基本面未有根本改观。

六、中拉关系实现跨越式发展,整体合作迈出重要步伐

一是高层互访频繁,政治互信深化。习近平主席出席在巴西举行的金砖国家领导人第六次会晤,对巴西、阿根廷、委内瑞拉和古巴进行国事访问并出席中拉领导人首次会晤;张德江委员长访问秘鲁、哥伦比亚、墨西哥;墨西哥、秘鲁、智利总统来华出席亚太经合组织第二十二次领导人非正式会议并对中国进行访问。中拉双方领导人就进一步加强战略沟通、深化务实合作等达成广泛共识,中国与阿根廷、委内瑞拉关系提升为全面战略伙伴关系。二是中拉整体合作迈出新步伐。习近平主席访拉期间,中拉领导人共同宣布成立中拉论坛并于2014年召开论坛首届部长级会议,开启了中拉整体合作新进程。习近平主席还阐述了新形势下中国对拉政策主张,提出构建政治上真诚互信、经贸上合作共赢、人文上互学互鉴、国际事务中密切协作、整体合作和双边关系相互促进的中拉关系五位一体新格局,并提出打造“1+3+6”合作新框架,为中拉关系未来发展指明了

方向。三是经贸合作逆势增长。在全球经济低迷形势下，1月至10月，中拉贸易额达2221.2亿美元，同比增长3%，其中中方出口1118.4亿美元，进口1102.8亿美元，分别同比增长1.3%和4.8%。上半年，中国对拉美非金融类直接投资达90.6亿美元。四是中拉科技人文交流迎来新机遇。孔子学院拉美中心在智利正式成立，成为继孔子学院美国中心后的第二个海外地区性中心。中拉双方还以建交周年为契机举办各种系列文化庆祝活动，“汉语桥”“文化中国·四海同春”“欢乐中国”等文化品牌在拉美渐入人心。习近平主席在中拉领导人会晤时宣布，中方将设立“中拉科技伙伴计划”和“中拉青年科学家交流计划”，并适时举办首届中拉科技创新论坛；未来5年，中方将向拉美国家提供6000个政府奖学金名额、6000个赴华培训名额以及400个在职硕士名额，并于2015年启动“未来之桥”中拉青年领导人千人培训计划，倡议于2016年举行“中拉文化交流年”。

太平洋岛国形势

2014年,多个太平洋岛国完成大选,政局总体保持稳定。经济形势依然严峻,更加强调“自力更生”。国际社会对岛国关注明显提升,岛国联合自强意识和行动增强。习近平主席对斐济进行国事访问并同建交岛国领导人会晤掀开我国同岛国关系历史新篇章。

一、“大选年”总体平稳有序,政治发展在艰难中前行

太平洋岛国政局呈现几大特点。一是五国大选平稳进行,但选后“新店老掌柜”甚至“换届不换人”现象普遍存在。纽埃、库克群岛、斐济、所罗门群岛、汤加先后迎来大选。选举进程总体平稳,结果符合预期。纽埃总理塔拉吉、库克群岛总理普那连任;执掌斐济8年的姆拜尼马拉马总理通过大选顺利完成“换装执政”;曾两任总理的索加瓦雷当选所罗门群岛新总理;汤加延续贵族派、“民主党”和独立平民议员三足鼎立政治格局。从政经验丰富的领导人继续掌权,总体有利于岛国维持政局稳定,促进经济社会发展。但国家治理体系存在深层次隐忧。

二是部分国家政局时有震荡、腐败高发。美拉尼西亚国家尤为突出。瓦努阿图5月再次发生朝野易位,瓦努阿图马勒库拉人民党副主席纳图曼取代绿党联盟主席卡凯塞斯,成为瓦2012年大选以来第三位总理。巴布亚新几内亚总理奥尼尔被控涉嫌腐败,引发执政联盟分裂,2012年大选以来一度稳定的巴新政局再起波澜。所罗门群岛政党政治徒具外形,大选后近2/3议员为独立人士。

三是民众政治参与度和国家认同感上升。斐济种族鸿沟有所弥合,大选终结了以种族划线划分议会席位的积弊,印度裔首次和土著人一样作为“斐济人”平等参与大选,对斐济的认同感大为提高。斐济、所罗门群岛、汤加大选投票率分别高达83.97%、89.93%和79.16%,基层民众特别是年轻选民对部落和酋长的忠诚和依附日益动摇,国家和民族认同逐步增强。

四是政党政治有所发展。斐济总理姆拜尼马拉马通过卸去军职、组建斐济

优先党、组织大选并获胜等一系列动作完成“华丽转身”,继续强势控局,全面推行其执政理念和改革举措。斐济迎来“发展机遇期”。瓦努阿图部分政党开始反思多年来政党恶斗、政府频繁更迭乱象,瓦库党、民族联合党、人民进步党、美拉尼西亚进步党“和解”迈出实质性步伐。

二、经济稳中向好,挑战仍严峻,更加强调自力更生

2014 年,太平洋岛国经济基本保持稳中向好发展,亚洲开发银行预计,2014 年岛国地区国内生产总值增长率将达 5.3%,比 2013 年提高 3 个百分点。其中,各岛国间经济发展不平衡态势进一步扩大。巴新依靠丰富的能源资源“一马当先”。埃克森—美孚液化天然气项目 5 月起正式出口,对巴新经济拉抬效应明显。据亚行、《经济学人》预计,巴新 2014 年国内生产总值增长将达 6%,2015 年更将达到 14.8% 以上。斐济、瓦努阿图、萨摩亚等国将保持 2%—3.3% 的低速增长,密克罗尼西亚联邦、马绍尔群岛等中部太平洋地区岛国经济困难较大,基本保持微弱增长。各岛国通胀率预计介于 -1.2% 和 6% 之间。

从全球角度看,太平洋岛国地区经济发展水平和增速仍大大落后于亚太地区和发展中国家整体水平。地处偏远、人口稀少、市场狭小、交通不便等“先天”制约因素导致岛国经济极易受到国际经济形势、外援增减、大宗商品价格波动、自然灾害的影响,经济发展形势依然严峻。所罗门群岛 4 月发生严重暴风雨和洪涝灾害,导致经济由 2013 年增长 2.9% 转为 2014 年出现零增长甚至负增长。一些岛国登革热、疟疾疫情也对其经济发展构成严峻挑战。为实现可持续发展,各岛国政府一方面继续大力争取外援,借助外力推动大项目建设、应对气候变化和改善民生;另一方面也以不同方式实现“自力更生”,努力增强自主动力。斐济、巴新加强了经济社会发展长远规划。斐济、萨摩亚、汤加等实施积极货币政策。瓦努阿图出台吸引投资移民计划以增加政府财政收入。萨摩亚徐图以“离岸金融”之名搞变相“避税天堂”。各岛国在太平洋岛国论坛框架下积极推进区域经济一体化进程。

三、国际影响力有所上升,区域合作活跃

随着美国亚太“再平衡”战略推进,冷战后长期受到忽视的太平洋岛国地缘重要性有所上升。2014 年,各方对岛国投入较前增强。一是“亚”“太”联系进一步紧密。在习近平主席同岛国领导人集体会晤前后,印度、韩国等地区国家也

同岛国举行不同形式的对话和会晤。日本首相安倍晋三高调访问巴新。二是岛国积极在国际舞台发声造势。2014 年是联合国“小岛屿发展中国家国际年”。萨摩亚成功举办联合国第三届小岛屿发展中国家会议,联合国秘书长潘基文等应邀出席。岛国在多个国际场合继续积极就应对气候变化、“联合国 2015 后发展议程”、海洋环境和资源保护等联合发声。三是“斐济问题”顺利解决。澳大利亚、新西兰借斐济大选“找台阶下”,全面实现对斐济关系正常化。斐济在英联邦、太平洋岛国论坛的地位得到恢复,外部环境全面改善。困扰岛国对外关系多年的“斐济问题”顺利解决。

与此同时,各岛国联合自强的意识和行动不断加强。2014 年太平洋岛国论坛将实施 10 年的“太平洋计划”充实为“太平洋区域合作框架”,从区域可持续发展、经济公平和包容性增长、强有力的治理和地区安全等角度对区域一体化进行长远规划。斐济举办的太平洋岛国发展论坛围绕太平洋经济绿色增长主题,重点凝聚岛国聚焦发展的主动性和积极应对气候变化的危机感。太平洋共同体以及美拉尼西亚先锋集团、波利尼西亚领导人集团、密克罗尼西亚行政首脑峰会等次区域组织继续保持活跃。

四、习近平主席对岛国进行历史性访问,中太关系全面提升

2014 年是我国同太平洋岛国关系具有历史性意义的一年。习近平主席 11 月对斐济进行国事访问并同太平洋建交岛国领导人会晤取得圆满成功,实现了我国国家主席对岛国地区的首次访问。中太双方建立相互尊重、共同发展的战略伙伴关系,我国宣布一系列支持岛国发展的重大举措。访问释放了我国重视发展同岛国关系的有力信号,为未来一个时期我国同岛国关系发展规划了方向。我国同岛国政治互信进一步深化,双方政府、立法机构和政党等渠道频繁开展交流对话。经贸合作成果丰硕,2013 年第二届中太合作论坛成果陆续落地,巴新液化天然气开始输华。人文交流取得丰硕成果,我国海军“和平方舟”号医院船成功访问汤加、斐济、瓦努阿图、巴新。执法和追逃追赃合作成为新亮点。双方在国际和地区事务中保持良好沟通协调,我国派出高级别代表团出席联合国第三届小岛屿发展中国家会议、太平洋岛国论坛会后对话会和太平洋岛国发展论坛。总的看,我国对岛国外交富有成效,发展同岛国关系面临前所未有的机遇。

二、周边国家发展态势和大国关系新动向

俄罗斯创新发展战略实施情况及前景

2011 年 12 月，俄罗斯出台《2020 年前俄联邦创新发展战略》（以下简称《创新发展战略》），旨在调整资源依赖型发展模式，逐步壮大创新经济比重，促进经济社会全面高效可持续发展。这一战略搞了几年，效果不好。受内外因素制约，俄罗斯未来发展创新经济仍面临诸多问题和挑战。

一、俄罗斯创新发展战略的目标和实施路径

《创新发展战略》确定的主要目标是，到 2020 年使创新经济成为经济增长的主导因素，增强俄罗斯在世界经济中的领先地位。为此，需发挥能源、交通、农业、自然资源加工等传统领域优势，同时为创新型经济创造良好的制度条件和技术条件；以航空航天、造船、能源动力、信息、医疗技术等为主要方向，提高俄罗斯人力资本素质和经济的全球竞争力，实现经济结构多元化；全面提升国家创新能力，到 2020 年技术创新企业占企业总数的 40%—50%，创新产业增加值占国内生产总值比重的 17%—20%，创新产品占工业产品比重的 25%—35%，原子能、航空航天技术、特种船只建造、程控软件领域的产品占世界同类产品比重的 5%—10%，高科技产品出口占世界同类产品出口总额比重升至 2%；按购买力平价计算，2020 年人均国内生产总值从 2007 年的 1.39 万美元增至 3 万美元，步入世界五强行列。

《创新发展战略》计划分两个阶段实施。第一阶段（2011—2013 年）的主要任务是：重点挖掘传统优势产业技术革新潜能，培育创新经济基础；提高具有高新技术发展前景的经济部门的投资吸引力，促进资本和专业人员向上述行业流动；通过税收优惠等手段促进技术更新和设备引进，鼓励企业创新等。第二阶段（2014—2020 年）的主要任务是：逐步增加创新支出在国家预算中的份额，加大对教育、科研和创新经济基础设施领域的投入，实现经济结构向创新产业为主转变。

二、俄罗斯创新发展战略实施情况

《创新发展战略》实施虽已步入第二阶段，但尚未收到明显成效。

一方面，国家创新能力未见改观。俄联邦政府注资110亿卢布倾力打造的创新经济样板——俄版“硅谷”斯科尔科沃项目进展缓慢，在吸引投资、创新成果转化等方面，都距离成为俄罗斯创新经济“驱动器”的预期目标有较大差距。俄罗斯《创新发展战略》将高新技术产品出口所占世界份额作为重要指标。2011年，俄罗斯高新技术产品在世界同类产品总出口中所占份额为0.2%。其中，航空航天产品所占份额为0.6%，化工产品为0.6%，生物制药为0.4%，科研设备为0.3%，电子产品为0.1%，计算机为零。但《创新发展战略》实施以来，这些指标未见明显提升。

另一方面，创新发展与经济增长未现相辅相成局面。按《创新发展战略》预期，创新发展能够带来劳动生产率和产品竞争力的提高，创造新的产业、增加投资积极性，带动居民收入和消费总额增长、扩大市场，从而成为经济增长的新动力，而经济增长会催生新产品和新技术，为国家扩大教育和基础科学投入创造条件，进一步促进创新经济的发展。《创新发展战略》提出，“为了实现战略目标，俄罗斯需要的不只是经济增长，而且经济增长的速度要相当快——每年至少5%，显著高于发达国家。”但实际上，近年来俄罗斯经济不增反降，2012年增速为3.4%，2013年仅为1.3%，降至国际金融危机以来最低水平。

俄罗斯《创新发展战略》实施效果不彰，从国内看，似主要有以下几方面原因：

一是俄罗斯资源型经济发展模式惯性巨大，一时难以摆脱。俄罗斯能源原材料出口占国内生产总值比重高达40%，并为俄罗斯政府带来丰厚财政盈余。在国际金融危机持续发酵的背景下，俄罗斯政府出于现实需要，仍把能源和原材料部门作为经济复苏的优先领域。此外，能源和原材料出口依赖已成为俄国民的思维定式，社会整体创新意识不足，缺乏创新动力。近年来，国际能源和原材料市场价格重新上扬，俄罗斯对经济转型的需求不再迫切，发展创新经济的热情有所下降。

二是研发能力滞后影响创新发展战略实施。俄罗斯在科研人员数量、科研经费支出、科研能力水平等方面都落后于发达国家。俄罗斯科研人员总数约为20年前的1/3（由1992年的99.2万人减少至2011年的37.4万人），每1万名劳动人口中，仅有63.3名科研人员，这一比例不仅落后于世界科技强国，也落后于斯洛文尼亚、爱沙尼亚等国。世界4个主要科研中心美国、欧盟、日本和中国，其研发投入占全球研发总支出的比例分别为35%、24%、12%和12%，俄罗斯所占比重不足2%。俄罗斯研发支出总额仅列世界第34位，政府预算中研发拨款占国内生产总值比重不增反降，由2007年的1%降至2012年的0.75%，对重大科研项目的投入仅是瑞典、日本的1/4，美国、法国的1/3。

三是产业创新资金不足、企业创新积极性不高等制约创新经济发展。发展创新经济需要大量资金投入，但俄政府财政力不从心，投资环境又较差，难以吸引更多外资，因此产业创新资金存在较大缺口。而且，在有限的产业创新资金使用上也存在较大问题。据不完全统计，俄罗斯每年1/3左右产业创新支出用于能源矿藏开采业、机械设备制造业、电力光学仪器制造业和交通运输设备制造业，尤以能源矿藏开采业和交通运输设备制造业得到的创新经费最多。各行业普遍将创新经费主要用于采购设备，只有极少部分用于引进高新技术。企业创新缺乏内生动力，产业创新迟滞不前。

三、俄罗斯创新发展战略实施前景

俄罗斯将创新发展视为国家振兴的重要途径。从《创新发展战略》实施情况看，俄罗斯在未来发展创新经济和实现现代化进程中，需着力解决好以下几个问题：

一是切实加快产业结构调整步伐，在全社会形成创新意识和创新冲动。用好用足创新资金和原有技术优势，使产学研形成一体化链条，培育出更高的创新能力和更强的创新产品。

二是“修炼内功”，从扩大内需、完善制度上培育发展创新经济的土壤。俄罗斯国内外专家普遍认为，俄罗斯目前不存在现代化和多元化的经济增长方式，创新经济发展面临诸多障碍，如对新产品内需不足、创新项目无人问津、创新产品找不到用户，官僚主义、行业垄断、腐败严重等。俄罗斯要想使创新经济获得真正发展，还必须在改善国内投资和经营环境、加大对中小企业创新扶持等方面付出更多努力。

三是有效应对日益激烈的国际竞争。俄罗斯在高新技术领域资金投入、技术优势、人才储备等方面落后于美欧。在航空科技、计算机硬件和软件研发、纳米技术、生物制药等领域，俄罗斯的竞争对手不仅有美国、欧盟、日本，还有中国、印度、巴西等新兴国家。

四是打造好“自主创新”能力。俄罗斯与美西方关系的结构性矛盾，决定俄罗斯创新发展归根结底要靠“自主创新”。俄罗斯与美西方国家在乌克兰问题上的对峙趋于长期化，对与美欧结成“现代化联盟”加快创新发展只能望洋兴叹。只有打造好“自主创新”能力，才是俄罗斯顺利实现《创新发展战略》的硬道理。

日本政治右倾化加剧的主要动因

日本政治右倾取向在战后长期存在，近年趋势有所加剧。特别是安倍再次上台执政以来，在“修正”历史认识、推动修宪扩军、摆脱战后体制等方面谋求更大突破，对本地区安全环境造成不利影响，值得关注和研究。

一、日本政治右倾化加剧主要体现在以下几方面

（一）突破战后体制束缚动作频频。安倍再次上台后高调推出“积极和平主义”，企图为突破战后禁区“正名”。设立国家安保会议，不断完善军事大国体制。实质性解禁武器出口，通过修改宪法解释解禁集体自卫权，大幅转变安保政策方向。安倍及其阁僚还热衷于“地球仪外交”，周游列国之际大力推动双多边军事安全合作。

（二）军工产业集团借机蠢蠢欲动。日本军工研发实力雄厚，三菱、川崎、三井等大企业均有长期积累，成果转化不存在技术障碍，只因日本军备发展受限、国内市场狭小而难以一展身手。随着日本政治右倾化不断加剧，军工产业集团也不甘寂寞，借武器出口解禁之机积极进军国际军火市场，参与共同生产研发，逐步完善日本军工产业体系，为走向军事大国铺路。

（三）领土海洋问题上连续对外示强。日本近年加快攫取海洋利益步伐，接连与中韩俄等邻国陷入岛屿争端，对中、韩更是采取“硬碰硬”的强势姿态。日本在李明博登岛后启动对韩金融制裁，推迟或暂停与韩财金合作，并单方面向国际法院提起诉讼。在钓鱼岛问题上同我国激烈对抗，扣船抓人、非法“购岛”、加强海空监控、多次举行夺岛演习，并妄议我国东海防空识别区覆盖争议岛屿。

（四）政界氛围与社会环境日益恶化。推动“历史修正主义”再次抬头，毒化社会氛围。安倍内阁一度质疑“村山谈话”“河野谈话”和东京审判结果，安倍在执政周年之际参拜靖国神社，名古屋市长河村隆之等地方保守政客不时发表否认历史的谬论。大力推动所谓教育体制改革，加强地方政府对教育的干预，推动教育“政治化”。安插右翼亲信出任全国性媒体日本广播协会高层，纵容其发言

否认侵略历史,强行通过《特定秘密保护法》,钳制媒体报道,企图将媒体打造为政权喉舌。日本国民对右倾政治的警惕性和牵制力也逐步减弱。

二、日本政治右倾化加剧是多重因素综合作用的结果

(一)战后改革半途而废是历史根源。第二次世界大战后,美国出于防共反苏的需要,中断了对日本民主化改革,未彻底清算其军国主义战争责任,先后释放大批战犯,其中不少人重返政坛。安倍外祖父、甲级战犯岸信介甚至成为首相。这股势力及其继承者沉迷于军国旧梦,不断美化历史、鼓吹修宪,同日本国内民族主义情绪消极共振,令右倾保守思潮加速蔓延。

(二)社会心态逐渐失衡提供了土壤。日本近年来政治持续混乱,经济止步不前,社会贫富差距扩大,国民悲观焦躁心态日益严重。而我国近年来快速崛起,韩国也在制造业和对外经贸合作上对日本形成赶超。日本社会心理受到巨大冲击,对邻国心态失衡,排斥、嫉妒、疑惧心理上升,民族主义情绪进一步发酵,对外示强动机增强。

(三)保守势力大行其道是直接原因。当前自民党在众院议席接近2/3,在参院也近半数,地位比较稳固。原日本维新会势力、大家党等保守政党也与其沆瀣一气,进一步助长右倾势力气焰。中左和平力量则整体萎缩,一贯宣示和平、“中道”的公明党对自民党“绥靖”多于“刹车”;日共虽现恢复态势,但上冲动能有限,难解其“边缘化”困局;社民党继续“退潮”,席位已跌至个位数。最大在野党民主党内尽管存在理性声音,但受内部右倾保守势力掣肘,亦难对政治右倾化形成有力牵制。

(四)国家走向整体右转是重要背景。日本在经济上曾长期是世界第二、亚洲龙头,习惯于高高在上。但冷战结束后特别是21世纪以来,日本国力衰退明显,战略焦虑严重,国家走向日益迷失。面对国际地区力量格局深刻变化、特别是我国同日本国力对比逆转,日本难以适应,不甘屈居二流,希望借美国调整地区战略之机重温大国旧梦,国家走向因此出现整体右转。

三、日本政治右倾化仍将继续加剧,并可能对地区安全环境产生外溢效应,但短期内失控可能性不大

(一)日本政治右倾化总体趋势短期内不会扭转。当前保守势力垄断日本政坛,朝野制约机制运行不畅,难以牵制和扭转政治右倾化大方向。安倍靠鹰派

色彩再次上台，内阁支持率迄今保持较高水平。在此背景下，日本社会右翼势力扩张明显，较大右翼团体及网站均已上千，各领域知名右翼分子接连涌现、十分活跃。这些人与政界保守势力消极联动，势必进一步助推政治右倾化进程。

（二）日本在修宪扩军道路上继续狂奔尤其值得警惕。尽管有人称安倍是现实主义者且会冷静行事，但他视修宪为夙愿，正步步为营，推动日本不断摆脱“和平宪法”束缚，重获战争权利。下一步，他将全力推动完善行使集体自卫权的配套法律，加紧推进武器出口与海外共同生产研发，不断扩充日本军备，令日本重做政治军事大国。此外，日本长期囤积大量核材料，其中不乏武器级核材料，目的值得警惕。尽管当前日本社会反战反核仍是多数，但不排除未来风向转变，令日本走上强军甚或核武装道路。

（三）日本军事进取态势可能对地区安全格局造成外溢效应。日本正积极配合美国亚太地区战略，同澳大利亚、韩国、印度等深化军事合作，企图在本地区建立以日美为核心的集体军事安全体制。特别是日本解禁集体自卫权后，同美国协同作战能力“解锁”，军事干预朝核等地区热点问题的门槛明显降低，在海洋问题上同越南、菲律宾相互勾连配合的势头不断上升，未来若误判形势、铤而走险、武力介入地区事务，势必严重冲击亚太地区安全格局。

（四）日本政治右倾化进程暂不至于脱序失控。一是日本国内和平力量正在觉醒，对安倍右倾消极举动日益警觉。特别是安倍解禁集体自卫权后，日本国内反对声浪再起，首相官邸前的抗议规模一度超过万人，反映出日本民众虽允许安倍在军事安全领域作调试，但不会允许日本重走战争旧路，安倍想继续为所欲为阻力不小。二是公明党虽为维护执政地位不会同安倍公开对抗，但和平理念是该党高举的旗帜，又有支持母体创价学会在外牵制，公明党仍会发挥一定“刹车”作用，遏制安倍政权“暴走”势头。

印度发展进入“莫迪时代”

印度国民大会党第二任期以来，印度经济增速放缓，民生问题突出，社会矛盾激化，民众反现状、求变革的愿望空前强烈。在2014年5月举行的大选中，印度人民党在543个议席中席卷282席，成为近30年来首个单独获得过半席位的政党，彻底打破了20世纪90年代以来国大党、印人党两强争霸的局面，反映出印度政治、社会生态的巨大变化。印人党领导人莫迪出任新总理，被各方寄予厚望，“莫迪时代”有望开启印度新一轮改革，将对下一阶段发展产生深远影响。

一、近年来印度经济、政治和社会问题累积，“莫迪旋风”反映了民众反现状、谋发展、呼唤政治强人的社会思潮

（一）经济结束高增长，陷入滞胀泥潭。2008年全球金融危机爆发后，国大党政府试图通过财政刺激推动经济反弹，但未能从根本上解决问题。2012—2013财年和2013—2014财年，印度国内生产总值增速大幅降低至5%左右，创10年来新低。目前，印度面临高通胀、财政和经常项目双赤字、投资和消费不振、就业压力增大、吸引外资减少、印度卢比贬值等一系列严峻挑战，被西方媒体称为“褪色的金砖”。印度经济结构不合理、基础设施落后、对外开放程度低等制约发展的深层次问题更加突出。

（二）政府执政不力引起社会不满。国大党执政第二任期，党主席索尼娅与总理辛格的“双头政治”领导机制运转不畅，政府施政能力削弱。包括总理辛格在内多名内阁高官涉嫌卷入“电信门”“煤炭门”等贪腐大案，加之印度国内社会治安事件不断蔓延，引发印度民间大规模反腐运动和抗议，令国大党政府威信扫地。同时，因反对党和执政联盟部分盟党抵制，国大党政府力推的开放零售市场等重大改革进展缓慢，无力深化改革，扭转经济困局。

（三）民生问题突出，青年群体和中产阶级求新求变呼声高涨。印度近年来发展不平衡问题凸显，“有增长，无就业”，青年群体未能从经济增长中受益。持

续的高通胀,也对新兴中产阶级造成较大冲击。本次大选中,青年群体和中产阶级参与热情高涨,推动投票率创历史新高。他们更关注民生和国家治理问题,对种姓、教派、地区等传统观念“忠诚度”下降,对国大党政府腐败无能尤为失望,对莫迪和印人党寄予希望,成为印人党重要票源。

二、莫迪新政府致力于深化改革和促进增长,有望开创印度发展的新阶段

莫迪任古吉拉特邦首席部长12年间,该邦发展为印度经济增长最快、开放程度最高、基础设施最好的地区,创造了全印度闻名的“古吉拉特发展模式”。古邦发展的成功经验,为新政府在革故鼎新、发展经济等方面提供了重要启示。莫迪政府的核心施政思路是深化经济改革,促进经济增长,打造开放、宜商、高效的印度,具体包括控通胀、调结构、扩基建、促开放、强治理、保民生。

一是严控通胀。高通胀及相应的高利率政策,严重抑制了消费和投资,不利于印度经济复苏。莫迪主张通过严厉打击投机、稳定市场供给等手段,从源头上治理通胀。二是优化产业结构。通过大力发展纺织业、制鞋业等劳动密集型产业和服务业,培育新的经济增长点,缓解就业压力,促进出口创汇。三是大力发展基础设施。带动水泥、钢铁和电力等相关行业发展,创造大量就业机会,盘活劳动力、技术等生产要素,提升印度经济最大短板。四是对外资进一步开放市场。外国投资约占印度总投资1/3,对印度经济复苏至关重要。莫迪表示,将鼓励外资进入印度除了零售业外“任何能创造就业、带来先进技术的领域”。五是改善国家治理体系。主张重拳惩治腐败,缩减政府规模,推进电子政务系统建设,提高行政效率,确保中央政令在地方得到切实贯彻。六是扶贫济困。制订减贫中长期计划,在全国选定100个最贫困落后的地区,予以大力扶持,重点发展农村水电等基础设施,重新启用粮食公共分配体系。

由于莫迪和印人党凝聚了印度国内推进经济发展、实现民族复兴的社会共识,各界都对“莫迪新政”抱极大期待,希望新政府能带来大突破、大发展,认为印度将迎来一个向上走的发展态势。

三、新政府推动改革和发展面临有利机遇,但也面临不少难啃的硬骨头

印人党政府具备上届政府没有的有利条件:一是随着西方发达国家经济企

稳复苏,印度外贸形势有望改善,未来5年印度经济探底回升的可能性较大。二是印人党在人民院议席占据绝对优势,新政府地位稳固,不必受联盟政治牵制,为推动新一轮改革扫清了政治障碍。三是莫迪擅长经济工作,作风雷厉风行、果敢强势,具备过人的战略眼光,是“引领印度走出发展困境的最佳人选”。

同时,莫迪政府也面临不少艰巨挑战和复杂矛盾,既要大刀阔斧,革故鼎新,又要谨慎应对,力保周全。在经济方面有三大难题。一是推动改革。目前,印度经济改革步入市场开放、劳资关系等深水区,阻力很大。无论如何改革,均会触痛部分利益群体,引发强烈反弹。二是优化经济结构。印度农业、工业和服务业占国内生产总值比重约为17%、26%和57%,但却分别吸纳了60%、15%和25%的就业人口,对拉动就业效果最为明显的制造业发展滞后。三是改善基础设施。印度2003年才开始修建第一条高速公路,铁路网标准不一,效能低下,电力供应严重不足,非一朝一夕可以解决。在国家治理方面也面临两大顽疾。一是促进民族和谐。印人党以宣扬印度教民族主义起家,莫迪曾因2002年古邦教派冲突事件广受诟病,印度各界对莫迪浓重的教派主义背景也有担心,其当选总理令印度穆斯林和少数族群深感担忧。新政府必须淡化教派主义色彩,避免在民族和宗教问题上激化矛盾。二是提高行政效率。没有执行力,改革就是一句空话。新政府必须要向庸政、懒政宣战。印度民众期待很高,但莫迪没有在中央施政的经历,能否落实竞选承诺、理顺发展路子有待观察。

印尼“大国梦”的前景

印度尼西亚总统苏希洛执政10年间(2004—2014年),把政治体制改革和经济重建作为两大中心任务,使印尼初步实现了政治稳定和经济发展,成为全球发展势头最为强劲的新兴国家之一。2014年,印尼顺利举行国会和总统大选,民主斗争党及其候选人佐科分别获胜,政权平稳交接,印尼有望继续保持良好的发展态势,朝着实现“大国梦”的目标迈进。

一、印尼民主改革由乱到治,国家总体发展态势良好

(一)政治转型进程进入稳定发展期,印尼成为转型国家的成功典范。苏哈托“新秩序”政权垮台后,印尼建立了多党民主制,开启转型进程,在经历初期的乱局之后,开始在多党民主基础上探索更加符合本国国情的政治发展道路,不断改革和完善政治体制,促使政局由乱转稳。实践中,印尼着重为民主改革提供有力的法律保障,不断完善宪法、制定颁布多项新的法律法规,确保政治进程在法治轨道上良性发展。通过修宪和出台《政党法》《选举法》《地方自治法》等,基本清除了旧体制残余,规范了新体制运行机制和规则,逐步理顺了国家三权机构间的关系、中央政府与地方政府关系、政府与军队的关系、政党与政府的关系,弥合了宗教、民族间的矛盾和冲突,抑制了地方分离主义倾向。各政党共同推动提高政党注册、参选和进入国会的资格门槛,在一定程度上提高了印尼政党政治质量,增强了民众的政治认同。2014年大选平稳顺利,选前各方担心两对总统候选人票选结果过于接近会引发乱局,但选后社会秩序井然,体现出印尼民众在政治上日趋成熟理性,民主改革又一次经受住了考验。政治转型获得成功,增强了印尼的信心和自豪感,将自身定位为最大的穆斯林民主国家,并确立了成为“世界性大国”的宏伟目标。

(二)经济发展态势良好,成为国际公认的最具活力新兴经济体之一。苏希洛执政后,于2006年提前还清国际货币基金组织债务,收回全部经济主权,开始进行自主经济改革。一是大搞基础设施建设,修建大型电站、公路、桥梁、港口、

码头等,既有效拉动经济快速增长,又大幅改善了投资环境,为吸引内外资奠定了良好的硬件基础。二是深化金融体系改革,加强金融监管,提高金融管理水平,促进金融业健康发展,为实现经济可持续发展创造良好的金融环境。三是推行国有企业改革,剔除不良企业,合并同类国企,通过重塑、精简提高国企系统效率;扶植中小企业发展,构建多元经济结构,刺激实体经济活力,扩大中产阶层规模。四是全面调整产业布局,扭转旧经济体系产业布局严重失衡的局面;大力发展制造业,加速产业技术升级;发展农业和农村经济,确保粮食安全;扶植新兴产业,大力发展新能源和创意产业,抢占下一轮经济发展制高点。五是培育国内市场和调整国外市场并举,从出口拉动的单引擎经济增长模式向内需和出口并重的双引擎经济增长模式转变。

一系列改革措施取得实效,印尼经济迈入快速发展通道,成功抵御国际金融危机,经济连续保持5%以上的年增长率。2011年,苏希洛政府出台《2011—2025年经济发展总体规划》,确立了争取到2025年把印尼经济提升到世界级富国水平、到2050年建设成为世界经济强国的宏伟目标,并提出未来15年加快经济建设的三大纲领:一是在印尼发展六大经济走廊,使每一个经济走廊都能形成具有产业特色的工业中心。二是加强岛际间联合,使各岛产业中心都能直接参与国际市场竞争。三是加快人才培养,为六大经济走廊提供人力资源支持和动力。中长期经济发展战略明确了未来印尼经济的发展方向,为经济持续快速发展注入了强劲动力。

(三)在地区和国际事务中积极作为,影响力大幅上升。一是加大对东盟的投入,致力于恢复和强化东盟"领头羊"地位。积极就缅甸问题、泰国柬埔寨冲突、南海问题等东盟内部和地区热点问题进行斡旋,弥合内部裂痕,维护东盟团结。二是力推东盟共同体建设,积极倡导地区双、多边区域和次区域合作。主张提升"10+1""10+3"合作水平,推动东盟在"区域全面经济伙伴关系"谈判中发挥主导作用,推动东盟与自贸区伙伴国之间实现服务贸易自由化,促进东亚地区经济一体化建设。三是平衡发展与中美两大国的关系。与中国建立全面战略伙伴关系,与美国关系获得全面改善,加强与日、澳、俄、欧盟、印度等其他大国关系,构建更加多元的外交格局。四是广泛参与全球事务,不断扩大软实力影响。在二十国集团中积极扮演发展中国家代言人角色,参与全球治理改革,坚持维护发展中国家整体利益。通过主办巴厘民主论坛,宣传印尼不同于西方国家的民主与人权理念。在伊拉克问题、阿富汗问题等国际热点问题上,以较为客观积极的立场发声,树立负责任大国形象。积极进取的外交态势,极大地提升了印尼国际影响力,被认为是"金砖国家"下一个成员和联合国安理会

“入常”的潜在竞争者。

二、后苏希洛时代印尼进入攻坚克难、深化改革的关键时期，佐科新政府将面临诸多挑战

（一）建设更加成熟完善的政治体制是佐科政府面临的重要任务。探索发展符合印尼国情的“印尼式民主”已成为印尼社会各界共识，不断深化政治改革、进一步完善印尼式民主体制成为印尼民众的迫切愿望，也是佐科对选民的承诺。佐科强调依法治国、建章立制，以更加完善的法律制度来清除腐败；加强中央权力，严格对地方政府的指导和监督，建立高效、廉洁、民主、权威的政府；完善政党制度、选举制度和立法机构制度，巩固印尼民主建设。但应该看到，根除印尼政治中一些体制性痼疾绝非易事。贪污、腐败和裙带关系等问题难以根治，新的权力阶层以新的权钱交易方式滋生新的腐败，涉及范围更广、更加隐蔽，也更难以彻底解决。政客作秀多、实干少的政治庸俗化趋势明显，金钱政治大行其道。政治人才的培养未能跟上民主改革的步伐，多数政党面临青黄不接的尴尬局面。这些问题错综复杂，牵一发而动全身，能否顺利推进改革考验佐科和民主斗争党的执政能力。

（二）通过深化改革实现经济可持续发展是佐科的执政之本，但深化经济改革面临诸多瓶颈。印尼经济在苏希洛执政10年中取得快速发展，但社会舆论对收入分配等问题颇多不满。佐科和民主斗争党从支持基础看带有一定草根性，重视中下阶层和农村偏远地区经济建设，在延续苏希洛政府发展策略的同时，可能在政策上将更多关注民生，侧重于通过深化改革推进地区平衡发展、缩小贫富差距，保持印尼经济高速发展的良好势头，巩固自身执政地位。但从短期看，前几届政府为刺激经济快速发展已动用大量宏观调控手段，在当前国际经济持续低迷的大环境下，可用的后续调控手段已十分有限，经济开始承受更大下行压力。从长远看，印尼深化经济改革面临几大瓶颈：一是资金瓶颈。基础设施建设、工业园区建设和产业投资是支撑印尼深化经济改革的支柱，需要耗费巨额资金。大量项目投入已经使本不富裕的印尼政府在财政方面捉襟见肘，有限的国内资本在“只进不出”的巨额前期投入面前，也开始显得后劲不足。二是技术瓶颈。印尼工业化水平相对较低，作为经济支柱之一的劳动密集型产业面临技术落后的困境，急需进行技术改造更新和结构调整升级，提升比较优势，增强国际竞争力。同时，印尼无论是在基础科学研究领域还是在前沿应用技术领域均较为落后，在技术方面无力支撑政府在新能源等新兴产业方面的发展规划。三是

面临东盟经济一体化压力。东盟经济共同体将于2015年建成,处在经济结构调整关键期的印尼届时将直接面对东盟内较发达的马来西亚、新加坡等国的竞争压力,国内多数中小企业已经出现恐慌情绪,如何趋利避害是佐科政府面临的一大挑战。

(三)地区形势日趋复杂多变,能否妥善应对形势变化考验佐科政府外交智慧。近年来,随着美国亚太战略调整,各大国在东南亚地区博弈加剧,地区热点、敏感问题频发,南海问题成为东盟难以绕过的议题。此外,缅甸、泰国局势复杂多变、泰国柬埔寨边境争议悬而未决、文莱马来西亚海域争端不时浮出水面、东盟一体化进程各国态度不一,东盟团结面临诸多内外难题考验。印尼能否巩固自身在东盟的地位,领导东盟在地区合作中继续发挥主导作用,进一步利用好东盟在国际上发声,考验新政府的外交智慧。迄今,佐科在外交方面尚未提出明确的政策思路,仅表示将延续印尼外交一贯政策,希望不断提升印尼在地区和国际上的影响力,继续向世界性"大国"迈进。有舆论认为,佐科长期从事地方工作,尚缺乏国际战略眼光和外交实践经验,在外交能力上无法与苏希洛同日而语,各方普遍对印尼外交能否继续保持进取态势表现出一些担忧。

哈萨克斯坦有序推进“2050 战略”

近年来，哈萨克斯坦成功抵御国际金融危机冲击，经济社会快速发展，政局保持稳定，外交锐意进取，国际地位持续提升。纳扎尔巴耶夫总统在 2013 年国情咨文中首次提出“2050 战略”构想，哈萨克斯坦当局随即统筹政治、经济、社会和外交等各方面资源，全力投入战略实施。

一、“2050 战略”描绘哈萨克斯坦美好发展愿景

“2050 战略”提出了哈萨克斯坦中长期发展的总目标，即以发挥全员劳动潜力、建设发达经济和强大国家为基本取向，到 2050 年跻身世界发达国家 30 强。“2050 战略”强调，要着力巩固现行国体，强化国家管理，深化经济改革，创新社会模式，关注民生，提高外交和国防能力。战略还明确提出一系列具体发展指标。在经济领域，国内生产总值年均增速不低于 4%，投资额从占国内生产总值的 18% 增加到 30%，过境运输能力提高 9 倍，发展以知识型产业为基础的经济模式，将非原料商品出口比重提升至 70%，劳动生产率提高 5 倍。在社会领域，将人均国内生产总值增加 4.5 倍，从 1.3 万美元增至 6 万美元，使哈萨克斯坦成为以中产阶级为主体的国家。大力发展医疗事业，完善先进的国民教育体系，建设和谐、稳定、法制健全、司法公正的社会环境，人民享有全新的生活质量，成为世界上居住最安全、最舒适的国家之一。

“2050 战略”面向哈萨克斯坦未来 30 多年的发展建设，当局立足国情，将战略实施划分为 2020 年、2030 年和 2050 年三个阶段，即哈萨克斯坦的“三步走”战略。2014 年初，纳扎尔巴耶夫总统发表国情咨文，重点阐明“2050 战略”实施路线图，随后签署《进入世界发达国家 30 强战略构想》，进一步明确战略实施步骤和任务。从短期看，哈萨克斯坦以实施 2020 年前的工业创新、商业、金融、基建、出口、就业、廉租房建设、劳动力发展等 27 个行业规划为基础，推进产业结构优化和富民强国，提高国家发展质量。从中期看，确保传统经济行业稳定增长，同时创建强大的加工工业部门，在 2030 年之前完成现代化突破。从长期看，到

2050年建立发达的加工工业体系,工程服务业得到大规模发展,传统行业整体向高附加值产品过渡,全面构建知识型经济发展模式。哈萨克斯坦当局还制订了详细的实施清单和时间表,提出将基础设施建设、发展粮食经济、筹办2017年世博会、发展中小企业、推进社会现代化进程、完善金融体系以及行政改革等作为战略实施初期的七大重点任务,推动“2050战略”良好开局。

二、哈萨克斯坦推进“2050战略”的主要举措

一是为实施战略提供政治保障。近年来,纳扎尔巴耶夫总统多次调整政府机构,接连进行高层人事变动,有序把控权力收放,进一步明确政府工作任务。成立隶属总统的战略规划署,加强战略引导和监督。针对经济形势不稳和战略落实不到位等苗头,纳扎尔巴耶夫于4月再次大幅调整人事,任命经济干将马西莫夫重掌政府,原议长尼格马图林出任总统办公厅主任。8月启动大部制改革,大幅压缩政府部门数量,重点是改组成立国家经济部、投资发展部、能源部“三驾经济马车”,强化政府对战略的执行力。纳扎尔巴耶夫以宪政程序继续保持对政府、议会、政党的控制,缩短决策链,减少战略实施中的羁绊。议会连续出台涉及经贸、资源、税收、科技、社会发展等方面的法律法规,为战略实施建章立制。为配合战略实施,纳扎尔巴耶夫还从执政党建设入手,强化对战略的政治支撑和社会动员。任命原总统办公厅副主任拜别克出任“祖国之光”党第一副主席,指示其紧抓党的思想和组织建设,要求党在宣传和监督“2050战略”实施中发挥关键作用。该党于2013年召开非常代表大会并出台首部《党的政治学说》,将“2050战略”作为党的思想基础和奋斗目标。该党各级组织均设立社会接待站,年均接待民众近80万,规定本党各级政府官员必须参与其中。接待站已成为党沟通民意、宣介“2050战略”的重要平台。此外,纳扎尔巴耶夫2013年底倡议成立“哈—2050”全民运动,以做好全民思想动员工作,进一步扩大战略实施的社会基础。

二是以多元化推动经济现代化。近两年,哈萨克斯坦经济政策重心由后危机时期对各领域和企业的支持全面转向实施“2050战略”任务。一方面,继续发展能源支柱产业,利用资源优势加强经济实力,同时注重吸引外资向能源深加工领域发展。哈萨克斯坦石油、天然气以及铀矿等产业发展势头强劲,2013年原油产量高达8170万吨。哈萨克斯坦当局还加快推进卡沙甘、田吉兹、里海沿岸等大型油气田开发增产进程,完善能源管网建设,重点打造能源深加工产业。哈萨克斯坦计划到2017年进入世界十大能源出口国行列,尽快实现原油产量翻番

目标,继续为哈萨克斯坦提供充足的发展资金。另一方面,哈萨克斯坦加快转型,发展新兴产业,创新发展模式,增强投资吸引力。为此,哈萨克斯坦制定实施《加快工业创新发展纲要》,目标是发展“非资源经济”,使经济模式更趋多样化。重点对国内大型企业进行现代化改造,支持中小企业发展;加快发展现代农业和加工工业,延伸产业链;发展制造业,优化产业结构;培育国家创新体系,培养高科技人才,发展高科技产业;加快发展交通物流业,改造交通设施网;加快工业园和经济特区建设,拓宽资金渠道,创新融资方式。此外,哈萨克斯坦还提出绿色现代化战略,分三阶段实施“绿色经济”构想,大力发展可替代能源和可再生资源,每年将石油收入1%的资金用于绿色能源发展,争取到2050年使其在总能源消耗中的占比不低于50%。

三是优化国内发展环境。哈萨克斯坦于6月出台《完善投资环境法案》,对企业参与优先投资种类名录中的项目,规定10年内免征所得税、土地税、财产税,并给予投资补贴、不受外籍劳务配额限制等政策扶持。哈萨克斯坦以《2030年前社会发展全民构想》为指导,全面提升社会现代化水平。近年来,哈萨克斯坦政府每年都将落实一批民生项目作为重点工作内容,包括加大民用设施建设,改善农村环境、改造维修公路、改建学校和医院,对劳动力开展系统职业培训,切实提升人口素质,提高就业保障。哈萨克斯坦当局加快推进“人民IPO”计划,完善国家稳定与发展基金制度,最大程度使社会共享发展红利,持续提高民众收入、养老金水平和个人储蓄担保额,严控基本生活品物价,改善居民住房条件,努力维护社会稳定。

四是奉行务实和多元平衡外交政策。哈萨克斯坦充分利用自身独特地缘优势,坚持全方位、多元平衡的务实外交政策。重视大国外交,以发展与俄、中、美、欧等大国的关系为支点,灵活呼应大国诉求,增强外部力量对哈萨克斯坦借重。着力开拓经济外交,与世界各国全面开展务实合作。积极推进欧亚经济一体化进程,努力融入世贸体系,扩大市场规模,增强抵御外部风险能力。哈萨克斯坦2014年初出台《2020年前外交政策构想》,进一步明确外交要营造有利外部环境、服务国家“2050战略”实施这一中心任务。

三、哈萨克斯坦总体发展态势良好,但战略推进仍面临诸多问题

哈萨克斯坦自独立以来,坚持走符合本国国情的发展道路,制定实施一系列国家发展战略,稳扎稳打,取得良好成效。尤其是经历2008年国际金融危机的

洗礼,哈萨克斯坦保持政治稳定、经济快速发展。2013 年作为实施“2050 战略”的开局之年,经济增速超过 6%,高于战略设定的年均增长目标;国内生产总值达 2200 亿美元,经济总量在前苏联地区蹿升至第 2 位,人均国内生产总值超过 1.3 万美元,已步入世界中等收入国家行列;黄金外汇储备创 952 亿美元历史新高,增长 10.5%。根据世行报告,哈萨克斯坦营商环境首次进入世界前 50 位。纳扎尔巴耶夫总统提出的“2050 战略”符合国情,深孚民心,落实高效。依托战略实施,哈萨克斯坦未来发展前景美好。

但哈萨克斯坦推进“2050 战略”也面临诸多制约。一是政治保障存在不确定性,国家管理中的官僚主义和形式主义比较突出,国内腐败问题难以根治,易引发社会不稳。二是经济基础仍显薄弱。经济结构转型困难,资源性产品出口占比高达 80%,短期内无法摆脱能源资源依赖,创新经济、知识经济、绿色经济等战略目标推进乏力。本国制造业基础薄弱,科技创新机制与人才不足,工业化发展的后劲堪忧。人口数量有限、市场规模较小,原材料出口、商品进口以及金融投资过度依赖外部,外债数额攀升迅速,易受外部冲击。三是社会稳定和安全问题积聚。哈萨克斯坦贫困人口目前仍高达 200 万,约占总人口的 12%,国内面临贫富差距拉大、地区发展不平衡、基础设施不健全、通胀压力增大等多重难题。“三股势力”在中亚蠢蠢欲动,哈萨克斯坦维护国家安全与稳定困难增多。

哈萨克斯坦是在中亚乃至独联体地区,少数拥有明确中长期战略规划和具体实施路线图的国家。随着“2050 战略”的逐步推进,哈萨克斯坦的国际和地区权重仍将持续上升。哈“2050 战略”与我国实现中华民族伟大复兴的“两个一百年”战略目标有着异曲同工之妙,两国在圆梦途中开展全面互利共赢合作前景广阔。

塔吉克斯坦当前形势的几个特点

近年来,塔吉克斯坦国内政局稳定,各派政治力量总体上在宪法框架内开展活动。经济发展态势良好,但仍面临一系列结构性矛盾。安全形势日趋严峻,来自内外的维稳压力日增。外交延续多边务实平衡取向,但在大国之间的回旋余地收窄。

一、总统执政地位牢固,综合施策力控政局稳定

拉赫蒙总统在国内地位稳固,其一手打造的“温和威权体制”亦运行平稳。2013 年竞选连任以来,拉赫蒙多措并举,进一步固权控局。一是完善权力构架和国家治理体系。中央政府约 60% 的官员被更新,22 名部长中的 13 名被更换,很多地方大员也在调整之列。改组总统办公厅,设立总统助理办公室,参考国际标准精简机构。通过人事调整和机构改革,平衡中央和地方精英的利益,进一步理顺垂直权力体系链条。二是系统勾勒发展蓝图。2014 年 4 月,拉赫蒙在议会两院发表年度国情咨文,强调国家发展的根本目的是提高人民生活水平。2020 年前塔吉克斯坦将着重发展工业、私商和原材料加工业,降低贫困率,实现经济总量翻番,人均国内生产总值提高 50%,尽快从农业工业国变为工业农业国。三是重视总统党的抓手作用,严厉打压反对派。一方面积极扶持人民民主党的发展,注重完善该党的思想和组织建设,扩充党员人数,重视从该党党员干部中提拔国家管理人才,改善地方党组织办公条件,通过开设专题培训班、派团赴国外考察进修等方式提高党员干部综合素质,要求各级党员干部带动群众拥护落实总统的方针政策。另一方面严控反对派力量,比如查封伊斯兰复兴党党首非法资产及关停该党地方分部、判处“新塔党”创建者萨伊多夫 26 年监禁并抓捕其辩护律师等。四是强调依法治国,加强立法执法工作。拉赫蒙下令隆重庆祝第 20 个宪法日,强调任何个人和组织都应在宪法框架内活动。塔吉克斯坦议会通过《会议、集会和上街游行法》修订案,禁止外国人、无国籍人士和“蒙面人”参加抗议活动,规定集会时携带装有易燃易爆物的酒瓶将被严惩。

二、经济发展态势良好,但痼疾短时间内难以消除

塔吉克斯坦将“能源独立、摆脱交通困境和保障粮食安全”三大战略作为发展经济的出发点和着力点,积极落实行业和地区发展纲要,有效推进经济社会发展。在能源领域,重点开发水电项目。截至2013年底,已建成310座小水电站,在建10座小水电。继续破解罗贡水电站建设困境,力促美欧和世行对项目给予支持。在交通领域,大力实施道路联通项目。在国内修建打通三大州的公路项目,加快塔中公路建设进度,积极参与塔(吉克斯坦)—阿(富汗)—土(库曼斯坦)及塔(吉克斯坦)—吉(尔吉斯斯坦)—哈(萨克斯坦)—俄(罗斯)铁路项目,一定程度上缓解了交通困境。在解决粮食安全问题上,继续扩大农作物播种面积,引进现代农业技术,保障粮食增收。2014年上半年,塔自产粮食60多万吨,同比大幅增长。同时,政府严打哄抬物价行为,为贫困居民提供粮补,从哈萨克斯坦进口粮食补缺,粮食供应危机有所缓解。总之,经过不懈努力,近7年塔经济总量增长超过50%,居民现金收入增加70%。2014年以来,塔吉克斯坦国内生产总值、对外贸易额、黄金外汇储备等宏观经济指标均呈增长态势,国民经济持续向好发展。

塔吉克斯坦经济发展仍面临一些结构性问题,难以在短期内消除。一是经济基础薄弱,结构单一。苏联解体以及持续多年的内战使塔吉克斯坦经济遭到巨大破坏。根据世界银行报告,塔吉克斯坦目前人均国内生产总值仅约990美元,是独联体中最贫穷的国家。塔吉克斯坦拥有十分丰富的水和矿产资源,但开发利用率低,无法给塔吉克斯坦带来可观收益。受制于资金匮乏、交通困境和电力供应不足,塔吉克斯坦经济民生领域的发展举步维艰,2014年上半年约22%的工业企业处于停工状态。二是国家和居民收入对外依赖度高。塔吉克斯坦收入的三大支柱是劳务移民的侨汇、初级铝和棉花的出口。塔吉克斯坦的侨汇收入主要来自俄罗斯,占国内生产总值的一半左右。俄罗斯频受美西方国家制裁,经济增速放缓,塔吉克斯坦的侨汇收入相应下降。而铝、棉出口深受国际市场价格大幅波动影响,上半年出口额均同比减少近50%。三是投资环境较差,社会顽疾缠身。塔吉克斯坦经济领域的立法尚不完善,营商环境不佳,官僚习气浓重,腐败现象盛行。在透明国际组织《2013年清廉指数排行榜》和世界银行《2014年全球营商环境报告》中,塔吉克斯坦在近200个国家中均位居末列。外国投资者不敢轻易进入塔吉克斯坦市场,外国政府和国际组织对塔吉克斯坦的经济援助也时常“口惠而实不至”。

三、内外安全风险交织叠加,安全形势面临多重考验

塔吉克斯坦国内部分地区局势时有紧张。塔吉克斯坦国内伊斯兰宗教复兴势头猛烈,各种宗教极端势力加大对塔渗透,许多青少年受外国资助接受境外宗教学校培训。尤其是紧邻塔吉克斯坦阿富汗边境的戈尔诺-巴达赫尚自治州多次出现紧张事态,该州是国内匪帮势力的"大本营",也是"三股势力"的活跃地带。该州与中央政府的对立情绪浓厚,宗教极端主义分子、分离主义分子借此煽风点火,图谋分裂国家。继2012年该州首府霍罗格爆发较大规模骚乱后,2014年5月该州首府再次发生暴力事件,引发当地居民与执法机关的对抗,造成十余人伤亡。塔吉克斯坦局部动荡造成的安全裂痕呈蔓延态势,处理不当极易出现控局危机。

塔吉克斯坦与邻国关系存在隐患。苏联解体后,中亚各国间因领土、民族、水资源利用等问题常生龃龉。塔吉(尔吉斯斯坦)边界长约970公里,至今尚有50%的界段未能划定。2014年初,塔吉村民因在争议土地上修路交恶。为此,两国边防军已发生数次交火,甚至动用了迫击炮、火箭筒,导致数人伤亡。塔吉边界安全隐患长期悬而不决。此外,塔乌(兹别克斯坦)关系也因领土、水资源利用等问题素来不睦。

阿富汗局势对塔吉克斯坦安全造成持续袭扰。塔阿边界长约1400公里,且多为崇山峻岭。塔、阿戍边力量人数有限,装备落后,能力羸弱,无法阻止阿富汗众多安全风险的外溢。实际上,塔利班已与乌兹别克斯坦伊斯兰运动等组织呈遥相呼应之势,2014年5月霍罗格骚乱也有外部势力插手的影子。此外,毒品、人口、武器贩卖等跨国有组织犯罪越发猖獗。特别是近几年,毒品走私数量持续增加。2013年,塔吉克斯坦反毒部门缴毒6.7吨,比2010年增长70.3%。

四、坚持多元务实平衡外交,在大国争夺中巧于周旋

塔吉克斯坦地处欧亚地区腹部,身居国际反恐斗争前线。在群雄逐鹿的背景下,塔吉克斯坦一直坚持多元外交方针,游走于大国争夺的夹缝之中,多方争取外部发展资源。

乌克兰危机爆发以来,俄罗斯与美欧等国在欧亚范围内展开激烈地缘政治对抗,均希望拉塔吉克斯坦入自家阵营,致使塔吉克斯坦在亲俄还是亲西、如何参与地区一体化进程等问题上的外交回旋空间收窄。面对外交压力,塔吉克斯

坦注意回应各方重点关切,不做"单选题"、避免走极端,努力实现国家利益的最大化。对俄政策上,适时满足俄罗斯对塔吉克斯坦最大关切,同意俄罗斯201军事基地在塔吉克斯坦驻扎延至2042年。同时,妥善处理俄语地位、加入关税同盟等问题,为赴俄的塔劳务移民争取到3年工作许可期,获得俄罗斯助塔吉克斯坦军队现代化、免征出口塔吉克斯坦石油产品关税等承诺。对美政策上,严防美国在塔形成军事存在的图谋,适当响应美国"新丝绸之路计划",参与于己有利的中亚南亚互联互通项目。同时,为美国自阿富汗撤军提供过境便利,积极争取美方援助。2014年前6个月,塔吉克斯坦接受美国3000多万美元的人道主义物资援助。但总体看,对俄关系仍是塔吉克斯坦外交优先方向。

同时,塔吉克斯坦根据地区和国际局势的变化,不断调整外交舞步,增强外交主动性,为国家发展建设创造良好外部环境。在与中亚邻居吉、乌两国关系受困情况下,塔吉克斯坦更加重视发展与土耳其、阿富汗、伊朗、巴基斯坦和印度等近邻国家的合作,并积极拓展与日、韩、印尼等亚太国家的关系。

俄美关系新态势

俄美关系近年一路走低，特别是双方围绕乌克兰问题展开冷战后最为激烈的较量，俄美关系持续僵冷。

一、俄美关系近年矛盾和对峙面陡升，近期甚至占据主导地位

俄美关系走低以普京复任伊始便拒绝赴美出席八国集团峰会和奥巴马拒绝赴俄出席亚太经合组织峰会为开端，随后双方在人权、反导、叙利亚、斯诺登、伊朗核等问题上展开针锋相对、以牙还牙的角力，并加紧对独联体地区的争夺，充满了火药味。美欧在乌克兰再度策动“颜色革命”，促亲西方政权上台执政，加剧乌东西部对立和社会分裂，东部地区战火不断；俄罗斯进行反击，趁势收并克里米亚，双方战略较量公开化、尖锐化。俄美还掀起冷战结束以来最大规模的孤立与反孤立、制裁与反制裁的斗争。美西方暂停俄八国集团成员国资格，大幅缩减与俄经贸、能源、军工等领域合作，力图最大限度孤立俄罗斯；俄罗斯则表示“暂不回八国集团”，成功举办圣彼得堡国际经济论坛，普京与法德英领导人在诺曼底会晤等，以证明“俄不可能被孤立”。美西方对俄罗斯发起几番制裁攻势，对俄罗斯高官和企业实施资产冻结、签证禁令；俄罗斯则表示美欧制裁会“适得其反”“伤及自身”。因乌东部冲突持续升级以及马航客机坠毁事件，美西方对俄罗斯实施“更严厉的制裁”，目标接近俄罗斯经济核心；俄罗斯表示将以“理智和实用主义”对付美“狂热和单边主义”，制定反制措施，禁止从美欧等国进口食品、原材料和个别农产品，显示为捍卫自身利益与美抗争的决心。

总体看，当前俄美关系呈现以下特点。一是俄美关系的对抗性趋向长期化、常态化。普京被美视为“不可合作的人”。普京三任，对抗逐渐成为两国关系的主流，特别是乌克兰问题长期化以及普京有可能再度连任，俄美关系的对抗性亦将长期化、常态化。二是俄美均保持一定克制，力避直接冲突。作为冷战时期的

老对手,俄美深谙直接军事冲突、甚至核战争给双方带来的毁灭性灾难,即便是俄罗斯改变乌克兰领土现状、美国对俄罗斯实施多轮制裁,双方仍留有余地,多次重申无意直接对抗、“排除军事选项”,不会重回冷战状态。三是俄美合作面急剧萎缩。俄美地缘政治之争使两国关系严重倒退,双边各领域合作“全面中止”。美国还施压盟友,构筑对俄罗斯孤立包围圈,俄罗斯则不惧压力,全力冲破美国围堵和遏制,两国仅在反恐、核不扩散等一些全球性议题中保持沟通合作。

二、俄美关系走向对抗,是历史与现实多种因素交织互动的结果

(一)两国战略目标和战略利益根本对立。美国为维护世界霸主地位,长期推行遏俄弱俄政策,视俄罗斯为实施全球战略道路上的“拦路虎”,竭力打压俄罗斯战略空间;俄罗斯则以复兴大国地位、成为多极世界独立一极为战略目标,坚持走符合本国国情发展道路,坚决抵制美国单极独霸图谋。普京强调,只有在“平等、不干涉内政和相互尊重”基础上,俄美关系才有未来,为两国关系发展划定“底线”。

(二)两国经济纽带脆弱。经贸联系一向是俄美关系的短板,双方经贸关系依存度低且可替代。2013 年双边贸易额 380 多亿美元,占俄罗斯贸易总量的 3%,美国仅是俄罗斯第九大贸易伙伴,俄罗斯在美贸易伙伴排名中居第 20 位,双边贸易规模甚至不及俄同白俄罗斯、土耳其之间的贸易水平。普京曾明确指出,俄美关系主要问题在于,双方对话与合作“没有稳定的经济基础”,“两国关系免受时局影响的防护网始终未能建立”。

(三)两国政治和民意基础薄弱。俄美长期缺乏政治互信。俄罗斯独立初期曾对美国抱幻想,却遭致美国无情打压和遏制,俄罗斯已对美国失去信任,对抗西方在俄罗斯拥有广泛的民意基础。据最新民调显示,74% 的俄罗斯人对美国持负面态度,其中 34% 的受访者对美国印象“很差”,40% 的人认为“极差”。俄罗斯政府、议会、政党全力支持当局对美西方示强,就连亲西方的反对派在俄罗斯收并克里米亚后,也集体“失声”。美国则惯用“冷战思维”看待俄罗斯,特别是由共和党把持的国会众院,反俄思想大行其道,对俄罗斯实施“最严厉制裁”的论调甚嚣尘上。

三、俄美关系未来仍将维持“斗而不破”局面，相互角力加剧

俄美围绕乌克兰问题较量长期化、常态化，决定未来一个时期矛盾、对抗仍为两国关系基本面，但双方会留有余地，仍将维持斗而不破。俄罗斯自知实力不济，出于国家发展复兴长远考虑，不希望与美国闹僵，更不希望被孤立。美国在伊朗核、叙利亚、阿富汗、打恐和防扩散等许多重大问题上亦绕不开俄罗斯，两国关系注定是负重前行，回暖并非易事。

近年日美同盟发展新动向

日美是世界主要经济大国和军事强国，日美同盟对我国周边形势和国家利益具有深刻复杂影响。冷战期间，日美军事同盟发挥了冷战“桥头堡”和“反共防波堤”作用。冷战后特别是21世纪以来，日美同盟的“全球性”“对称性”特征更加凸显。与此同时，日美间一系列现实性、结构性矛盾亦长期存在并时有深化趋势。

一、国际及地区格局深刻变化，推动日美两国日益从军事同盟发展为覆盖多领域的“全球性”同盟体系

冷战终结、苏联消失曾使日美同盟一度失去目标并陷入“漂流”状态。20世纪末，日美双方开始加快同盟“再定义”进程，将合作重点转移到应对地区及全球性课题上。21世纪以来，日美更是突破双边范畴，将第三方乃至地区多边力量纳入同盟体系中。日美2014年10月出台关于修订《日美防卫合作指针》（简称《指针》）的中期报告进一步明确了日美同盟的“全球化”性质，强调将深化在外交、安保、维和及救灾等国际事务中的合作，日美同盟的“全球性”色彩愈发突出。

具体来看，日美同盟的“全球性”发展主要包含：一是扩大合作范围与手段。在美国许可下，日本加快自我军事松绑，出台“防卫装备转移三原则”，突破武器出口限制；解禁集体自卫权，使日配合美的军事活动范围扩大到全球。二是拉拢他国形成“日美+1”模式。日美分别与韩、澳、印等国举行联合军演，将传统“日美双边防御型”体制发展为“地区安全主导型”综合安全体制，推动日美同盟“在亚洲进一步发挥主导作用”。三是利用多边自贸协定主导区域经济一体化进程。日美加紧推动跨太平洋经济伙伴关系协定谈判，意图全面介入亚太地区一体化进程，继续在新一轮国际经济秩序变革进程中掌握话语权。

二、内外因素变化使得日本在同盟体系内地位不断提升，日美同盟朝着“对称性”方向发展

21 世纪以来，美国受两场战争、政治内斗与国际金融危机拖累，对全球的掌控力相对下降，借助和利用日本等同盟伙伴的需求不断提升。同时，日本不满足于传统“美主日从”关系、要求扩大独立活动能力的呼声有所抬头。日本统治集团借配合美“重返”亚太之机自我松绑，突破战后体制束缚，加快“普通国家化”进程，并通过解禁集体自卫权，使日本“保护”美国成为可能。美国在 2014 年 4 月的《日美共同声明》中明确支持日本在同盟内发挥更大作用，凸显了日美同盟正由过去的“美主日从”加快向“双向义务”体制转型。

具体而言：一是军事合作目标指向联合作战。强化日美联合作战指挥所作用，突出平战一体；商讨向美太平洋舰队派驻日方人员，共同编列作战计划；研究改革军演方式，实现自卫队与美军网络化作战。二是加强各领域情报共享。研究分享雷达、卫星及网络安全数据，提升在宇宙、网络及反恐等非传统安全领域的信息共享水平，加强共同应对“新型威胁”能力。三是打造无缝合作体系。修订《指针》，研讨将“周边有事”机制升级为覆盖从“平时”到“紧急事态”的无缝合作体系，着重反映日本安保战略变化，赋予日本“全球到达”能力，便于日本配合美国全球战略。

三、日美同盟依然存在诸多现实性、战略性与结构性矛盾

基地搬迁、贸易自由化、“入常”等现实问题仍将长期困扰日美关系。安倍上台后虽软硬兼施促冲绳接受“县内搬迁”普天间美军基地的方案，但冲绳县内民意反弹强烈，下步推进工作依然障碍重重。美对日执行不力十分不满，该问题仍是影响双方关系的“定时炸弹”。日美自 20 世纪 60 年代以来贸易摩擦不断。当前，日美又在跨太平洋经济伙伴关系协定谈判上围绕农产品、汽车关税问题相持不下，要“摆平”各自国内反对声音难度不小。美国虽表面支持日本“入常”，但实则态度消极，不会轻易改变控制、利用日本的基本方针，不会真正同日本分享权力。

日美同盟的有效性下降、局限性凸显。日美同盟是冷战产物，其军事同盟性质和冷战思维模式与当今和平与发展的主题格格不入，日美间结构性矛盾将始终存在。

欧美关系新动向

近一时期,随着国际格局以及各自内部形势发生复杂变化,欧美关系呈现“抱团取暖”与“龃龉摩擦”同步上升的态势。

一、欧美努力展现“关系热络”和“团结一致”一面

一是着力拉紧跨大西洋联盟关系。2014 年上半年,美国总统奥巴马连续两次访欧,实现上任以来对欧盟总部的首次访问,举行 3 年来首次欧美峰会,会同欧方在俄罗斯缺席的情况下变八国集团为七国集团峰会,并借各类纪念活动彰显美欧“亲密盟友”关系。而欧盟则在乌克兰问题上与美国协调步伐,在马航坠机事件后,更是不惜牺牲自身能源、金融等利益坚持对俄罗斯施以更为严厉的制裁措施,凸显其“随美制俄”立场。二是在国际贸易和全球治理领域加大利益捆绑和政策协调。欧美宣布将加速推进跨大西洋贸易与投资伙伴关系协定谈判,扩大市场准入,加强规则对接,为共同应对全球贸易挑战制定标准;致力于在 2015 年巴黎气候变化大会上推动主要经济体接受“全球升温不超过 2 摄氏度”等总体目标并明确各自减排目标。

二、欧美间出现各种摩擦在一定程度上损害双方互信

2014 年初以来,欧美矛盾多点爆发,此起彼伏,欧洲民众反美情绪明显上升,跨大西洋联盟关系隐现裂痕。一是美对德“间谍门”事件。2013 年美对德“监听门”事件余波未平,德美关系又在“旧恨”之上再添“新仇”。德方对美方“玩弄友谊和盟友关系”的间谍行为反应强烈,高调驱逐美中情局驻德代表。二是美对欧“银行门”事件。美以“与黑名单国家交易”为由,不仅对法国巴黎银行和德国商业银行开出天价罚单,还对法国农业信贷银行和兴业银行以及德意志银行、意大利联合信贷银行等欧洲银行展开调查,引发欧洲金融界强烈不满。三是欧盟对美“谷歌门”事件。欧洲法院判处美谷歌公司删除涉及个人隐私的全

部数据,使谷歌、脸谱等美互联网巨头面临技术难题和巨额支出。此外,欧方还对苹果、微软、亚马逊等美大公司在欧业务发起税务调查。

三、欧美在亚太事务上协调配合较前有所增强

一是欧美就亚太事务共同发声的级别不断提高。2012 年,欧美首次就亚太事务发表外长级共同文件。而欧美首次在 3 月元首级峰会联合声明中大篇幅提及亚太问题。二是欧美对亚太事务的共同关注更具指向性。欧美峰会和七国集团峰会均提及亚洲海洋争端,尤其对东海和南海局势表示关切,其影响和引导亚太事务发展方向的意图昭然若揭。三是欧美对亚太事务的共同立场表态字面上较为谨慎,但其实际立场带有一定的偏袒性。

四、欧美关系调整主要原因

(一)欧美在维护国际事务主导权方面仍有共同利益基础。一方面,欧美之间各类纠纷尚不致动摇其传统盟友关系的根基。双方同属西方阵营,跨大西洋联盟关系既基于共同文化、历史和价值观,也有着深厚的共同利益基础。因此,欧美均对“监听门”“间谍门”等“内部”矛盾和问题进行掩盖和淡化。另一方面,新兴大国群体性崛起和国际力量对比不断“东升西降”令欧美双方“同病相怜”,促使其“抱团取暖”。经济上的持续低迷、能源上的对外依赖以及高赤字和高失业率使欧洲在实施对外战略方面捉襟见肘,在应对新兴大国挑战方面有心无力,担心西方阵营主导全球事务的时代一去不返,力图通过加强与美协调配合,共同规范和限制新兴国家。而美国受制于内部诸多深层问题,也需要借助欧洲盟友共同维系其在国际格局中的既有主导地位。此外,乌克兰危机爆发后,俄罗斯吞并克里米亚及马航坠机事件对欧洲冲击强烈,欧方对俄防范甚至恐惧的一面明显增强,在美方的强力施压下,欧洲最终决定加大对俄制裁,从而与美步调趋于一致。

(二)欧美之间存在着深层次战略和现实利益分歧。一方面,随着世界多极化和欧洲一体化向纵深发展,欧盟尤其是德国、法国等欧洲大国对美国的独立意识和离心倾向不断增强,有心在国际舞台上发挥“独立一极”的作用。从 2003 年伊拉克战争到近年来的西亚北非乱局以及全球气候变化谈判、国际金融体系改革和欧美自贸谈判,德、法等欧盟国家与美或龃龉分歧,或貌合神离,彼此猜忌并未减少,甚至有所增加。另一方面,欧盟国家对美国一贯的冷落和操控十分反

感。美国视欧洲为推进其全球战略布局的棋子和维护一超地位的跟班,用时拉拢,不用时冷落,其战略重心东移亚太,一度令欧洲对跨大西洋"盟友关系"倍感失望。同时,美国对欧团结自强及在国际事务中的离美倾向始终怀有戒心,经常"六亲不认",对欧盟国家领导人和民众实施监听,动辄惩戒德、法等欧洲大国的"离心举动",甚至在国际金融危机期间拿盟友开刀,通过攻击欧元和唱衰欧洲经济,最终把欧元区拖入债务危机的泥潭。其以欧为壑、转嫁危机的做法引发欧洲舆论广泛质疑。

(三)战略利益和现实需求促使欧洲有意随美加大对亚太的关注。一方面,在欧美关系中,欧洲依旧处于从属地位,这一现实迫使其只能更多适应甚至配合美全球战略调整。美国亚太"再平衡"战略一度令欧洲国家因被边缘化而倍感失落。从中长期看,尽管乌克兰问题导致欧洲出现紧张局势,但随着时间推移,美国因欧洲问题回调战略重心的可能性不大。因此,对欧盟而言,追随美国步伐,更加关注亚太,不仅可以避免被边缘化,而且可以彰显其国际影响力。另一方面,亚太地区在欧美全球战略布局中的地位迅速提升。亚太是当今世界最具经济活力的地区,系美国近年来全球战略重中之重,也是欧盟实现经济全面复苏需要借重的重要外在动力。欧盟因此提高对亚太地区的投入,表现出较前更大的进取性,其"入亚"趋势大为增强。

对美澳同盟关系新动向的看法

一、美澳同盟起自冷战，是美国亚太同盟体系中的重要一环

1951年9月签订《澳新美安全条约》，规定成员国须就面临的威胁及时进行磋商和作出反应，明确双方同盟关系。冷战后，美澳同盟不仅未出现松动，反而得到加强。2001年“9·11”事件后，澳大利亚即启动条约义务，先后派兵参加美对阿富汗和伊拉克战争。近年来，美澳同盟关系进一步强化，表现在：

（一）同盟关系合作程度加深、涵盖范围扩大、战略协同增强。美澳长期保持情报合作和共享，美国一直在澳大利亚松峡基地开展情报搜集。自2006年起，美澳建立定期的“双部长（外长+国防部长）磋商机制”，每年轮流在对方国家进行，保持在外交和安全问题上的密切磋商。近年来，美澳先后签署了导弹防御计划谅解备忘录、联合训练中心备忘录、情报安全协定等一系列深化同盟关系的安全协议，两国在联合军演、军事技术和情报共享、人员培训、指挥合作等领域的全面合作进一步加强。2011年11月，美澳公布新安全协议，宣布美军作战部队首次进驻澳，计划到2016年增至2500人，标志美澳同盟进入一个新阶段。澳大利亚还将提供更多军事基地和设施供美军使用。2013年初，美国任命澳大利亚军少将布尔出任美太平洋战区陆军副司令，显示双方进一步加强联合指挥和协调的步伐。5月，澳大利亚公布的新版《国防白皮书》，对美澳军事合作的形式和内容都作出明确规定，将双方的军事合作扩大到空间、网络和卫星通信等领域。2014年6月，澳大利亚总理阿博特访美期间，双方进一步确认美军驻澳安排。8月，美澳双方签署协议，明确美军进驻达尔文和使用澳大利亚北领地军事基地，未来继续扩大美在澳军事存在。

（二）澳大利亚积极充当美亚太战略的重要助手。澳大利亚不仅加强与美国双边合作，随着美国近年战略重心东移，澳大利亚高调配合美国推进亚太“再平衡”战略。与日本一唱一和，积极充当美亚太战略的“南锚和北锚”。美、澳、

日已建立三边战略对话。2014 年 5 月,澳大利亚国防部长约翰斯顿与日本防卫大臣小野寺五典、美国防部长哈格尔发表联合声明,声称“强烈反对以实力改变东海和南海现状”。7 月,日本首相安倍晋三访澳大利亚期间,澳日双方大肆渲染“特殊关系”,阿博特甚至公然赞扬“二战日军英勇”。澳大利亚还积极参与和居中协调美亚太战略的多边安排,近年来与印度先后签署防务条约和安全合作联合宣言,推动美、澳、日、印(度)四方举行大规模联合海上演习,鼓吹亚太地区的“民主国家大联合”,帮助美国从太平洋和印度洋两个方向推动“亚太版北约”。

(三)美澳同盟关系的政治、经济和人文基础更加稳固。近年来,澳大利亚先后执政的工党和联盟党均加强与美关系。工党吉拉德政府批准美军进驻达尔文。联盟党阿博特政府上台后,进一步拉近与美关系。在经贸关系上,澳大利亚称美国为“最重要的贸易伙伴”,两国自贸协定 2005 年 1 月开始生效,美国是澳大利亚第一大投资来源国和第三大贸易伙伴,双方正在进行跨太平洋经济伙伴关系协定谈判。文化上,美澳不断渲染彼此“血浓于水”的历史传承、相同的文化背景和价值观、长期并肩作战的盟友经历。民意调查显示两国民众有较强的相互亲近感,支持不断加强两国同盟关系。

二、美澳同盟关系虽进一步强化,但也存在一些制约因素

(一)美澳对同盟关系的利益诉求不完全一致。美国出于全球战略需要,要求澳大利亚不仅服务于美亚太战略,还要配合美全球战略的需要和步伐。近年来,随着自身实力相对下降,美国要求澳大利亚提升军力并分担责任。澳大利亚因孤悬南半球而产生安全焦虑,先后奉行与英、美结盟的国策,但其出发点是优先确保自身安全,作为中等强国,不愿也无力过多承担超出此目标的同盟义务。新西兰曾是《澳新美条约》成员,20 世纪 80 年代因禁止美核动力和装载核武器的舰船进入新境内被美中止条约关系,新西兰退出后未面临新的安全威胁,走出一条淡出地区安全矛盾和冲突的对外政策道路,对澳大利亚多少有一定触动。

(二)澳大利亚国家定位缺失造成战略矛盾心理。澳大利亚强调自身历史和文化的西方属性,但回避不了其地缘政治和地缘经济上的亚太属性。澳大利亚强调与美国同盟是澳大利亚安全的基石,又想搭亚太和中国发展的顺风车。澳大利亚不同利益集团围绕经济利益和安全需求各执一词,莫衷一是。亨廷顿

曾称澳大利亚是战略“破碎的国家”，仍在茫然中探索自身在世界的身份和地位。澳大利亚前总理陆克文主政期间，在对华问题上的前后矛盾和纠结，在中美之间飘忽游移，都是澳大利亚战略矛盾心态的反映。随着澳大利亚与亚太地区的经贸联系更加紧密，以及来自亚太新移民人数不断增加，文化日益多元化，澳大利亚亚太化步伐在加快，支撑澳大利亚与美国结盟的西方国家属性在不断流失。澳大利亚工党政府2012出台《亚太世纪中的澳大利亚》白皮书，将“拥抱亚洲”的政策上升到国家战略层面。从长远看，澳大利亚的内外政治生态还会进一步变化，这无疑将会对其内外政策选择产生巨大影响。

（三）澳大利亚一些有识之士不赞成将澳大利亚绑在美亚太战略的战车上。澳大利亚的人口数量、经济规模、工业水平、科技实力与美国有差距，澳大利亚的军事实力和战争潜力也相对有限。澳大利亚国内有识之士清楚，澳大利亚在美澳同盟内永远只能是小伙伴，难以摆脱受美国利用和摆布的境地。澳大利亚工党副领袖普里伯赛克质疑澳大利亚在中美之间选边站队是否明智，澳大利亚著名学者怀特多次在媒体上呼吁澳不应甘愿充当美小伙伴。

三、美澳同盟是冷战思维的产物和延续，随着美重返亚太和推进亚太“再平衡”战略，美澳同盟对亚太地区国际关系的影响还将进一步上升

（一）美国希望通过拔高澳大利亚的战略地位以加强对亚太地区的战略掌控。长期以来，美国依靠“英美特殊关系”，成功操纵欧洲于股掌之中。随着美国战略东移，美国开始制造舆论，要把美澳同盟关系提升至英美特殊关系同等高度，使“澳美特殊关系”与“英美特殊关系”构成美国处理亚太和欧洲的左膀右臂，加强对亚太以及欧亚大陆的操纵。

（二）美澳借加强军事合作寻求在亚太地区战略优势。现代战争形式和武器装备的发展使得澳大利亚在欧亚大陆战略棋局中的影响和作用上升，澳大利亚不再是远离大国角逐主战场欧亚大陆的边缘地区。美国在实施“空海一体战”中，不断调整军事前沿部署。澳大利亚地处亚太战略要冲，连接太平洋和印度洋，处在对东亚大陆进可攻、退可守的有利位置。在亚太地区实力对比变化条件下，美国对澳大利亚优势地理位置的借重和需求将进一步增大。

（三）美澳强化同盟关系意在巩固美亚太同盟体系。尽管澳大利亚国内有识之士强调澳中合作的意义和重要性，质疑澳大利亚加强与美同盟的做法，但澳大利亚民众对美加强在澳大利亚军事基地和军事设施部署的逆反心理仍然相对

较小,且澳大利亚地广人稀,有充足的空间为美亚太战略部署和行动提供基地,澳大利亚迄今未出现过大规模反对美澳同盟和美军基地的活动。相较日、韩、菲等东亚盟国,澳大利亚是美军基地遇到反弹和阻力最小的盟友。美国希望通过加强与澳大利亚同盟,树立美与亚太地区国家同盟合作的成功典型,以巩固其整个亚太同盟体系。

从莫迪访美看印美关系新动向

进入21世纪以来,印美关系全面升温,但也面临不稳、不亲、不实的瓶颈。2013年印度女外交官在美受辱事件更令双方关系一度跌至冰点。2014年9月底,印度新总理莫迪访美,受到高规格接待,两国关系逐步回暖。

一、近年来印美关系从"蜜月期"陷入低谷

自2000年美国总统克林顿访印起,特别是小布什任期,印美关系曾全面升温,从"政治上有建设性、经济上有效益"的新型伙伴关系,迅速发展为战略伙伴关系和新型全球伙伴关系。印美签订民用核合作协议,美国支持印度加入常任理事国,成为两国在21世纪不断深化全球战略合作的重要标志。两国务实合作取得长足发展,在经贸、军售、高科技、反恐和情报共享等方面合作稳步推进,各层次、各领域对话机制日趋健全。美国成为印度第二大贸易伙伴,印也跻身美主要军火买家之列。

近两年,印美外交冲突不断,务实合作迟滞不前,两国关系"突然失去方向和动力",跌入低谷。双方不但在阿富汗、伊朗核等问题上龃龉不断,印度更因女外交官受辱事件对美国表示强烈不满,一度采取降低对美国驻印使馆安保级别、暂停印美能源谈判等报复措施。美对迟迟无法打开印度庞大的零售和民用核电站市场,未能斩获印战斗机采购大单表示不满,双方围绕削减印农业补贴、知识产权保护等问题陷入拉锯战。此外,两国国内对印美合作一直存在保留和质疑之声。印度反对党、智库经常抨击美颐指气使,作风霸道,试图通过挑拨印中关系坐收渔利。奥巴马第二任期以来,随着国务卿希拉里等一批亲印外交高官集中离任,美国国内要求反省对印政策的声音增加,批评印度不仅在制衡中国方面"缺乏热情",还屡屡在地区和国际问题上唱反调,抱怨美国对印度"巨大投入与微薄产出完全不对等"。

二、莫迪访美反映出印美改善关系与加强合作的新动向

2014 年 5 月,印度组建了以莫迪为总理的新政府,为两国关系转圜提供了契机。9 月底莫迪总理访美,与奥巴马在《华盛顿邮报》上联合发表题为《复兴的印美 21 世纪伙伴关系》的文章,就经贸、反恐、能源和高科技合作等问题进行广泛磋商。双方承诺启动印美投资协议,为印发展基础设施和资本市场筹集资金,共同制订了使两国贸易额增长 5 倍的计划。莫迪再次践行“外交为政治、经济和文化服务”的理念,会见美工商业领袖,在不同场合积极宣传印经济开放形象,为雄心勃勃的“印度制造”计划争取投资。总体看,印美在联合声明中的内容更多停留在两国领导人的表态和意向上,实际成果有限,但也反映出印美关系一些新动向。

首先,印美相互需求上升,都有改善关系的强烈意愿。莫迪政府上台后,大力推行“新政”,对内深化经济改革,努力恢复经济高增长,亟须美国的投资和高科技;对外积极谋求务实合作,提升印国际地位,在入常等问题上寻求美国支持。奥巴马第二任期对全球战略布局进行微调,试图摆脱中东和西亚北非等问题牵绊,将更多精力投入亚太地区,对联印制华期待上升。考虑到莫迪在大选中以压倒性优势上台并有望长期执政,奥巴马在印度选举结果公布后第一时间致电祝贺,派国务卿、商务部长和国防部长等高官密集访印,向莫迪示好,力求消除此前以人权为由禁止莫迪入境的影响。莫迪访美期间,白宫罕见两次设宴款待,莫迪也大度表示,“个人恩怨不会对国家关系产生哪怕微小影响”,为这段不愉快的历史画上了句号。

其次,印度政府更迭后两国重新“对表”,重申对彼此战略价值的认同。莫迪竞选期间,就提出应更加重视邻国和周边外交。莫迪当选后首访南亚邻国,之后访问日本,接待中国国家主席习近平访问,此次访美是莫迪第一次访问域外大国,备受关注,更令美方期待。访美期间,莫迪既展现出特有的高度务实,又在战略层面向美国示好,称“两国是天然的全球合作伙伴”,将把印美关系置于外交优先地位,以实现印“作为负责任和有影响力的世界大国”目标。这一表态基本延续了印度上届政府对印美关系的战略定位,给美国吃了定心丸。美国重申两国具有共同价值观和共同利益,乐见“印作为朋友和伙伴崛起”,支持印度入常,极力为美印关系回暖造势。

再次,随着印“东向政策”升级,印美在亚太地区战略互动或增强。莫迪访

美期间，两国在联合声明中不仅提到对“地区海上领土争端紧张局势上升表示担忧”，还强调“维护海上和空中航行自由，特别是在南海地区”。这一表述在印新政府同其他国家联合声明中尚属首次。印度外长斯瓦拉吉表示，印度“东向政策”应升级为“东进政策”，显示印度决心在政治和经济上加快融入亚太地区。印度“东进政策”与美国“亚太再平衡”战略如何互动，印度是否会联手美国提升地区影响力，值得关注。

最后，双方均对务实合作现状不满，有意寻求突破。两国在联合声明中表示，“印美关系潜力远未释放”，希望未来两国合作“不仅着眼于量的增加，更应谋求质的突破”。近几年，除了军售，印美务实合作缺乏明显亮点。美国一直觊觎印度零售市场，谋求在印度建设民用核电站，但因印度相关法规限制迟迟无法如愿，对美国企业赴印度投资信心造成打击。此次印美将两国防务合作框架协议延长10年，商定建立联络小组和火星联合工作组，推动落实2006年印美民用核协议，加强空天科研交流，旨在打破两国务实合作瓶颈，为印美合作树立标杆。

三、印美关系仍面临深层次矛盾，密而不亲、热而不实的局面短期内不会改变

第一，印美缺乏深层次战略互信。印度不仅对南亚和印度洋主导权志在必得，近年来还两翼齐飞，向东和向西积极拓展影响力，加快军事现代化进程，谋求成为世界一极。同时，美国不会放弃一超地位，对印度等地区强国始终留有一手，不会坐视印度不断壮大，掌握印度洋主导权。不久前，媒体曝出印度人民党高层遭美监听，再次凸显两国关系貌合神离的软肋。

第二，两国利益时有冲突。印美号称“全球伙伴”，但远未建立一套全球协作框架。相反，作为最大发展中国家之一和最大发达国家，印美在全球治理和国际金融体系改革、世贸组织谈判、全球气候变化等问题上立场严重对立。在二十国集团、联合国、世贸组织等机制下，印利益诉求往往与美背离。印美针锋相对，更是导致多哈回合谈判和贸易便利化谈判破裂的重要原因。

第三，印度在与美国合作同时秉持自主原则。美国一直试图通过价值观外交和空头支票拉住印度，使印度成为美国在亚洲又一个“小伙伴”。但印度素有大国之志，具有强烈的民族自尊心，自独立以来始终奉行不结盟政策。印度虽有意加强与美合作获得利益，但不甘做美国附庸和棋子，不会与美国、日本、澳大利亚等组建所谓的亚洲版北约组织。

第四,两国务实合作存在结构和技术障碍。印度当前亟需吸引外资,加强基础设施建设,发展制造业,而这非美国经济所长,加之经济危机影响尚未消除,印度改革也未全面铺开,两国经贸合作加速尚需时日。印美防务合作多停留在军售层面,战略和深度安全合作水平依然很低。此外,印美内部对发展两国关系始终存在不同声音,印度官僚制度的腐败低效和美国官员的傲慢武断也制约着两国工作层面的合作。

新形势下金砖国家合作面临的机遇、挑战

自 2001 年美国高盛公司经济师奥尼尔首提“金砖国家”以来,金砖国家逐步从虚拟的经济概念走向务实的合作机制,在国际舞台上的地位和影响不断扩大。展望未来,金砖国家合作机制深入发展既面临不少机遇,也面临不小挑战。

(一)金砖国家自我认同进一步觉醒,抱团取暖、联合自强意愿不断增强。金砖国家合作机制建立以来,已先后召开六次首脑峰会,并相继建立了安全事务高级代表会晤、联大外长会晤、常驻多边机构使节非正式会晤、在二十国集团框架内财长和央行行长会晤,以及地方政府论坛、工商论坛、智库论坛等一系列对话机制。通过频繁接触磋商,金砖国家之间的相互认同和在国际社会中作为一个整体的归属感逐渐加强。2014 年 3 月荷兰海牙第三届核安全峰会期间,金砖五国外长举行会晤并发表联合声明,反对美西方因乌克兰困局对俄“滥用不友好言论、制裁、回应性制裁和强权政治”,主张“慎重权衡地和平解决危机”。此外,五国福塔莱萨峰会也重申,不能接受干涉他国内部事务行径,并认为冲突只能通过外交途径来解决。这些在一定程度上表明,金砖五国抱团意愿强烈,注重在国际舞台上加强协作,共同发声,以更好维护自身利益。

(二)合作性质进一步由单一向全面、由务虚向务实突破,合作空间不断扩大。金砖国家合作始于金融、经贸领域。但近年来,在合作不断深入的同时,合作机制所涉及的领域也逐渐铺开,除经济领域以外,地区安全、国际秩序、人权、环境保护等领域也被纳入金砖合作机制范畴。《福塔莱萨宣言》广泛涉及世界经济、政治、安全、社会、环境保护等各方面议题,其中近 1/3 的篇幅阐述五国在政治安全等问题的立场,反映出五国合作机制进一步由金融、贸易领域合作转向包括政治经济各领域在内的全面合作。而福塔莱萨峰会宣布正式建立金砖国家开发银行的举措则说明金砖国家合作已经由“先谈起来”变为“先干起来”,合作机制发生由务虚转向务实的重大变化。

(三)剧烈变动的国际环境中“危”与“机”并存,为深化金砖合作提供可能。一是西方联合挤压必将使中俄等双边关系进一步密切。对于金砖合作,俄一直抱有一定的警惕性。“双头鹰”政策使其对西方一直有幻想,但乌克兰危机爆发

后,美西方对俄制裁打压加剧,俄进一步看清西方真实意图,“两球不落”、兼顾东西的策略恐难以为继,或将主要精力转向寻求与非西方国家之间的合作。二是极端势力的再度兴起转移西方注意力,为金砖合作创造更大空间。以“伊斯兰国”为代表的极端势力气焰日盛,使美西方陷入进退维谷的尴尬境地,必然会在一定程度上牵扯美西方对付中俄等新兴国家的资源和精力。同时,“伊斯兰国”宣称要重建地跨亚欧的国家,其领土远景图中包括了俄罗斯的高加索地区、中国新疆西部地区和几乎整个印度在内。在此背景下,中、俄、印在反恐问题上具有共同利益,存在合作的需求和空间。

(四)内生性动力不足,组织松散、行动力较弱。一是五国自身问题不容忽视。五国都尚处于经济社会转型关键时期,内部经济社会发展具有一定的不确定性,也必然会影响彼此间的合作。另外,印度、巴西、南非在所谓的民主体制下,政权更迭会一定程度影响其内外政策的延续性。二是五国之间经济关系松散、经济结构不平衡影响合作进一步深入。较之金砖国家同其他国家或国际组织经贸往来,其成员之间相互经济关系并不十分紧密。除中国在其他金砖国家进出口贸易中占据较大份额外,印度、巴西、俄罗斯、南非相互之间的贸易总量以及彼此在对方对外贸易中的分量都不高。而对于中国巨大的贸易总量而言,其他金砖成员所占分量也很低。例如,金砖国家中同中国贸易额最大的国家巴西,2013 年双边贸易额为 833 亿美元,仅占中国对外贸易总额的 1.8%。另一方面,随着五国经济的进一步发展,各方经济结构的同质性有所凸显,可能加剧相互之间的竞争,并引发摩擦和矛盾。三是以对话为主、缺乏强制力的合作模式不利于合作的长足发展。金砖国家合作机制内未形成过真正具有约束力的机构和文件,这种以政策对话与交流为主、通过成员之间会晤和对话来协调立场与行动的合作形式相对灵活自由,在合作初始阶段有利于不同国家之间求同存异、迅速走到一起。但其相对松散的组织方式使整个合作机制缺乏强有力的向心力和凝聚力,难以真正有效地整合各方资源形成合力,导致在某些问题上“雷声大、雨点小,说得多、做得少”,整体行动力受到制约。

(五)外部牵扯较大,深化合作面临多重考验。一方面,金砖国家合作机制在参与全球治理过程中,必然会对原有利益分配格局带来冲击,从而引发现存国际体系中相关既得利益者的反弹。金砖国家合作机制高调提出的“改善全球治理、建立更公平国际秩序”的口号,尤易被误读为对既有秩序的挑战,从而招致西方国家打压。另一方面,金砖成员同美西方都有相当密切的关系,美印之间有核合作和高技术领域合作以及所谓“最大民主国家与最强民主国家”的合作,巴西是以美国为核心的美洲国家组织成员,俄印巴都是“民主共同体”成员,印度、巴西同日本、德国结成“四国联盟”争当联合国安理会常任理事国。这种错综复杂的关系也容易让美西方钻空子，在金砖国家之间挑拨离间，可能干扰合作机制的全面深化。

（六）角色定位不明确，代表性受到质疑。金砖国家合作机制自成立之日起即声称代表新兴经济体和广大发展中国家，致力于推动世界向多极化发展、建立更加公平的国际秩序。然而部分发展中国家却对此心存疑虑：一是认为其代表性不足，因为目前金砖成员多系新兴经济体翘楚，其国际地位与发展路径均有一定特殊性，以金砖机制现有成员范畴和规模，很难有效代表整个新兴经济体和发展中国家群体。二是认为其有“变质”风险，担心随着经济实力和国际地位不断上升及其与发达国家的共同利益和关切不断增多，金砖国家存在“脱南入北”的可能性，其合作机制亦有可能仿效某些国际机制、一味关注本集团利益、罔顾乃至故意损害金砖之外其他发展中国家利益。

（七）扩容与效率的矛盾凸显，长远规划不甚明晰。金砖国家合作机制最初由巴、俄、印、中四国建立，2010 年首次扩容，吸纳南非为该机制新成员。此次扩容壮大了金砖国家声势，尤其弥补了其在非洲大陆的代表性。近来，墨西哥、土耳其、印尼、尼日利亚等新兴经济体发展势头渐盛，其在发展中国家中地位和影响力与日俱增，对金砖机制表现出浓厚兴趣，并直接或间接表达出加入愿望。但从多边机制的建设和发展看，代表性和有效性总在一定程度上相互矛盾，扩容有助于增强机制的代表性和整体实力，但也会给机制的协调与合作带来新的复杂因素。此外，金砖国家合作机制在自身建设方面仍缺乏长远规划。对于机制本身以后究竟朝着什么方向发展，到底要建成一种什么样的机制仍没有一个清晰的蓝图。

三、对外战略研究

俄罗斯对外战略调整的特点及成效

俄罗斯对外战略近年出现较大调整，推行更加进取、有为的保守主义务实外交方针，这与普京奉行的大国复兴战略一脉相承。俄对外战略调整与实施取得一定成效，也面临诸多挑战。

一、俄罗斯对外战略调整的内容及特点

普京复任总统后，对梅普组合时期的对外战略作大幅调整，集中体现在2013年出台的《对外政策构想》、普京一系列讲话以及俄罗斯外交具体实践中。外交理念上，随着爱国主义、强国主义等国家价值观的清晰化和领导人治国理念的调整，俄罗斯强调坚持以传统价值观、历史经验和现实国情为基础的保守务实主义外交理念。外交的自我定位上，明确提出坚持欧亚、欧洲—大西洋、亚太地区“三位一体”布局，在欧洲—大西洋和亚太两大板块之间充当“独一无二的平衡因素”。外交目标和原则上，除继续明确重振大国地位、充当世界独立一极和确保国家安全、为国内发展创造有利外部条件等目标原则外，还提出要强化俄罗斯在世界经济格局中的地位，在尊重主权、务实、全方位及非对抗性维护国家利益等原则基础上发展与别国关系，促进发展不同文明之间对话等。外交侧重点上，强调以独联体为外交绝对优先方向，重点打造欧亚经济联盟和集安条约组织，推进独联体一体化进程；重视对欧美外交，强调该方向上出现“重新意识形态化”倾向，但仍致力建立俄欧统一经济和人文空间，与美国开展对话和务实合作；加大对亚太方向关注度，借力亚太地区快速发展之势，带动俄罗斯远东和东西伯利亚地区发展，力争在重塑亚太安全格局中谋得一席之位；推进二十国集团、金砖国家、上合组织等多边合作机制，积极推动构建国际新秩序。外交机制上，进一步加强统筹整合，规范各决策部门职权，将负责加强国际人文合作、支持俄罗斯侨胞、加强俄语世界地位等工作的国合署纳入外交决策机制中。

总体看，俄罗斯对外战略调整具有以下特点：第一，保守务实主义色彩突出。强调国际局势不稳定，挑战和危险激增，俄罗斯要坚决维护国家主权和领土完

整,提升大国地位和影响。同时,俄罗斯不搞超国力竞争,不会不惜一切代价恢复苏联版图。这与普京“具有保守主义倾向的务实主义”执政理念高度契合。第二,进取、有为的态势凸显。强调随着国力复苏发展,俄罗斯有能力承担更多国际责任,“协助解决全球和地区问题”,“充当国际事务和全球文明发展中的稳定因素”。第三,地缘政治目标明确。提出以独联体地区为战略依托,构建与欧洲—大西洋和亚太板块并驾齐驱、充当两大板块沟通桥梁的欧亚地缘政治板块。第四,“东向”特征明显。强调俄罗斯已“放弃对西方国家残存的幻想”,将目光更多转向东方,但并不意味着放弃东西兼顾的全方位外交战略。

二、俄罗斯对外战略调整的主要动因

(一)对大国地位的不懈追逐。俄罗斯素怀“大国”抱负,特别是20世纪成为与美国争霸世界的两强之一。然而,苏联解体后一段时期,俄罗斯国力严重衰退,社会持续动荡,国家近300年来“首次濒临沦为二三流国家的边缘”,深深刺痛了俄罗斯国民的情感。普京执政后,誓言重振大国雄风,强调俄罗斯过去、现在和未来都拥有独立自主确定外交政策的特权,应在世界政治版图以及历史和文明发展进程中发挥独特的大国作用。十余年来,俄罗斯始终把复兴大国地位、成为多极世界中的独立一极作为推行大国外交战略的最高目标。

(二)对自身实力的综合判断和国内发展的现实需要。经历十余年恢复发展,俄罗斯已跃升为世界第八大经济体,黄金外汇储备居世界第四位,成为综合国力上升最快的国家之一。尽管近年来受国际金融危机冲击、全球经济增速下行、本国创新发展动力不足等因素影响,俄罗斯经济下行压力增大,但仍是世界唯一资源自给自足的大国、第二军事强国和最主要的核大国之一,有信心、有能力推行更加进取、有为的对外战略。随着经济社会快速发展,俄罗斯日益需要加强对外经济联系,扩大俄罗斯在世界经济体系中的地位和影响,吸引更多外部资金技术发展创新产业和开发落后地区,更多借重外部市场将俄罗斯经济发展潜力转化为现实发展成果,提升综合国力。

(三)认为国际局势总体于己有利。俄罗斯认为,当前国际局势充满危机和不确定性,东西方在地缘政治、价值观和发展模式上竞争加剧,西方对俄罗斯敌意和恶感增强,给俄罗斯实现大国复兴梦造成一定冲击。但国际关系转型进程势不可挡,多中心的国际体系正在形成,单极世界模式受到挑战,西方在国际格局中的主导地位持续下降,世界发展的重心向东方首先是亚太地区位移,新兴大国正在走向世界经济和政治的前台。俄罗斯在国际格局演进和新国际秩序重塑中主动地位有所增强，对实现重振大国地位、充当世界独立一极的目标充满信心。

（四）普京本人的作用至关重要。俄罗斯总统在对外战略制定和实施中居于绝对主导地位。普京的性格特点、价值取向、治国能力，对俄罗斯现行对外战略影响重大。普京惯以强势、果敢、沉稳的硬汉形象示人，称自己是“带保守主义倾向的务实主义者”，强调俄罗斯基于历史传统和现实国情走符合本国国情发展道路，决不听命于他人指挥和摆布，提出俄罗斯唯一现实的选择是做强大而自信的国家，推行提升国际地位的大国外交战略。正是得益于强势作风和铁腕手段，普京始终保持强有力的控局能力，执政基础稳固，深得民众信任和拥戴，拥有广阔的决策空间，有能力推行更加自信、从容的对外战略。

三、主要成效和问题

从具体外交实践看，俄罗斯对外战略调整取得一定成效：

（一）有效维护国家利益。俄罗斯一贯坚持国家利益至上，首先是维护国家主权和安全权益。从接纳斯诺登、打起维护国家信息安全大旗，到叙利亚危机关键时刻提出“化武换和平”倡议、有效保全俄罗斯在叙利益，再到借乌克兰危机快速收并克里米亚、在与美国地缘政治争夺中赢得一招棋等，可看出俄罗斯能清楚定位国家利益，明确俄罗斯想要、能要、务要的利益所在，既能客观分析形势，又能迅速、果断作出决策。

（二）助推国内经济发展和社会团结稳定。俄罗斯外交“向东转”，加强与中国、印度、越南、韩国、朝鲜等国务实合作，带动远东和西伯利亚地区发展；积极拓展与中东、拉美等国经贸和军技合作空间；在乌克兰问题上，不惧美西方压力，提出反制措施，有效凝聚民心，均体现外交为维护国内稳定和发展建设大局服务的基本宗旨。

（三）提升俄罗斯国际地位和影响力。俄罗斯大力整合独联体，不遗余力地打造欧亚经济联盟，推进独联体一体化进程；发展与中东、非洲、拉美等传统盟友关系；提高参与联合国、金砖国家、二十国集团、亚太经合组织、上合组织等多边机制的主动性；积极参与朝核、伊朗核、叙利亚、阿富汗等国际热点问题调解进程，努力提升俄大国地位和作用。

（四）提高普京支持率和民众自豪感。得益于成功实施新对外战略，特别是对乌克兰问题的处理，普京个人支持率从复任之初的63%升至87%，创历史新高；超80%民众支持普京再度连任，超90%民众赞同克里米亚入俄，74%民众对美充满敌意,70%以上民众支持俄罗斯对西方实施反制措施。

俄罗斯对外战略调整也面临一些挑战和问题。主要体现在:一是国内看,发展建设难度增大。俄罗斯经济自2012年下半年已开始大幅放缓,美西方制裁又雪上加霜,加上结构调整艰难、创新发展不足、经济增长缺乏内生动力等因素,俄罗斯经济短期内难以根本扭转颓势。受经济下行影响,俄罗斯社会保障和民生领域压力陡增。这些问题都会影响和制约对外战略的实施。二是短期看,俄罗斯实现对外战略目标阻力重重。当前形势下,俄罗斯外部环境明显恶化,美西方因乌克兰问题合力孤立、打压、制裁俄罗斯,双方陷入冷战结束以来最大规模的孤立与反孤立、制裁与反制裁的斗争;独联体地区再现两大阵营,俄罗斯整合独联体空间的难度明显增大;亚太地区政治安全形势存有隐忧,俄罗斯希通过"向东转"克服经济下滑、减缓西方制裁影响的目标未必能轻松实现。

美国如何在世界多极化趋势下维护主导地位

2008 年国际金融危机以来，面对世界多极化趋势深入发展、新兴大国加速崛起、美国实力地位相对下滑、亚太地位日益上升和国际挑战更趋多样的复杂局面，美国不得不顺应国际形势重大变化，对自身战略处境进行深入反思和谋划，加紧调整对外战略，整合各项机制手段，加大对潜在竞争对手的防范力度，力图以更小成本、更灵活方式和更有针对性的布局，实现维护美国主导地位的战略目标，对国际关系及我国外部环境产生深远影响。

一、美国对当前国际形势、自身实力地位及外部环境的判断出现新的变化

（一）承认国际力量对比正发生重大变化。美国政府高层和战略界普遍认识到国际金融危机对国际格局产生了深远影响，世界多极化趋势难以逆转，国际关系进入大变革、大调整的新时期。美国国家情报委员会在 2008 年发布的《2025 年全球趋势》报告中首次承认，到 2025 年国际体系很可能演变为多极体系。在 2012 年底发布的《2030 年全球趋势》报告中，进一步提出国际格局正呈现明显的权力扩散和转移趋势，美国享有的“单极时刻”行将结束。

（二）坚称美国不会衰弱，必须继续领导世界。美国承认自身软硬实力受损，对国际事务的掌控能力下降。奥巴马上台后曾表示其施政面临的首要挑战就是应对美国的衰退，民调显示近 2/3 的美国民众担心国家实力继续下滑。但美国主流精英仍坚称美拥有巨大的实力优势，足以维持主导地位不动摇。美国国家情报委员会报告认为，今后 20 年，美国仍将是“实力接近国家中的头号强国”，拥有多重优势，其他大国都无法取而代之。奥巴马极力宣扬美国并未走向衰落，正处于实力转型升级的更新期，军事实力无可匹敌，经济最发达，社会活力最充沛，盟友和伙伴最广泛，决不当“世界第二”，将继续领导世界一百年。

(三)判断世界大战打不起来,同时新形势下面临的国际挑战更加复杂多元。美国国务院、国防部和国家情报委员会等部门都认为,世界多极化趋势推动旧的国际格局深刻变动,大国竞争甚至冲突的可能性在增大,但不会导致新的世界大战。经济全球化和科技进步将各国命运绑在一起,主要大国都意识到卷入大规模冲突不符合自身利益,大国关系进入总体和平相处的新时代。同时,美国认为当今国际秩序更加动荡,各种传统、非传统安全威胁和全球性问题相互交织,不稳定不确定因素增多,导致美国面临更加复杂多变的外部环境。美国2010年国家安全战略报告将大规模杀伤性武器扩散作为最严重的安全威胁,同时强调恐怖主义、地区冲突、世界经济发展失衡、气候变化、流行疾病及其他全球性问题造成的挑战日益严峻,任何国家都无法单靠自身力量解决。

(四)强调亚太地区重要地位日益突出,已成为攸关美国全球领导地位的关键。美国国家情报委员会预测亚洲总体实力将在2030年前超过北美和欧洲。奥巴马宣称,随着世界权力重心加速东移,亚太正成为全球政治和经济发展的主要动力,美国作为太平洋国家,必须加大对亚洲的关注和投入。前国务卿希拉里曾表示,美国未来的经济发展和全球领导地位的巩固都有赖于与亚太地区的关系,必须确保21世纪成为美国的亚太世纪。总统国家安全事务助理赖斯称,不管其他地区有多少热点问题,美国都把亚太作为对外战略的基石。

二、面对世界多极化趋势,为维护美国主导地位,奥巴马执政以来对美国外交战略及相关政策进行调整

(一)通过打造多伙伴世界构筑同盟体系主导权。奥巴马政府将建立多伙伴世界作为对冲多极化趋势的重要手段,谋取更多伙伴支持,并利用建立合作伙伴的平等互利、权责共享姿态,消解有关国家谋求多极地位的意愿及对美造成的冲击,同时坚决防止多伙伴中出现与美国平起平坐的国家,打造以美为核心、主要围绕美国自身利益需要的多伙伴体系。一是拉住老朋友。大力强化与传统盟友关系,以美欧关系为根基,美日、美澳同盟为外锚,全面提升政治、经济、安全合作,共同维护美西方既得地位和利益。二是发展新伙伴。重点拉拢印度、巴西、南非、印尼、土耳其等"全球摇摆国家"和重要地区支点国家,力争将其纳入美国主导下的伙伴体系,为美国提供更多合作。三是编织立体网。除巩固北约等多边同盟机制和双边同盟等传统关系外,更加注重发展与多个盟友的三边或"小

多边"对话合作,构建灵活的"自愿者同盟",积极推动盟友之间的政策协调和利益整合,巩固以美为核心、更为立体多元的盟友和伙伴网络。

(二)通过优化全球战略布局巩固地缘主导地位。奥巴马政府上台后,极力推动全球战略再平衡,呈现出"东进西稳、南拓北固"的特点。一是深耕亚太。美国在全球战略布局中首次将亚太作为最优先地域。通过密集出台政策宣示和增加高层出访等外交投入,增强美国在亚太存在感,营造全力进取亚太的态势。以军事安全为突破口,优化地区军事部署,强化战略威慑,通过炒作朝鲜半岛、南海等热点问题增强对地区安全事务的介入力度。以经贸合作为后盾,推进跨太平洋经济伙伴关系协定谈判,出台"湄公河下游倡议"等区域经济合作新议程,商签更多双边自贸协定,图谋主导亚太经济合作。二是稳定中东。一手抓管控危机,有重点、有节制地插手叙利亚、伊拉克等新热点,遏制"达阿什"等极端势力蔓延,防止恐怖主义回潮和地区局势失控。一手抓引导局势,明显加大对巴以和谈、伊朗核等老难题的投入,主导后地区国家转型进程,加大对海湾盟国的拉拢和借重。三是拓展非洲和拉美。举办首届美国—非洲峰会,新建美军非洲司令部。提出"重返"拉美战略,与拉美国家建立平等伙伴关系,通过加强经贸、人文、美古关系发展援助和反恐安全等领域合作,全面提升对非洲、拉美等重要战略板块的影响。四是巩固跨大西洋关系。以深化经贸合作、共同应对新兴国家崛起和乌克兰危机等热点问题为抓手,以北约和美欧峰会机制为依托,深化美欧利益捆绑与战略协调。

(三)通过政经结合维系经济主导权。美国经济外交历来与对外战略相辅相成,共同服务全球战略目标。国际金融危机使奥巴马政府深刻认识到,国内发展状况是决定美在21世纪国际地位和影响力的关键,为此大力强化对外政策为经济发展服务的战略观和进取意识。国务卿克里提出外交政策就是经济政策,外交要为经济服务。一是以亚太和欧洲为重心,紧抓全球经济增长主引擎,推动跨太平洋经济伙伴关系协定和跨大西洋贸易投资伙伴关系协定谈判,主导地区经济合作,全力打造全球经贸战略优势板块。二是以新兴市场和发展中国家为重要突破口,扩大经贸投资联系和自贸协定安排,筹建更多经贸战略支点,同时极力防范新兴国家对美国经济主导权构成冲击。三是加大推行经济外交力度,以政治、安全手段攫取经济利益。全力推进"出口倍增计划",在双边领域强势炒作汇率、知识产权保护、市场准入等问题,为美拉动出口和就业。

(四)通过"巧实力"推行强势外交。奥巴马政府反思小布什执政期间推行单边黩武政策导致美软硬实力受损的教训,以"巧实力"创新对外政策手法,通过更为灵活务实的方式实现对外战略目标。一是整合资源,综合施策。出台首份《四年外交与发展评估报告》等重要政策文件,全面整合外交、国防、对外发展援助,形成“三位一体”格局,加强各项政策手段的协调配合与合理分工,实现效益最大化。二是软硬兼施,慎启战端。淡化单边黩武色彩,对大规模直接军事干预更趋谨慎,在利比亚、叙利亚、伊拉克等热点问题上采取有限介入、幕后领导、间接参与等方式,注重调动各方力量服务美政策目标。同时强调在必要时将坚决采取单边军事手段维护美核心利益,保持军事手段威慑力。三是输出价值,攻心为上。发挥美西方在软实力和国际话语权等方面的优势,更加重视利用互联网、新媒体、非政府组织等途径,加大推进价值观外交的力度,竭力以更为低调高效的方式对重点国家进行西化、分化。

(五)通过主导国际体系变革强化制度主导权。美国将引导和塑造国际体系变革、巩固对国际机制主导权作为维护全球主导地位的关键环节,战略上高度重视,策略上务实调整。一是引导现行国际机制变革。主动适应国际经济实力对比变化,主导创建二十国集团等新的国际经济金融治理机制,在世界银行、国际货币基金组织等机构改革问题上做足姿态,诱压并举,推动新兴国家顺承和融入现行国际秩序,分担更多责任。二是主导全球性议题设置。积极参与气候变化、核不扩散、防疫减灾等全球性问题解决进程。推出“无核世界”倡议,建立核安全峰会机制。大力推进国际减排,积极参与联合国气候变化会议,推动新兴国家承担更多义务。以救灾援助、合作应对西非埃博拉疫情等为抓手,提升美国国际形象和影响力。三是抢抓国际规则制定权。谋求建立更多有利于发挥美西方竞争优势的新型贸易规则和全球治理规则,重点牵制和规范新兴大国发展,削弱潜在对手竞争力。四是争夺新公域战略制高点。加大在网络空间、极地、外太空、公海等国际新公域的争夺力度,提升美自身能力,限制竞争对手影响,全面参与和主导相关国际合作进程。

(六)通过加强外交能力建设提供支撑。一是保障外交资源投入。美国在财政紧张、全面减支的情况下,仍勉力维持并扩大外交预算基本盘,计划在5年内扩编1/4的外交人员,并将对外援助支出翻番。二是优化外交资源配置。奥巴马政府沿袭小布什提出的“变革外交”做法,推动“前沿部署外交”,将投入重心从西方发达国家向中国、印度等新兴大国和发展中国家转移,将工作对象重点从高层精英向地方、基层民众、青年和公民社会转移。三是理顺内部机制。完善国家安全委员会、总统顾问等白宫核心班底对外交政策的统筹协调,加强国务院、国防部、国际开发署等机构的相互配合,灵活调配各种资源手段。四是重视利用信息化手段。国务院新设负责数字化战略的助理国务卿、国际信息项目协调员、电子外交小组等岗位，在全球创建 28 个虚拟使馆，广泛借助大数据等新信息技术手段内部挖潜，积极利用推特、脸谱等新媒体工具开展公共外交和信息传播。

三、美推进对外战略务实、均衡调整，维护全球主导地位的实质更加明显，但在内外环境深刻变革的背景下，其面临的各种制约和挑战有增无减

（一）维护全球主导地位的目标难挡世界多极化大势。冷战结束后，经济全球化和资本、技术的广泛扩散推动国际力量对比更趋平衡，国际格局从“一超多强”向多极化加速演变。国际金融危机进一步削弱了美国软硬实力优势，特别是新兴国家群体性崛起和亚太地位凸显成为国际关系数百年未有之大变局。不管美国如何调整手法、放低身段、分摊责任，都解决不了美国维护自身主导地位同其他国家寻求自强自主的根本矛盾，难以扭转战略资源不断损耗、自身优势相对下滑的趋势。

（二）国内结构性痼疾难撑对外战略调整布局。资本主义固有矛盾和美发展模式弊端导致美国内高债务、高赤字、高福利负担现象难以根除，其根基不稳，不得不勒紧腰带，努力压缩投入。未来 10 年将强制削减近万亿美元支出，其中国防预算就占一半，对美推行对外战略调整造成严重制约。美国再怎么降低成本、提高效率，也无法扭转整体实力日渐不济的趋势。美国强调外交政策为国内脱困复苏服务，对外接触交往中多取少予甚至输出内困、以彼为壑，势必引起更多不满和反弹。美国国内政治极化、社会思潮振荡加剧，不排除政党政治变化导致对外战略重归保守强硬路线，造成更多战略损耗，加速美主导权衰颓。

（三）“巧实力”“再平衡”政策难解国际乱局。基辛格在其新著中指出当今世界处于无序状态，更加需要美国同中国等新兴国家合作构建和维护世界秩序。美国一手对阿富汗、中东乱局等问题甩包袱，试图搞低成本维稳，另一手全力推行亚太“再平衡”，加大对新兴国家防范牵制。但既无法摆脱中东、乌克兰等热点问题的牵制，甚至进一步加剧原有乱局，又损害与新兴国家互信，导致大国关系复杂性增多，制造出新的矛盾和问题，难免陷入四处救火、顾此失彼。

（四）广收盟友伙伴难掩利益分歧。面对国际格局演变和国际秩序调整，美国同西方盟友互有所需，“抱团取暖”。但美西方整体颓势难掩，家家有本难念

的经,同盟成本高昂。欧洲、日本等盟国同美利益竞争不减,导致跨太平洋经济伙伴关系协定和跨大西洋贸易投资伙伴关系协定谈判进展缓慢,对满足美国分担责任的要求也往往力有不逮。菲律宾、乌克兰等国出于自身利益考虑,对同美国加强合作抱有较高期待,一方面为美国提供抓手,另一方面也增加了美国的政策负担,使美国陷于维护伙伴关系和避免被动牵连的两难境地。

英国联合政府对外战略新动向

2010年5月英国保守党、自由民主党组成联合政府。四年多来，英对外战略总体保持延续性，始终以捍卫英国国家利益和国际地位为目标，保持与传统盟友的密切关系，积极参与国际规则制定和机制建设，力推民主、人权、开放、自由等传统价值观。同时，联合政府在对外战略布局、首要任务、手段方式和机制保障等方面进行了调整。

一、完善外交布局，在发展与美欧传统盟友关系时更加强调自主性和本国利益，外交重心向新兴大国倾斜，力争抢抓战略先机

英国长期把英美"特殊关系"置于对外战略首位，以欧盟为依托扩大国际影响力，并力争在欧洲发挥主导作用。联合政府在保持与美欧传统盟友关系的同时，更加强调自主性和国家利益。卡梅伦宣布，如果保守党2015年大选获得连任，将于2017年就英国是否留在欧盟进行全民公投。与此同时，英国加大对亚洲、拉美、海湾等地区新兴国家的战略投入，与其开展商业、教育、医疗、发展援助和外交等全方位合作。总体看，英国希望通过打造美国、欧盟、新兴大国三大外交支柱，在世界权力重心转移进程中抢占先机。

二、将促进经济增长作为压倒一切的外交任务，力推"商业外交"，通过扩大出口和吸引投资，促进英经济复苏和增加就业

卡梅伦提出，要把商业利益置于英国外交政策的核心位置，将英国同世界上增长最快地区的经济连接起来。为此，外交部应全力以赴在海外推介英国企业，并加强与重要贸易伙伴的双边关系。着力在"东西两翼"推行经济外交，不仅加

大对亚太地区新兴市场投入,支持东盟一体化建设,还加强与美国、澳大利亚、加拿大、日本等传统盟友的经贸往来。扩大同沙特、土耳其、印度、巴西等国家的“军火外交”,利用举办伦敦奥运会、女王登基60周年等重大事件,向全球推广英国商业、旅游和教育等优势产业,吸引全球企业和商界领袖到英国,达成数目可观的商业协议。

三、积极介入国际和地区事务,争取在应对各种挑战中充当“全球领袖”角色,维护和扩展英国际影响力

努力推动联合国、国际货币基金组织等吸纳新兴力量,强调二十国集团的重要性,支持北约和欧盟东扩,努力在构建国际政治经济新秩序中发挥重要作用。主动设置议题、制定规则、提供对策,更多扮演召集人、提案人和协调人角色,引导国际议题向有利于英国的方向发展。在地区热点问题上积极进取,插手埃及变局,试图对叙利亚未来走向施加影响,积极做巴以工作以推动两国早日恢复和谈,改善英国与伊朗关系,以两手策略推动解决伊朗核问题。通过上述各种努力,英试图发挥“超国力”作用。

四、加大力度输出英国文化和价值观,倡导“自由干涉主义”和有“良知”的外交,方式上更倾向于政治解决,谨慎使用武力和直接干预

发布《国际教育战略》,加强海外奖学金和助学金计划,支持英国文化协会和英国广播公司向世界推广英语,传播英国文化。大力推广英国价值观,将英联邦打造成捍卫民主与人权的共同体。认为贸易和政治二者可以得兼,在加强与新兴经济体经济关系的同时,关注其人权问题。倡导“自由干涉主义”,努力使英国价值观在国际减贫中发挥突出作用,将发展援助与受援国人权、民主状况挂钩。方式上更倾向于对话、接触和政治解决,谨慎进行直接干预。同时加强对英国非政府组织的政策指导,通过资金投入、政策倾斜等支持其在海外开展活动。

五、改革决策和执行机制，在财政紧缩情况下，重新配置资源，扩大外交“足迹”，确保对外战略和政策更加行之有效

成立以卡梅伦为首的国家安全委员会，整合外交、国防、商务和发展援助等部门资源，协调在面对安全威胁时的跨部门行动。大幅提升外交部和外交大臣在政府决策中的地位，黑格任外交大臣期间受到卡梅伦器重，获得更大发言权。削减英国驻欧洲国家外交官人数，增加驻新兴国家使领馆数量和规模，延展外交“触角”。加强外交部自身建设，如增设负责商业和经济事务的繁荣司；设立经济处，加强对商业及经济形势的分析；加强对外交官的培训等。启动“繁荣基金”，推出“新兴大国基金”，加大资金支持。制定“数字外交”战略，每年斥资上百万英镑运营250多个外交部网站群，支持外交工作人员利用博客、“推特”等开展网络外交。

六、联合政府对外战略调整的背景和动向

（一）国际格局进一步演变，世界经济重心东移，国际决策圈扩大，英国大国地位受到挑战，危机感持续上升。国际金融经济危机及欧债危机推动全球经济重心继续东移。美国全球战略呈现一定收缩态势，战略重心转向亚太。国际决策圈扩大化，二十国集团、东盟、金砖国家、上合组织、非洲联盟等国家集团影响上升。结果是，西方国家经济实力下降削弱了其实现外交战略目标的能力，新兴大国国际影响力增强，成为全球治理中不可或缺的力量。在此背景下，英国意识到新兴大国对于全球经济“再平衡”、核不扩散、贸易自由化、气候变化和能源安全等至关重要，急需对外交战略布局及时调整，妥善应对。

（二）英国国内经济政治社会形势更趋复杂，推动联合政府外交战略进一步突出“国家利益至上”。与工党相比，保守党历来在对外政策上更务实，更强调经济利益。国际金融危机使英国经济陷入严重衰退，联合政府虽然采取各种措施力促经济增长，但效果不彰。加之英国经济对外依存度高，全球经济尤其是欧洲经济停滞不前，加剧了英国经济复苏困难，综合实力一直落后于法、德。在对欧政策上，保守党一贯三心二意，欧债危机推动欧盟和欧元区加速一体化进程，英国面临进一步让渡国家主权和金融利益受损的危险，保守党内部和英民众疑欧倾向膨胀，更加内顾。促进就业和经济增长，捍卫国家利益，成为摆在联合政

府面前的首要任务。

(三)国际安全形势更趋复杂,各国面临的威胁和挑战上升。新形势下,国家间联盟和经济、政治联系处于动态变化中,国与国关系不再由政府垄断,个人、媒体、利益集团、企业等非国家行为体成为双边关系和国际关系中的重要组成部分。网络空间不断进化,为外交决策增添了新的不确定性,恐怖组织、跨国犯罪、宗教激进主义分子有了联络和发动攻击的新工具,制造麻烦的能力越来越强。各国经济发展及国家安全受到严重威胁。

(四)联合政府认为,虽然国内外形势变化使英面临的困难和挑战与日俱增,但英国可以发挥自身诸多优势,抓住机遇,克服挑战,在新的国际竞争中胜出。英国的优势包括:一是全球化和新兴市场的出现,为英国发展提供了前所未有的机遇;二是英国与欧美之外的许多国家都有历史渊源,拥有欧盟、英联邦、北约、八国集团等现成的伙伴网络;三是英国金融、制药、卫生、创意产业和高端制造业等优势产业是英国加强对外关系的资本;四是英国价值观能够帮助提升其国际影响力。黑格表示,如果英国能够最大程度利用"国家资产",得到的回报将不仅是经济增长,而且将增强英国塑造国际体系和更有效应对21世纪各种挑战的能力。

法国对外战略研究

法国是有重要影响的西方大国与外交强国。放眼全球、积极进取的法式外交在世界上独具特色，被视作"持二等票坐头等车"、在国际舞台上发挥超国力作用的典型代表。近年来，受欧债危机冲击，法整体实力有所下降，大国地位受到一定削弱。为适应新形势，法积极推动外交变革与调整，相关动向值得关注。

一、法国传统外交已无法适应国内外形势变化

第二次世界大战后，戴高乐主义与大西洋主义是法国内的两大主要外交派别，而戴高乐主义长期占主导地位。法国历届左右翼政府在对外政策上并无太大分歧，基本奉行以戴高乐主义为核心的外交思想，其实质是：法国一向拥有大国情怀，强调自身不能满足于做一个欧洲国家，而要对世界负有特殊责任。为实现这一抱负，法国应奉行独立外交，在不同阵营和国家间发挥桥梁作用，同时从战略高度和广泛利益出发，推动建设多极世界，反对美国一超独霸。

近年来，国际金融危机持续发酵，法国面临的国内外环境有所恶化。首先，金融危机加速推进国际政治经济秩序演变。国际格局东升西降，世界战略重心东移。发达国家与新兴国家力量对比出现明显变化，西方霸权衰落，新兴市场特别是亚太地区发展势头强劲。其次，欧债危机改变欧盟内部格局。南北欧的生产、消费以及社会模式明显对立，成员国之间差距拉大。德国经济一枝独秀，对欧盟领导力增强，作为欧盟发动机的法德轴心明显向德法轴心转换。最后，法国国内发展陷入困境。受双重危机的冲击以及长期结构性问题的羁绊，法国经济复苏乏力，竞争力下滑，失业率居高不下，民众心态悲观焦虑。政府深陷民意危机，内顾倾向上升。总体看，法国整体实力下降，对外行动资源减少，行动能力受限，维系大国地位力不从心，外交变革与调整势在必行。奥朗德总统在相关讲话中表示，当今世界仍为单极世界，呈现不确定性、不稳定性和不可预测性，包括法国在内的所有国家都应根据自身国力承担相应责任。新形势下法国对外行动遵循的原则是维护世界和平，建设新的国际体系以及保持法国影响力。

二、法国在独立外交与大西洋主义之间寻求新平衡

一方面,法国坚持独立外交原则,努力成为世界的“平衡因素”,倡导南北方、东西方以及不同文明之间的对话,在相关力量之间穿针引线推动热点问题的解决。拉拢新兴国家参与国际体系、积极奔走斡旋俄格冲突、利用诺曼底登陆70周年活动调解乌克兰危机,都是戴高乐主义独立外交精髓的体现,意在通过穿梭斡旋来扩大外交空间、发挥特殊作用。另一方面,面对国力衰落,法国认识到要继续发挥大国影响,法美关系是基础。虽然欧美关系因“棱镜事件”受损,但迫于法国在外交与经济上对美依赖度上升,奥朗德多次表示法美须保持互信盟友关系,共同维护现有国际体系与规则,应对新兴力量崛起。奥朗德于2014年2月访美,重申法美传统友谊,力推全方位合作,并出人意料地在跨大西洋贸易与投资伙伴关系协定谈判问题上作出积极表态。

三、外交布局有收有放

首先,主动影响国际规则构建。抢抓多边机制建设和全球治理,推动形成符合自身利益的多极世界。倡导后危机时代国际金融与货币体系改革,积极参与二十国集团建章立制,力争在2015年主办气变大会之际达成新的减排协议。其次,有侧重地主导欧盟建设。面临德升法降的现实,法国在引领欧盟建设方面不得不适度进退。既坚定倡导“促增长”路线,主推扩大欧央行职权、防务建设等议题,同时在整肃财政、推进债务共担等方面对德作出妥协。再次,在后院与周边加大投入。法国积极介入叙利亚、伊朗核等地区热点问题,帮助西亚北非国家实现转型,同时对利比亚、马里等国出兵干预,以维护法在非洲、地中海地区的传统战略与经济利益,并彰显影响力。最后,拓展外交新疆域。随着新兴力量崛起以及美国实施“亚太再平衡”战略,法国全面加强与新兴国家关系,除继续重点发展与新兴大国关系外,还广泛加大对长期忽视的东南亚与拉美地区的外交投入。

四、“软硬兼施”实现外交目标

一是推行价值观外交。大力宣扬民主、人权、法治、良政,将其与对发展中国家的发展援助挂钩并纳入与他国的双边政治对话内容,在国际劳工组织、世贸组

织、人权理事会等国际机构中渗透相关价值理念,以此影响全球体系与模式的塑造。二是巧用文化软实力外交。作为西方文明大国,法国利用独特的语言文化优势,借助法语联盟、文化中心等机构,在海外促进法国语言文化传播,提升国际影响力。同时以文化促外交,倡导成立"法语国家组织",打造文化例外、文化多样性等外交理念与美一超地位相抗衡。三是干涉主义抬头。法国是世界上少数拥有独立军事行动能力和核打击能力的国家之一。面对国力衰落,法国战略焦虑上升,冒进干涉倾向明显。近年来,法国打着普世价值、维稳、反恐等旗号,先后对科特迪瓦、利比亚、马里、中非等原殖民地国家进行军事干预。

五、重点提升经济外交职能

法国充分认识到,要维护在世界以及欧盟内的影响力,根本在于自身经济实力,法国应努力成为经济强国。为此,政府大力推行经济外交,要求外交为振兴国内经济服务、驻外使领馆应承担帮助法企进军国际市场的重任,还提出到2017年除能源产品外实现贸易平衡的目标。在此框架下,法国外交部接管外贸事务、增设"企业和国际经济司",任命奥布里、舍维内芒等前政要为中、俄等重要经贸伙伴国事务的特别代表,并在签证等方面提供更多便利,吸引外国投资者和优秀人才。奥朗德总统、埃罗总理、法比尤斯外长等领导人率大型经贸代表团密集出访欧美发达国家、新兴大国以及非洲、东南亚和拉美小国,大力推销法国优势企业和产品,以扩大出口、吸引外资,促进国内经济增长。

六、高度重视中法关系,对我国借重与合作需求持续上升

法国是率先同我国建交的西方大国。长期以来,高水平的中法关系在我国同西方大国关系中发挥着战略支撑与领跑作用。本届社会党政府上台后,继续高度重视对华关系,总统、总理、议长、外长接连访华。配合中法建交50周年,习近平主席于3月成功访法。一系列高层互访为新时期中法关系的发展注入了新的活力。

印度"大国梦"外交的特点和趋势

印度对外战略的长期目标是成为"有声有色的大国"。2008年国际金融危机以来,印度根据国际环境变化,更加灵活、全面地推进全方位外交战略,加紧实现"大国梦"。2014年大选后,印度人民党(简称印人党)上台执政,莫迪政府力推"新政",在总体保持外交延续性的同时,强调追求大国地位、发挥大国作用,展现突出务实合作、强调民族主义的特点,其外交战略走向值得密切关注。

一、印度大国外交战略的形成与调整

印度自独立之初就确立了成为世界大国的对外战略目标,印度开国总理尼赫鲁在其著作《印度的发现》中明确提出,印度要做一个"有声有色的大国",否则就什么都不是。尼赫鲁认为,印度是亚洲第一个摆脱殖民主义统治的大国,又是一个具有悠久历史的文明古国,而且按照西方议会民主体制建立了现代政治制度,这些条件决定了印度必将在世界格局中成为具有独特地位的大国。根据尼赫鲁的思想,印度制定了争当世界一流大国的对外战略目标,此后60多年印度对外战略经历多次调整,但基本延续了这一战略目标。20世纪50年代起,印度积极倡导不结盟运动,主张独立于美苏两大阵营之外,塑造在第三世界国家中的领导地位。20世纪六七十年代,中印边界冲突、第二次印巴战争以及中美关系恢复等事件导致印外部环境面临巨大挑战,印度放弃不结盟立场,与苏联建立准同盟关系,印苏关系成为印度对外战略的支柱。冷战结束后国际格局发生深刻变化,苏联解体使印度失去战略依靠,在国际体系中面临孤立的考验。20世纪90年代起,印度开启经济改革进程,对外战略相应进行重大调整,从以印苏关系为支柱,转向全面改善与美、中等主要大国及东南亚等地区关系的全方位务实外交,为印度经济改革、对外开放和国内发展服务,并借助合作增强综合国力,提升国际地位和地区影响力。21世纪以来,随着印度经济快速增长和国际影响力上升,美西方国家标榜印度为"最大的民主国家",极力拉拢印度,与印度扩大全面合作。印度利用有利的外部环境,在坚持独立自主的前提下,加紧推动全方位外交战略，与美、俄、中等大国均建立战略伙伴关系，与东南亚、西亚中东和非洲等地区的合作不断深入。

二、近年来印度全方位外交战略的调整与特点

2008 年国际金融危机以后，国际格局和国际秩序经历重大变化，新兴国家总体力量相对上升，印度把国际格局演变作为实现“大国梦”既定战略目标的机遇，着力深化大国合作，积极改善周边关系，努力拓展地区和国际影响力。一是大国外交走深、走实。印度将大国外交作为全方位外交战略重点，不断提升与主要大国关系。印美战略合作关系不断深化，两国建立“21 世纪起决定性作用的伙伴关系”；印俄传统伙伴关系继续加强，双方将战略伙伴关系提升为“特殊和互为优先关系”；印日关系全面升温，正式确立战略伙伴关系，两国高层频繁互动，在经贸、“争常”、海上安全等领域合作不断扩大；印度与英、法、德在军工、科技、能源等领域合作取得长足进展。二是南亚政策更趋灵活、务实。印度为营造稳定周边环境，积极改善与南亚邻国关系。政治上，与巴基斯坦等国争取互信共识；与孟加拉国就划界问题达成协议；缓和与斯里兰卡政府紧张关系；推动尼泊尔政治力量实现和解；与阿富汗签订战略伙伴协定，支持阿和平重建进程。经济上，加强与邻国双边互利合作，推动南亚自由贸易区建设。三是“东向政策”迈入新阶段。1992 年，印度提出以东盟为目标的“东向政策”。近年来，印度将“东向政策”视为融入亚太的重要依托，与东盟关系实现跨越式发展。2009 年，双方签订自贸协定。2012 年，印度与东盟举行峰会，将双方关系提升至战略伙伴关系。同时，“东向政策”范围向东亚及南太平洋扩展。印度成为东亚经济圈重要相关方和东亚峰会重要参与者，并积极争取加入亚太经合组织。四是与中西亚及非洲合作稳步推进。印度高度看重中亚、西亚和非洲的地缘位置、自然资源和市场，加紧拓展双方能源与经济合作，加大对中亚和非洲的能源投入，扩大对非援助，取得积极进展。

三、印度人民党新政府对外战略的走向

印度对外战略有较强延续性，印人党莫迪政府将贯彻成为世界大国的既定战略目标，总体上延续全方位对外战略，同时强调重塑印度的国际地位，主张以大国和周边为重点，突出经济和能源安全合作，为实现“大国梦”服务。

（一）对外战略目标不变，更加强调积极进取，重塑印度国际地位。印人党

和国大党在执政理念上存在差异,但在对外战略目标上没有根本分歧,将坚持独立自主的全方位外交战略,继续以实现印度“大国梦”为目标。印人党以实现印度复兴和维护印度民族利益为宗旨,指责国大党政府在外交上软弱无能,毫无建树,执政10年中印度的国际地位未发生明显改变。莫迪政府表示将建立“一个强大、自立和自信的印度”,重塑印度的国际地位,主张印度的国家复兴必须体现在国际地位上,应以平等互利为原则,通过更加积极务实的外交,让印度在国际社会上发出自己的声音。

(二)对外战略重点不变,更加重视周边和大国关系,突出经济等务实合作。莫迪总理表示,新政府外交将更加重视改善与南亚等周边邻国关系,为自身发展营造稳定周边环境。莫迪突破惯例,首次邀请南亚各国领导人出席总理就职典礼,作为其外交首秀,并将不丹作为首访国家,把尼泊尔等邻国列入访问优先日程,体现了对周边关系的重视。同时,大国关系仍然是印人党政府对外战略的首要重点,莫迪表示将重点发展包括中国在内的大国关系。新政府上台后,印度与美、俄、日等大国高层频繁互动,就军售、联合军演、经济合作等达成协议。从对外合作内容看,新政府相比上届政府,更加重视通过务实合作实现印度发展,重点方向是经济、能源和安全合作。

(三)更加看重与中国合作,关注双边关系敏感问题。印人党作风务实,敢于进取,相比国大党在边界问题上没有历史包袱。莫迪本人多次访华,对中国经济改革有较深了解,认同中国经济发展模式,对中印务实合作有较大期待。同时,印人党批评国大党政府对外过于软弱,在印中“边界争议”中节节退让,使印度国际形象受损,表示将争取友好邻国关系,但必要时不放弃使用强硬手段和措施。印人党在边界问题、中巴关系以及跨境水资源分配等问题对华存有疑虑,可能为中印关系发展添加不确定因素。

当前伊朗对外战略调整的特点及影响

伊朗是中东地区重要大国，具有多重独特“标签”，既是历史上雄霸中东的波斯帝国，也是当今伊斯兰世界的什叶派盟主；既是扼守波斯湾能源大动脉的战略通道国，也是油气总储量世界第一的能源富集国；既是核问题、叙利亚等热点问题的重要当事方，也是少数敢向美国叫板30余年的“反美斗士”。1979年伊斯兰革命后，伊朗秉持自身禀赋，因应内外形势，不断调整对外战略，从霍梅尼时代的“不要东方、不要西方、只要伊斯兰”，到拉夫桑贾尼政府的务实外交、哈塔米政府的“文明对话”，直至内贾德政府的“对抗性”外交，勾勒出伊朗对外战略的发展脉络和阶段性施政重心。2013年8月，温和派人士鲁哈尼就任伊朗总统后，着眼伊朗内外交困的战略处境，摒弃内贾德政府“对抗性”外交理念，以“建设性互动”为口号，以改善伊美关系为着力点，对伊朗对外战略的基调、重心、布局、手段作出一系列调整。伊朗务实、平衡、多元的外交新战略正渐趋成型。

一、伊朗对外战略向温和务实方向回摆，在鲁哈尼“建设性互动”理念引领下开启了全方位调整

（一）理念和基调的调整——从强硬对抗到温和务实。内贾德总统主政8年期间，以神职集团、革命卫队为代表的强硬派占据伊政坛中心，外交上奉行强硬对抗路线，与美西方大国剑拔弩张，与地区国家明争暗斗，内贾德本人“打倒美国撒旦”“把以色列从地球上抹去”等言论更强化了伊朗外交的对抗性色彩。以鲁哈尼上台为节点，伊温和派力量再次参与执掌外交，主张对外以“建设性互动”理念替代对抗与零和思维，弱化意识形态和反美反以色彩，强调外交要为国内政治稳定和经济发展服务，将解除制裁、打破孤立、提振经济、稳定政权作为外交政策的首要目标，主张与包括美欧在内的各国开展“建设性互动”和“微笑外交”。这一理念得到了最高领袖哈梅内伊和大多数普通民众的支持，逐渐成为伊朗对外战略的新基调。

（二）战略重心的调整——从伊朗核问题到伊美关系。2003—2013年伊朗

对外战略的重心是伊朗核问题,伊朗拒不在核问题上让步,调动各种外交资源与大国谈判周旋,反制美西方的外交孤立、经济制裁和军事遏制,为国内推进核计划争取时间和空间。鲁哈尼着眼伊当前内外形势,提出调整外交重心和优先议题,主张伊朗核问题让位于伊美关系,以核问题的适当让步打破伊美关系“坚冰”,以经贸和地区事务合作支撑伊美关系缓和,以伊美关系缓和带动伊外部环境的改善和国内经济形势的好转。鲁哈尼上任仅一个月,即同美国总统奥巴马实现两国领导人34年来的首次通话。此后伊朗着力与美国在伊朗核、经贸、人文、地区事务等多领域进行直接沟通和积极互动,伊美关系出现松动。

(三)战略布局的调整——从“西边不亮东边亮”到东西兼顾,从聚焦中东到瞄向亚太。内贾德时期,伊朗与美西方全面交恶,外交布局着眼“借重俄中、对抗美欧”,“坐大中东、制衡美以”。鲁哈尼主张构建“平衡多元”的外交格局,提出了大国是关键、中东是重点、亚太是延伸的新思路。伊朗处理大国关系,力争东西兼顾、互为制衡,既同美欧改善关系,也同俄中深化合作,适时加强做新兴大国工作,调动伊与各大国关系良性互动和立体均衡。处理周边关系,注重缓和与土耳其、海湾国家等“潜在敌手”的对立,加强对叙利亚、伊拉克、阿富汗等热点问题的影响力,谋求周边环境的改善和地位作用的提升。除大国和中东外,伊朗加大对亚太地区的布局力度,以能源外交、伊斯兰信仰为抓手,加强做中、日、韩、印及东南亚国家工作,并谋划运筹中东、亚太板块的关联互动。

(四)方式手段的调整——从单一僵硬到多元灵活。长期以来,伊朗外交意识形态色彩浓重,手段“简单老套”,参加伊朗核谈判基本是照本宣科,应对安理会制裁基本是威胁退出核谈机制加军演示强,出席国际会议基本是高呼“反美反以”和宣讲“伊斯兰体制”。鲁哈尼上任后,伊朗外交、外宣团队进行了“大换血”,对外交往的主动性、多元性、互动感显著增强。鲁哈尼总统、扎里夫外长频频出访重要大国、亮相高端国际会议,以魅力攻势和穿梭外交改善伊外部环境和国际形象;伊朗政府外交、民间外交、公共外交同时发力,各类团组走出去、请进来大幅增多,与外部世界尤其是美欧国家的交流互动更趋多元融洽。此外,伊朗加大经济外交、能源外交、庆典外交、足球外交、推特外交等非传统外交力度,既体现出伊朗外交方式的灵活多样,又彰显了外交手法的成熟老到。

(五)决策机制的调整——从相互掣肘到垂直贯通。伊朗实行最高领袖统揽,政府、议会、军方等多方参与的外交决策机制。内贾德执政后期,政府、议会、军方在外交事务上各自为政、明争暗斗,总统与领袖矛盾公开化,严重影响了伊外交决策和施政。鲁哈尼上任后,领袖对决策机制进行了调整,任命外长取代最高国家安全委员会秘书出任首席核谈代表,提升总统及外交部在外交决策中的权重,降低军方对外交事务尤其是核谈判的介入,削弱议会对政府外交施策的掣肘,并加强与总统及外交部的单线沟通。伊朗外交决策机制由此从三足鼎立转变为垂直贯通,外交决策链变短,专业性增强,军方和宗教色彩下降,为鲁哈尼推进伊朗对外战略调整提供了一定保障。

二、内外环境的深刻变化是伊朗调整对外战略的根本原因和主要依据

(一)内忧外患、政权不稳迫使伊朗"不得不变"。内贾德时期奉行的强硬外交政策尤其是核政策造成伊与美西方对抗日益激化,美欧对伊朗能源、金融等领域制裁导致伊经济形势全面恶化,2012 财年伊朗经济增长率为 -5.4%、通货膨胀率 32.6%,里亚尔对美元汇率暴跌 40%,经济衰退程度仅次于两伊战争时期。民众不满思变情绪显著上升,民生问题、社会矛盾、群体性事件日益突出,对政权稳定构成严重威胁。从外部看,美西方对伊朗加大战略遏制、外交孤立和军事威胁,以色列对伊朗动武冲动上升,沙特等海湾国家"遏伊、弱伊、倒伊"势头强劲,伊朗外部形势更趋严峻。伊朗为破解内外困局、维护政权稳定,不得不调整对外战略,谋求形势转圜。

(二)地区变局、大选节点促动伊朗"因势谋变"。伊朗最高层认为国际金融危机造成美欧软硬实力下降、对中东地区控制力减弱,自 2010 年年末开始的地区局势剧烈动荡导致地区政治格局和力量对比发生深刻变化,尽管伊朗内外交困,但仍是地区一支重要力量,美西方在叙利亚、伊拉克、阿富汗等热点问题上仍有求于伊。伊朗与美西方从强硬对抗走向建设性互动,不仅可能而且可行。2013 年 6 月伊总统选举和政府换届为伊朗主动调整内外政策提供了有利契机。伊朗最高领袖哈梅内伊和鲁哈尼等领导人利用各种场合阐述新思路,为新政府调整内外政策争取舆论和民意支持,也借此向国际社会释放善意,最大限度地减少各方掣肘和干扰。通过因势利导、顺势而为,伊较为主动、稳妥地实现了对外战略的调整。

三、鲁哈尼"建设性互动"政策成效初显,伊朗外部环境和经济形势有所好转,伊朗对外战略的进一步调整定型或将对中东政治格局、热点问题走向及大国中东布局产生多重影响

伊朗对外战略调整近一年来,战略处境和国际形象明显改善,对外交往和务

实合作渐趋活跃,外交上呈现重点突破、多点开花的势头。第一,伊朗核谈判取得积极进展。伊朗与六国达成伊朗核问题阶段性协议,联合国安理会及美欧国家暂停出台新的对伊制裁举措,伊朗收回42亿美元被冻结油款。第二,伊朗与美西方关系逐渐改善。伊美关系实现"历史性"破冰,美国对伊朗外交孤立和高压制裁政策有所放松。伊英重开驻对方使馆,伊法重启元首会晤,欧方对伊政治交往和经贸合作明显升温,众多企业跃跃欲试重回伊朗市场。第三,伊朗周边环境有所好转。海湾六国作出"转变与伊朗关系现状"的决定,双方关系从对抗走向缓和;土耳其顺应美伊关系改善大势加强与伊"交好"力度,土伊关系由竞争走向合作与竞争并进;以色列对伊动武冲动受到压制,伊以关系趋向平稳。第四,伊朗在地区影响力有所上升。在与美西方关系转圜、周边环境改善的大背景下,伊朗在伊拉克、叙利亚、巴以等热点问题上的介入度和影响力进一步提升。第五,伊朗国内经济形势止跌回升。国际制裁松动刺激伊各项经济指数呈现恢复性增长,国内生产总值从-5.4%回升到-2%,日原油出口量由最低谷时期的86万桶上升到约150万桶。但伊朗核问题敏感复杂,伊朗与六国能否在谈判延期四个月后全面达成并顺利实施有关协议前景难料;伊美关系改善面临众多内外掣肘和不确定因素,随时可能出现反复倒退;伊朗大国平衡战略和中东亚太布局的长远成效也尚待观察。

作为中东地区具有重要而独特影响力的大国,伊朗对外战略的进一步调整或将产生多重外溢效应。从中东政治格局演变来看,伊朗内外处境有所好转,"坐大中东"的心气上升,与美西方大国的协调互动势头明显,与沙特、土耳其、以色列等地区大国争雄加剧,或将在中东格局重整和政治转型进程中占据更有利地位。从地区形势和热点问题走向来看,鲁哈尼政府对外战略的调整一定程度上助推了伊朗核、叙利亚等问题降温趋缓。在伊拉克、阿富汗、巴以等问题以及地区教派冲突和反恐斗争中,伊朗政策及作用也将直接影响相关问题的解决和走向。从大国中东布局和博弈来看,伊朗与各大国的"建设性互动",使得美欧俄等国更加看重伊朗在中东布局中的借助作用,各大国与伊朗关系的变化也将带动其与沙、以、土、埃等地区大国关系的调整,域内外大国中东布局及互动博弈将更趋复杂多元。

“战略纵深”思想引领土耳其对外战略转型

土耳其横跨欧亚、连接东西，扼守亚非欧交通要冲，既是北约成员国，又是伊斯兰大国，还是二十国集团成员，地位重要，作用独特。冷战时，土耳其是西方阵营遏制苏联链条中的关键一环。冷战后，国际格局深刻调整，土耳其也因势而动对自身进行再定位。2002 年底，正义与发展党(简称正发党)上台执政后，积极因应内外变化和发展需求，调整此前土耳其长期奉行的亲西方外交政策，实施以“战略纵深”思想为基础的“东西并重、多元务实、积极进取”的新型外交战略，开启了新时期土耳其外交新纪元。

一、“战略纵深”思想及土耳其对外战略转型实践

2001 年，土耳其现任外长达武特奥卢出版《战略纵深》一书，对土耳其外交战略进行了深刻反思，并提出“战略纵深”外交思想，其核心内容有：一是土耳其系具有战略纵深的地区“中心强国”，其战略纵深由地缘纵深和历史纵深构成；二是中东、巴尔干、高加索、欧洲、中亚、北非、南亚、东亚等陆地区域，黑海、亚得里亚海、东地中海、红海、波斯湾、里海等海洋区域对土耳其具有重要战略意义；三是土耳其作为奥斯曼帝国的继承者，应积极利用与中东、巴尔干、中亚、高加索、里海等地区国家在民族、宗教、历史、文化上的渊源和联系不断扩大地区影响；四是力求建立不同文明间的对话，避免冲突；五是强调互补性而非竞争性合作；六是重视参与重要国际组织及其活动，并在其中建立和强化自身影响力。该思想反对土耳其被动充当“东西方桥梁”，主张土耳其应首先成为具备软硬实力的地区大国，进而谋求成为全球性力量。2002 年底正发党执政后，达武特奥卢任总理外交政策首席顾问，并于 2009 年出任外长，期间不断推进实施“战略纵深”思想，引领土耳其对外战略实现转型。

(一)完善外交布局，从“面向西方”到“东西并重”。正发党执政前，土耳其长期奉行“一边倒”的亲西方政策，与美国建立紧密的战略同盟关系，积极加入欧洲关税同盟，与同为美国盟友的以色列开展密切军事合作，但与包括土耳其所

处的中东地区在内的东方世界少有友好往来与合作。正发党政府上台后,积极完善对外战略布局,实施“东西方兼顾”的平衡战略。一方面,强调与美欧关系仍是其外交战略基石,继续与美国在北约框架内开展密切合作,并将加入欧盟作为外交首要目标,但不再唯西方马首是瞻,而是以独立自主的姿态,时刻将维护本国利益作为行动准则。另一方面,背靠西方“向东看”,实施“东向”战略,有重点地亲近以往被忽视的“非西方”国家。一是基于共同的伊斯兰宗教信仰,大力加强与中东伊斯兰国家关系,特别是加强与沙特、伊朗、叙利亚等地区大国的政经合作,利用自身“亦东亦西”的优势积极介入伊拉克、伊朗核、巴以等地区热点问题,甚至不惜通过与以色列交恶在地区伊斯兰国家中树形象、争民心。二是基于共同的突厥民族属性,着力加强与中亚、高加索突厥语国家关系,向其输出发展模式,加强对突厥语世界的影响。三是利用曾同属奥斯曼帝国版图的共性,努力拓展与非洲关系,特别是加强与埃及、苏丹等北非国家合作。四是重视强强联合,着重加强与中国、俄罗斯、印度、日本等新兴大国和亚洲强国的合作,谋求通过“搭快车”助推自身发展,提升国际地位与影响力。

(二)调整外交策略,对周边国家从“强硬对峙”到“睦邻友好”。正发党执政前,土耳其与周边国家结怨颇多,且一味示强,造成彼此纷争不断。正发党政府提出与周边国家实现“零问题”外交政策,向伊朗、伊拉克、叙利亚等因库尔德问题与之为敌的邻国主动示好、弥合分歧,并着力通过加强双边经贸合作助推双边政治关系;创造性地开展“足球外交”,与宿敌亚美尼亚搁置“大屠杀”争议,推动两国关系正常化;与长期交恶的希腊实现高层互访,淡化领海争端,共推友好合作。土耳其借上述举措努力改善周边环境,并为谋求更大的国际发展空间奠定基础。

(三)丰富外交舞台,从“种类单一”到“途径多元”。正发党执政前,土耳其受制于亲西方外交政策,主要借重经合组织、欧洲委员会、北约等欧美主导的国际组织,外交面单一、狭窄。正发党执政后,积极“开发”外交平台,努力增添参与地区和国际事务的抓手,着力提升国际话语权和全球影响力。土耳其先后加入突厥议会、伊斯兰会议组织、黑海经济合作组织、经济合作与发展组织,成为二十国集团、“展望五国”成员国和上合组织观察员国,并成功当选联合国安理会非常任理事国,其外交舞台更为广阔。

(四)开拓外交资源,变“能源劣势”为“外交优势”。土耳其油气资源严重缺乏,约3/4能源需求依赖进口。尽管土耳其拥有地处世界最主要能源产地和第二大能源消费市场之间的地缘优势,但土耳其往届政府均熟视无睹,未从战略高度对这一潜在优势进行谋划和经营。正发党政府看准土耳其这一区位优势,创造性地提出将土耳其建成地区能源走廊和欧洲能源供给中转站的能源外交战略。为此,土耳其制定了四通八达的管道体系建设规划,建成多条跨边界油气管道,大力开展与中东、里海、高加索、中亚国家的能源合作,力求掌控欧洲能源"入口",盘活地区油气资源,争取在满足自身能源需求的同时,通过能源外交提升战略地位。

二、土耳其对外战略转型是内外因素共同作用的结果

(一)冷战后,在新型国际格局下对自身地位的重新认识是土耳其对外战略转型的动因。随着冷战结束和苏联解体,土耳其不再是西方阵营对抗苏联的前沿阵地,与西方国家的战略关系失去了有效基础,导致土耳其危机感陡增,对自身再定位的迫切性急剧上升。面对新的国际格局,土耳其认为欧亚大陆接合部将由两大阵营对峙前线转变为世界能源主要供应中心和大国围绕能源安全展开争夺的主要区域。此外,美国作为唯一超级大国也须首先控制欧亚大陆以巩固其领导权,而土耳其恰处于该区域地缘政治中心地带。这一认识和判断,推动土耳其将自身定位从西方阵营的"边疆国家"转变为地区"中心强国",为土耳其对外战略的全盘调整提供了依据和动力。

(二)国内政治气候逆转及国家实力快速提升是土耳其对外战略转型的前提和基础。首先,温和伊斯兰政党执政导致伊斯兰思想回潮,推动土耳其与伊斯兰国家建立更紧密联系。土耳其历届世俗政府均选择与西方结盟,虽一定程度上维护了国家安全和利益,但全面西化政策却造成了社会割裂,引发底层民众强烈不满,转而支持有温和伊斯兰色彩的正发党上台执政。正发党更强调伊斯兰认同,得到广大草根民众的积极回应,伊斯兰思想回潮现象在土社会逐渐蔓延。此外,欧洲在土耳其入盟问题上的刁难和偏见,美国在打击库尔德工人党武装上未予土耳其全力支持等,也极大刺激了土耳其民族情绪,要求与地区伊斯兰国家发展关系、回归伊斯兰世界的呼声愈发高涨。其次,国家实力增强唤醒土耳其"大国意识",推动其开展进取式外交。正发党执政12年来,土耳其经济总量增加近3倍,成为全球第16大经济体,不仅成功战胜全球金融危机,还在席卷中东的动荡中独善其身,"土耳其模式"被地区和国际社会津津乐道,增强了土耳其民族自豪感,也激发其大国梦想,推动土耳其以更积极姿态活跃于更广阔区域。最后,快速发展的经济需要稳定的周边环境和着眼长远的能源战略作为支撑。土耳其致力于2023年建国100周年时跻身世界经济前十,无论实现经济发展目标,还是圆大国之梦,都需要和平稳定的周边环境,这正是土耳其"零问题"政策

的出发点。此外,满足国内快速发展的经济对能源需求的同时,通过广泛而密切的能源合作拉近与欧洲和周边能源富集国的关系,也正是土耳其将自身打造为地区"能源枢纽"这一能源外交战略的目标。

(三)地区政治版图变动和外部安全环境变化是土耳其对外战略转型的"催化剂"。一方面,苏联解体使欧亚大陆地缘政治版图发生颠覆性变动,导致高加索和中亚地区产生一批在语言和种族上与土联系紧密的国家,为土耳其向东扩展影响,填补苏联解体留下的巨大地缘政治真空提供了契机。另一方面,苏联解体改善了土耳其外部安全环境,为土耳其介入地区热点创造了可能,使土耳其有精力将目光投向更广阔地区。随着两个超级大国全球争夺态势突然消失,原先在两极格局下长期被压制的民族、宗教、安全等地区矛盾骤然爆发并不断升级,土耳其周边科索沃战争、伊拉克战争此起彼伏,伊朗、巴勒斯坦、叙利亚等毗邻国家成为国际斗争新焦点且日益呈现出参与多元化的特征。矛盾纠结、异常复杂的地区形势激发了土耳其外交兴趣,促使土耳其希望通过参与地区事务维护国家利益并不断扩大地区影响。

三、土耳其对外战略转型已见成效并将继续产生深远影响

(一)土耳其新型外交取得积极成效。进入21世纪,国际战略重心"东移"态势日趋明朗,单极格局逐渐被多极化取代。在此背景下,土耳其开展自主、平衡、务实、多元的新型外交,特别是在保持"西进"的同时实施"东向"战略,顺应了国际潮流和发展大势,其战略调整取得明显成效。首先,土耳其战略地位与国际影响显著提升。通过实践"战略纵深"思想,土耳其与中东阿拉伯国家关系更加紧密,与中亚突厥语国家关系明显升温,与巴尔干、高加索地区互动频繁,在非洲打开了外交新局面,与美欧及新兴大国合作更为密切,同时在多个地区和国际组织中积极发挥作用,国家形象明显改善,战略地位与国际影响力大幅提升。其次,战略地位提升与经济快速发展形成良性互动。实施睦邻友好的周边战略和着眼长远的能源外交战略为土耳其国内经济持续快速发展提供了有力保障,同时土耳其蓬勃发展的经济及与地区国家日益密切的经贸合作又进一步强化了其地区领导力和战略地位,二者相互促进、相辅相成。

(二)土耳其新型外交对地区格局和稳定发展产生较深远影响。土耳其快速崛起为地区"一极",其所奉行的积极改善与伊朗关系,加强与哈马斯、真主党等力量合作,反对以色列在地区开展军事行动的政策,对地区力量平衡产生较大

影响，动摇了美国主导的传统地区格局；“战略纵深”思想所倡导的建立文明间对话、与周边国家“零问题”政策、与地区国家开展互补而非竞争性合作等理念，及土耳其在伊朗核等热点问题上缓解紧张、居中调停的外交实践，对促进地区国家共同发展、保持地区局势稳定发挥了积极作用；土耳其对外战略转型后的发展模式在地区及伊斯兰世界产生了示范效应，对地区转型国家有一定借鉴意义。

值得注意的是，随着整体实力上升，土耳其急欲在某些热点问题上有所作为，在巴以问题上挺巴反以，数次与以剑拔弩张；在叙利亚问题上支持反对派对抗现政权；支持埃及穆斯林兄弟会而与埃政府不和。这种做法导致土耳其与部分地区国家关系紧张，有悖其“零问题”政策初衷，成为影响地区局势的不确定因素。

西亚北非动荡后沙特外交战略新动向

沙特是伊斯兰教发祥地、海湾阿拉伯国家合作委员会盟主、石油输出国组织成员和二十国集团中唯一的阿拉伯国家，油气资源富集，在中东地区、伊斯兰世界乃至国际舞台上均具有独特影响力。2010 年底西亚北非发生动荡后，沙特积极应对，在保持传统外交理念的同时，对外交战略和策略作出一定调整，灵活、务实地维护外交独立性，主动参与塑造地区局势，发展多方位外交的意愿明显增强。

一、现代沙特王国建立后，历任国王均秉持王室及国家利益至上、伊斯兰教为指导、审时度势的外交理念，凭借油气和宗教两大抓手，努力冲击担当阿拉伯国家领头羊和西亚北非地区大国的目标

2010 年底西亚北非地区动荡前，沙特奉行较为保守的外交方针，总体维系沙美友好和“泛伊斯兰主义”两大传统。

（一）维持沙美“准同盟”关系是沙特多年来外交战略的主线。20 世纪 30 年代初，为缓解世界经济危机对沙特冲击，沙特与美国开展经贸合作。第二次世界大战爆发后，美国实力上升，迫切需要掌控中东石油资源，沙特顺势而上，选择与美国交好，双方关系发展迅速。1945 年 2 月，沙特首任国王阿卜杜勒·阿齐兹同美国总统罗斯福在“昆西号”巡洋舰上会晤，双方达成“石油换安全”协议，沙特允许美国在沙修建空军基地、输油管道并自由使用港口等，美国承诺向沙特提供经济援助和安全支持。冷战期间，石油贸易和防范苏联成为沙美关系基石，沙特对美国安全倚重不断上升，双方于 1951 年签订《共同防御协定》，成为“准盟友”。尽管 1973 年沙特为支持巴勒斯坦而发动针对美西方国家的第一次石油危机，导致沙美关系出现波折，但沙美友好的总基调得以维持。2001 年发生的“9·11”事件使沙美关系又一次遭遇挑战。在对美国发动袭击的 19 名恐怖分

子中，有 15 人来自沙特，“基地”组织前头目本·拉登也是沙特人，部分美国官员怀疑沙特政府指使恐怖分子发动对美国袭击，两国产生一定程度的信任危机。2003 年，沙特拒绝支持美国入侵伊拉克，美国将大部分驻沙特军队转移至卡塔尔等国。2005 年现任国王阿卜杜拉上台后，沙特开始着手改变外交对美“一边倒”政策，注意发展与欧盟、中国、印度、日本等国关系，但沙美共同利益仍大于分歧，双方往来密切。

（二）推行“泛伊斯兰主义”是沙特外交战略的重要着力点。20 世纪中期，埃以和谈、伊朗伊斯兰革命、两伊战争推动中东政治格局调整，阿拉伯世界君主制和共和制国家之间矛盾升级，地区蓬勃兴起的民族民主力量要求沙特等君主制国家改制共和的呼声渐起。为摆脱困境和压力，费萨尔国王利用沙特宗教地位和影响，将伊斯兰教作为抵御各种激进思潮入侵的屏障，反对纳赛尔阿拉伯民族主义、共产主义和犹太复国主义，呼吁加强伊斯兰国家合作，确立了“泛伊斯兰主义”外交战略。费萨尔之后沙特历任国王继承并发展“泛伊斯兰主义”，依托伊斯兰合作组织、伊斯兰世界联盟、世界伊斯兰大会等机构，积极主动地利用宗教为沙特国家利益服务，同时利用石油财富增强沙特在伊斯兰世界的影响。1986—2006 年，沙特累计提供 490 亿美元资金，援助世界各国伊斯兰机构，帮助其他伊斯兰国家或非伊斯兰国家建设清真寺、宗教教育机构等。沙特以“泛伊斯兰主义”为着力点推进外交战略，增强了在伊斯兰世界的话语权，巩固了王权统治，扩大了在地区及国际事务中的影响。

二、2010 年末西亚北非动荡以来，地区地缘政治格局受到严重冲击，一些威权政体向多党议会制转变，地区君主制国家面临变革压力；美国战略重心东移，在地区影响力有所下降

沙特内部政治经济社会问题也日益凸显。经济结构单一，财政收入严重依赖石油；东部什叶派民众不满和抗议持续，青年失业率高企等社会不稳定因素蕴集。沙特因应内外形势变化，外交上既坚持历来秉持的泛伊斯兰主义和沙美友好等基本方针，同时又积极进行一些调适，战略上更突出独立性和主动性，更加注重东西兼顾和大国平衡；策略上更加务实、灵活；举措上更加注重发挥石油和宗教两大优势，巩固伊斯兰世界“盟主”地位，主要呈现以下新动向：

（一）积极参与塑造地区局势，着力营造和谐周边环境。突尼斯、埃及出现动荡之初，沙特对局势发展变化之快预料不及，一时表现默然。随着地区民主变

革浪潮的不断扩大和冲击,沙特改革维稳压力增大。为维护王权统治,沙特一改被动低调作风,主动出击,一是高举巴勒斯坦问题大旗,坚持“阿拉伯和平倡议”,推动巴以和平进程,团结阿拉伯世界。二是主动介入地区动荡国家局势。积极维护阿拉伯半岛稳定,推动也门实现和平过渡,协助也门打击恐怖主义,派兵协助巴林平息动乱;树立自身顺应地区民众变革诉求形象,鼎力支持叙利亚反对派“倒巴(沙尔)”,援助亲沙反政府武装;为防止埃及穆兄会等伊斯兰力量通过街头抗议获取政权的模式在沙重演,沙特大力支持埃军方领导人上台及打压穆兄会。三是促进地区王权国家“抱团取暖”。沙特致力维护海合会内部团结,促进政治、经济、安全一体化建设。推动摩洛哥、约旦等国加入海合会进程,增强阿拉伯王权国家联合自强、自保能力。

(二)增强外交独立自主性,体现东西兼顾的多方位战略布局。长期以来,沙特外交上紧追美国。但随着近年来沙美关系嫌隙渐生及自身综合实力的不断提升,沙特愈发希望树立独立自主的外交形象,致力于同各国尤其是大国发展均衡的外交关系。在沙美关系上,沙特继续充当美国推行中东战略的支点,在地区有关热点问题上与美积极呼应、配合。但同时,沙特不满美国抛弃埃及盟友穆巴拉克、在叙“倒巴”问题上踟蹰不前等做法,对美国戒备和不满有所上升,不再凡事听命于美国,开始注重发展与欧盟和俄罗斯关系,在协助俄罗斯解决车臣问题上显示主动和积极态度。近年来,沙特愈加重视外交“向东看”,加强与亚洲国家往来。

(三)外交策略更加灵活、务实,对宿敌伊朗释放善意。沙伊(朗)宗教派别不同,积怨已久。沙特担心伊朗宣扬伊斯兰革命,引领地区什叶派生乱,挤压逊尼派生存空间,因此多年来一直对伊朗保持遏制政策。伊朗新总统鲁哈尼上台后外交新策频出,伊朗核谈判进程加快,美伊互释善意并关系回暖,伊朗地区作用和影响力有所提升,日益成为沙特绕不开的交往对象。为维护自身利益,沙特在维持对伊朗防范加遏制的同时,对伊朗释放一定善意,邀请伊朗外长访沙,并利用自身强大的经济实力和海合会领头羊地位,诱拉伊朗与其开展务实合作。

(四)发挥石油外交优势,谋求可持续发展。沙特巨大石油后备产能是其重要外交筹码。多年来,石油美元不仅促进了沙特国内经济社会建设,也增强了沙特外交底气和发言权。地区动荡以来,沙特积极打好能源牌,大力开展石油外交,一方面配合美西方对伊朗制裁,及时填补国际石油市场供给缺口,打压其他富油国。另一方面,继续利用石油财富援助伊斯兰国家,争取人心。随着北美页岩气大规模开发、欧洲能源市场面临俄罗斯竞争,沙特将目光投向东方,努力确保中国、印度、日本等石油市场，同时紧盯全球可再生能源研发，谋划后石油时代能源发展布局。

（五）拓展宗教外交空间，巩固伊斯兰教旗手地位。沙特王室凭借麦加和麦地那两圣地打造穆斯林“精神祖国”，国王自称“两圣地仆人”，宣扬其在伊斯兰世界的特殊地位。近年来，沙特斥巨资扩建两圣地基础设施，利用每年朝觐活动向伊斯兰国家政要和信众推介沙特外交政策和主张，扩大政治影响。针对美西方公众对伊斯兰教的恐惧和防范心理，沙特倡议开展文明对话，强调宗教包容精神，树立伊斯兰文化正面形象。沙特通过传统外交和公共外交大力构建伊斯兰教国际和地区机制，加强伊斯兰世界联盟等多个伊斯兰非政府组织作用，大力资助伊斯兰教在全球传播，努力彰显沙伊斯兰教“盟主”形象。此外，沙特在对外交往中致力于传播和推广伊斯兰瓦哈比主义（伊斯兰激进主义的典型代表，主张一切回到《古兰经》中去）。西亚北非地区动荡后，伊斯兰力量一度迅速崛起，沙特对其采取双重标准并打拉结合，在埃及、叙利亚等国扶持同宗同源的萨拉菲派势力坐大，联合阿联酋等国打压长期不睦的埃及穆兄会势力。

三、沙特外交战略调整的有关动向实际上是对其传统外交理念、目标、原则的继承、修正和发展，近期看有助于沙维护王权统治、改善周边环境和拓展外交空间

但随着内外形势的发展变化，沙特外交战略面临一些不确定性因素考验，未来外交战略发展前景存在隐忧。

沙特外交战略及策略的调整显示一定成效。西亚北非动荡背景下，沙特外交既坚持了“泛伊斯兰主义”、沙美“准同盟”关系、石油外交等传统重点，也有后续推进和创新，更加注重自主独立和多方位外交。在地区局势上，从被动应对到主动塑造，凸显其谋求大国地位的愿望。沙特外交调适有效维护了沙自身稳定和国家安全，服务了其经济和社会发展大局，提升了其在地区和国际事务中的影响力。

沙特外交战略主要依靠石油、伊斯兰教和沙美关系三个支柱，但可持续性存在隐忧。从长远看，石油经济不可持续，页岩气和可再生能源将是全球能源发展新方向，沙特在全球能源市场上的地位作用恐将下降。沙特奉行的瓦哈比教义被认为与伊斯兰激进主义扩张存在关联，因而备受争议。沙特大打宗教外交牌，一定程度上触及土耳其、伊朗等伊斯兰大国利益。沙美以利益结交，但两国在意

识形态、政治体制、阿以冲突等问题上存在结构性矛盾,在叙利亚和伊朗问题上,两国分歧也逐渐扩大和公开化。另外,沙特王权决策体制使其外交不乏波动性和情绪性,如 2013 年 10 月沙特拒绝出任联合国安理会非常任理事国,就有间接向大国发怨气、闹情绪意味。因此,沙特外交战略发展前景及成效有待进一步观察。

对近年来南非对外战略调整的看法

新南非成立伊始，以曼德拉为首的非国大领导层就提出外交要以服务南非国内发展为战略目标，确立人权、民主、和平、尊重国际法、促进非洲利益、促进地区和国际合作为外交六大支柱，勾勒出“优先非洲、重视南南、加强西方、兼顾多边”的对外战略布局。此后随着形势的不断变化，南非历任领导人外交政策在坚持上述原则和外交布局的基础上也有所调整和发展。祖马 2009 年就任总统以来，南非对外战略出现了一些新的重要变化，2014 年 5 月祖马总统连任，其外交政策在保持连续性的基础上也有新的发展。

一、南非近年对外战略调整的主要特点

（一）战略方向“左转”“东进”。祖马总统上任之时，正值国际金融危机和发达国家债务危机不断发酵，全球经济重心东移。在此形势下，南非对外战略的方向、手法和投入都相应出现调整，主要表现为南非外交更加重视“向东看”和南南合作。中国是南非“东进”战略的核心。祖马总统高度重视发展对华关系，2008 年以非国大主席身份访华时曾说，“南非与中国是兄弟关系，与英美是利益关系，南中关系一定会超越南非与英美关系”。2009 年中国超过美国成为南非最大贸易伙伴国，2010 年两国建立全面战略伙伴关系。同时，研究借鉴亚洲发展经验，为国内发展服务，是南非“东进”战略的另一个重要任务。祖马总统执政以来，南非每年派出多批高级干部赴中国、越南、古巴等国学习培训。祖马总统在总统府下设立全国计划委员会，制定南非《国家发展规划》，就是借鉴了中国的经验。南非还高度重视加强与新兴市场国家合作，积极寻求加入金砖国家机制，并于 2013 年成功举办金砖国家领导人会晤，推动金砖国家开发银行等重要合作机制的建立。

随着南非对外战略“左转”和“东进”，南非与西方关系发生微妙变化。与曼德拉、姆贝基不同，祖马对西方缺乏信任，更强调独立自主，认为非洲问题应由非洲人解决、反对西方对非干涉。近年来，南非在一些重大国际和地区问题上坚持

立场,不随西方指挥棒起舞,坚决维护自身和发展中国家共同利益。南非改变姆贝基时期对津巴布韦"静悄悄"政策,公开支持津民盟政权,反对西方对津制裁。南非坚决反对美军非洲司令部落户非洲。南非在中东、非洲一些热点问题上立场与西方相左,敢于向西方说"不",被视为"不听话"国家。

(二)战略重心更趋内顾、务实。从曼德拉、姆贝基再到祖马,非国大执政面临的发展压力持续上升,对外战略中理想主义逐渐淡化,实用色彩上升。南非约翰内斯堡大学教授兰登伯格在《非国大外交政策百年》一文中称,祖马总统执行的是"国家利益为导向的外交政策"。上任之初,祖马将南非外交部更名为"国际关系与合作部",将"合作"提到重要高度;提出加强"经济外交",利用南非是世界五大资源国之一和非洲最发达经济体的地位,战略上将南非定位为外资进入非洲的"桥头堡"。近年来,祖马在与外国领导人的接触中,积极为南非和非洲重大基础设施建设项目以及深化金砖国家对非合作牵线搭桥。祖马将发展经济作为第二任期的重中之重,强调外交为国内经济发展服务,明确提出将落实国家发展规划作为外交的重要方向。

(三)经略非洲由"虚"趋"实"。非洲在南非对外战略中始终居于中心和支柱地位。南非外长马沙巴内称,"建设更美好的南非与建设更美好的非洲息息相关。"曼德拉对非战略侧重道义宣示,强调价值观和民主建设,姆贝基则倡导"非洲复兴"思想,推出"非洲发展新伙伴计划",相对偏"虚"。祖马政府对非战略投入力度更大,政策更实、行动更坚决。一是不顾一些非洲国家反对,推动南非前外长祖马当选非盟委员会主席,以强化对非影响力、塑造力。二是大力介入非洲和平安全事务,积极参与调解南苏丹、中非、刚果(金)、津巴布韦、马达加斯加等热点问题,在联合国框架下派遣2000多名军人参与在非维和。三是抓住非洲求发展的潮流,引领出台更"实"的非洲发展举措,推动非盟先后就基础设施建设、农业发展、工业化等提出重要发展战略,牵头非盟基础设施建设委员会,使南非从规划非洲发展战略性框架转向引导、主导全非性重大合作项目。

(四)参与全球治理的思路更加明确。南非对世界秩序的最早构想见于1955年非国大发表的《自由宪章》,即建设一个和平、人道、平等、自由、民主的世界。姆贝基时期提出了"全球治理转型"的具体路径,但目标并不清晰。2009年非国大在竞选纲领中首次提出建设"更美好的非洲、更美好的世界",核心内涵是致力于建设一个力量更加均衡、发展更加均衡、没有压迫、和平公正的新世界。围绕这一目标,南非将2008年国际金融危机作为推动全球力量更加均衡的重大历史机遇,将加强非洲一体化、南南合作,提升世界进步力量分量作为重要抓手,将加强南北对话、推动全球治理机制改革作为根本路径。近年来,南非外交始终围绕这一目标，以非洲为优先，推动南部非洲发展共同体、东非共同体和东南非共同市场朝着建立统一非洲大市场的方向发展；加强非盟建设，提升非盟和平安全和发展能力；积极参与推动南南合作进程，重视加强金砖国家机制建设，完善内部双多边合作机制。南非还积极利用二十国集团、77 国集团等平台，为非洲和发展中国家代言，推进联合国安理会、国际货币基金组织、世界银行等全球治理机制改革，争当联合国常任理事国，努力提升非洲和发展中国家在全球治理中的发言权。

二、南非对外战略调整的背景

（一）国内外形势的变化。南非对外战略的调整是南非不同时期国内外形势发展变化的必然结果。1994 年新南非诞生后，重返国际社会、为南非经济社会的发展创造良好外部环境，是曼德拉时期南非外交的目标。曼德拉就任总统后，凭借其人格魅力，高举道义大旗，积极拓展对外关系，较快树立起新南非的国际形象，但其外交政策理想主义色彩浓厚。姆贝基执政时期，南经济实现较快发展，2003—2007 年，南非经济年均增长速度一直保持在 5% 左右，此时的南非已不再满足于重返国际大家庭，其外交变得更加进取，更有抱负。因此，姆贝基在基本继承曼德拉外交路线的同时，以取得非洲更大的经济发展为指向，同时谋求以更好的方式提高本身的国际地位。具体表现为突出非洲和南南合作优先的指导方针，提出“非洲复兴”思想，牵头制订“非洲发展新伙伴计划”，努力塑造南非作为非洲政策制定者、发展领导者和利益维护者的形象。南非推动建立“新亚非战略伙伴关系”和印度—巴西—南非论坛，为新形势下加强南南合作作出贡献；提出“全球治理转型”思想，努力增强非洲和发展中国家在联合国安理会、国际货币基金组织等国际多边机构的发言权。姆贝基执政 9 年，外交方面颇有建树，但也招致国内有关他把太多精力和资源投放到海外的批评。到了祖马时期，国际金融危机爆发，南非经济陷入衰退，执政 5 年间南经济增速仅为 2.3%。祖马外交政策在保持延续性的同时，以服务国内发展、提升国际地位为核心，根据国际格局东升西降的态势，在维护与西方关系的同时加大向东看力度，更加务实，注重实效，也是客观条件下的现实选择。

（二）执政党非国大的作用。作为一个领导建立新南非的百年老党和一直以较大优势在南执政的政党，非国大在南对外战略的形成和发展中处于核心地位。非国大政府的对外战略有着深厚的国际主义、民族主义、泛非主义甚至是社会主义的元素，同时还吸收了南传统的“乌班图”思想，有着鲜明的本土性和进步性,深刻反映了非国大的进步理想和追求,这是新南非对外战略不变的“锚”。另一方面,作为一个多阶级的联盟,非国大内部“左”“右”力量对比及领导人的政治取向,以及国际国内形势变化,导致南非对外战略在具体实践中不断进行微调和发展。

非国大内部许多人对姆贝基内外政策不认同,认为姆贝基推行新自由主义经济政策,抛开非国大中央另搞一套。2007 年非国大五十二大上,姆贝基竞选党主席连任失败。2008 年非国大中央决定提前结束姆贝基的任期。以五十二大为契机,非国大全面反思南内外战略,重新确立了非国大对南对外战略的领导地位。2012 年的非国大五十三大进一步强调,“一超”格局和西方主导的全球化不利于非洲,新兴市场国家崛起是好事,多极化是方向,南非“未来全球战略将更加坚定地扎根于非洲和发展中国家”。

祖马在非国大和左翼力量联盟支持下上台,其任内对外战略调整不仅有积极应对国际金融危机冲击、因应国际格局深刻调整的考虑,更是纠偏姆贝基外交政策、重新强化非国大国际战略对南政府对外战略影响的结果。

三、对南非近年来对外战略调整的评价

新南非成立 20 年来,南非在外交领域取得了显著成就,建交国由 35 个增加到近 190 个,南非已成为联合国、非盟、不结盟运动、英联邦、二十国集团、金砖国家合作机制等 50 多个国际组织和多边机制的重要成员。南非国际知名度和影响不断提升,战略地位和作用日益受到各方重视,作为新兴大国和非洲代言人在国际和地区事务中的影响持续上升。可以说,祖马任内是南非对外战略调整发展的关键期,进一步确立了南非的非洲大国地位和影响力,成为在二十国集团、金砖国家合作机制等诸多国际机构中非洲国家的代表。

但南非外交也有其局限的一面。理想与现实的折冲、大国之志与自身实力之间的矛盾,始终贯穿着南非 20 年来的对外政策,这一点在祖马任内同样表现明显。南非力图调解巴以冲突等热点却力不从心,在科特迪瓦、利比亚等问题上政策前后矛盾,进退失据,出兵中非损失惨重,都体现出南非外交目标与手段之间的差距。此外,南非打破非盟委员会主席选举规则,推出本国人选强势竞选非盟委员会主席,也引起不少非洲国家的疑虑和批评。

欧盟对外战略研究

一、金融危机以来欧盟对外战略的主要目标与调整思路

2010年3月，欧盟外长非正式会议讨论欧盟外交新战略，正式开启了被西方媒体称为欧盟50年历史上“最重大”和“最根本”的改革进程。9月，欧盟峰会讨论如何充分利用里斯本条约新机遇，为欧盟对外关系注入了新动力。

欧盟在遭受债务危机严重冲击的时刻仍逆势而上，高调宣布调整对外战略，其实质是为了显示其积极参与和领导处理国际事务的坚定决心和远大抱负；主要目标是在国际政治格局快速变化的背景下，调整并确定自己的战略利益和目标，确保欧盟在多极化世界中重要一极的地位，在处理部分全球问题时发挥领导作用，成为全球“响当当的角色”。金融危机与债务危机深刻改变了欧盟对世界的看法，增强了欧盟的危机意识与竞争压力，其调整对外战略的基本思路：

一是整合资源，着力开启集团外交的新时期。欧盟认为，金融危机与主权债务危机的连续冲击，加速了欧洲整体实力和国际影响力下滑，欧盟占世界经济比重较危机前下降了约2个百分点。据国际货币基金组织预测，到2020年留在全球七大经济体榜单中的欧洲国家仅德国一家，欧盟的主导地位将进一步受冲击，这就需要欧盟机构与各成员国“更加协调一致的国际应对”，一方面要求欧盟各机构定期协调对外关系和对外政策，保证内政与外交的相互支持，另一方面要求成员国的双边外交活动与欧盟整体对外政策的协调配合、立场一致，达到互为补充、形成合力的效果。2010年12月，欧盟对外行动署正式开始运作，希望通过机构改革为欧盟共同外交创立一个合法、连贯、高效的指挥与运作中心。

二是战略东移，谋求更有利的战略空间。欧盟领导人认识到，世界形势已经、正在并且仍将发生重大变化，多极化向纵深发展，国际舞台的主角从八国集团向二十国集团转变，新兴国家随着经济实力的增强正在变成一股“真正的政治力量”。哥本哈根全球气候变化大会凸显了新兴国家的重要性，也标志着国

际政治权力“正从老迈的西方向东、向南转移”,欧盟唯有构建同新兴经济体涵盖政治、经济、安全的全面战略伙伴关系,合纵连横,才能避免“被边缘化的危险”。近期,可以实现应对危机,用外交政策促进经济利益最大化的目标;长期,则有利于其追求的多边主义政策,实现“全球领先者”的远大抱负。

三是积极进取,以软实力谋求硬地位。欧盟认为自身仍是世界高生活水准的代表,是发展的力量、民主的力量、民事的力量,并自诩为“价值推广者和规范制定者”,坚信自身以制度建设、规则制定、发展模式、发展援助、全球公共产品提供能力为核心的软实力对世界上很多国家仍具有很强的吸引力。巴罗佐等欧盟领导人在各种场合批评世界范围内存在过分追求经济利益而忽视民主建设的“错误倾向”。表示,欧盟立志“在后危机时代扮演全球性角色”,成为“可供他人借鉴的全球性力量”,认为“这是我们这一代人的关键性使命与考验”,强调欧盟有多方面的资格可以占据这样的地位。

二、欧盟视周边地区为“战略后院”,将经略、稳定周边地区作为发挥全球作用的关键

近年来中东、北非地区的持续动荡表明欧盟周边政策并未实现“民主、稳定与安全”的目标。2011 年的《欧盟周边政策评估》政策文件总结了 2004 年制定《大周边政策文件》以来周边地区形势所出现的新趋势及教训,提出了支持周边国家走向“深层民主”、强化政治与安全合作、支持经济和社会可持续发展、建立流动性伙伴关系、加强东部伙伴关系并建立南地中海民主和共同繁荣伙伴关系、提供额外资金共六大核心支柱。一是加大对大周边地区的资金投入力度。欧盟在 2011—2013 年预算基础上,向 16 个周边国家追加 12 亿欧元的资金。欧洲投资银行也对地中海国家增加 10 亿欧元的贷款,增幅达 20%。二是在东部实施“东部伙伴计划”,推进“联系协议”谈判,致力于以共同价值观为基石推进各国与欧盟的政治联系与经济一体化,在周边发挥“积极和有影响力的作用”。东欧和外高加索六国上升为除俄罗斯和中亚外,欧盟对独联体外交的第三个整体性次地区地缘政治板块,凸显欧盟从独联体西部边界东扩和侵蚀俄传统势力范围的战略意图。三是支持地中海沿岸地区、中东与海湾地区的民主转型。2011 年出台《与南地中海的民主和共同繁荣伙伴关系》政策文件,提出“以更多换更多”和“3M”(即资金、市场准入和流动性)两大口号作为“周边新战略的支柱”,“承诺将在周边地区认真承担责任”,确保中东过渡转型不被“反民主力量”支持。

三、欧盟视欧美关系为基石，本着“相互加强、相互尊重、决策自主权”的精神，双方政治、经济、安全领域的“全方位抱团”之势增强

政治上，美国是欧洲最重要的伙伴，巩固欧美关系，有利于自身在多极格局中占据更有利地位。同时，双方在亚太地区、叙利亚、朝核、伊朗核、阿富汗、乌克兰、非洲及气候变化等国际和地区热点问题上协调频密，保持一定呼应；共同推行人权和价值观外交，协调应对全球挑战，维护西方对地区和国际格局的主导地位。经济上，欧盟积极“思考创造基于各自力量与优势的真正伙伴关系的方式”，推进跨大西洋贸易和投资伙伴关系协定（TTIP）谈判，谋划构建全球重量级经济体之间“最自由的商业关系”，打造“经济版北约”，树立新一代国际贸易和经济全球治理规则的新标杆，制约新兴国家群体崛起。安全上，乌克兰危机及欧俄关系交恶使欧盟进一步认识到美国在安全上对欧盟无可替代的重要作用。欧盟呼吁双方建立“欧洲—大西洋安全共同体”，积极推动北约战略转型和能力建设，强化在北约框架内的分工协作，加强在反恐、防扩散、网络安全问题上的协调合作，共同维护西方的战略优势。

四、本着互惠互利、利益对等的精神，调整与欧盟互为“战略伙伴”的大国关系的发展

自2010年以来，战略伙伴关系在欧盟政治日程上的地位迅速上升。范龙佩呼吁“评估和加强我们与关键伙伴的关系”，阿什顿宣称“需要对伙伴关系进行投入”，巴罗佐则承认战略伙伴关系将“决定我们的繁荣”。同时，欧盟还强调“伙伴关系只有在基于照顾相互关切与利益的双行道，并承认所有行为体均承担权利与义务时才能正常运转”，要求“新兴国家在取得更多权益的同时，应承担更多的责任”。一是战略布局上以亚洲国家、新兴国家为主体。2010年底的欧盟峰会讨论了阿什顿提交的欧盟与战略伙伴关系进展报告，列举的主要战略伙伴是美国、中国、俄罗斯、印度、巴西、日本、加拿大、墨西哥、南非和韩国。其中，将中国地位提升到第二位，定位为与美、俄并列的“全球主要力量”。在这份报告中，亚洲国家数量最多，包括中国、印度、日本和韩国。作为新兴经济体的“新金砖五国”也被纳入欧盟重要战略伙伴框架下，表明欧盟对新兴国家经济体的重视。二是合作内容上以经贸为主，兼顾政治与安全。欧盟强调，与战略伙伴

加强贸易是一个至关重要的目标,因为这有利于欧盟经济复苏与创造就业。加强与新兴国家的战略伙伴关系不仅可以分享发展红利,也可将其纳入西方主导的国际体系。同时,也期待通过突出"欧洲在亚洲的经济存在"伺机介入地区政治安全事务。三是合作方式上以双边自贸协定为主。2013 年以来,欧盟加紧推进自贸新战略,宣布与美国启动跨大西洋贸易和投资伙伴关系协定,同时正式启动欧日自贸谈判,客观上形成了欧美日为中心的跨洲际自贸网络。此外,与韩国、新加坡、印度、墨西哥等战略伙伴的外向贸易协定或已完成或正在进行。

五、价值观外交已成为欧盟对外战略的重要组成部分

人权、民主、法治始终是欧盟具有强烈优越感的政策领域,在实力日益衰落的情况下,欧盟更加意识到运用民主、人权、自由等软实力重振国际事务主导地位的重要性。2012 年 6 月,欧盟外长理事会通过了《欧盟人权民主战略框架及行动计划》,这是欧盟首次在这一关键政策领域实施统一的战略框架。它系统阐述了欧盟人权战略的总体目标、优先领域、推行渠道,并制订了具体行动计划,旨在协调欧盟未来在人权领域的一致对外行动。除经贸、发展援助外,还公开将人权、民主等与就业、能源、通讯、安全与防务政策等挂钩,明确地将欧盟经济援助与受援国政治表现挂钩,公开对第三国"民主人权斗士"进行政治和资金支持。之后,为促进这一战略框架的实施,欧盟又任命首位人权特别代表兰普里尼季斯,负责监督处理欧盟与人权和民主相关的事务。此外,欧盟还设立了"欧盟民主基金",为欧盟邻国和其他地区争取民主转型的"民主人士"和机构提供直接援助。

德国酝酿外交政策调整

德国新一届政府2013年底成立以来，外交政策在总体保持连续性的同时，积极进取和主动塑造意识上升。有迹象表明，为顺应新形势，德国正酝酿调整外交政策。

一、德国外交政策调整的战略背景

（一）德国经济在欧债危机中一枝独秀，重新成为欧洲发展的引擎和“稳定锚”。高福利和人口老龄化曾使德国经济低迷，财政不堪重负。21世纪初，施罗德政府大胆改革，其成果在德国应对国际金融危机和欧债危机中不断显现。德国经济仅在2009年出现5.1%的衰退，之后连续4年增长，快速复苏。2013年德国外贸顺差2000亿欧元，就业人数4184.1万，双双创历史新高。相比之下，欧盟和欧元区经济受危机拖累，一直在低位徘徊。其中欧元区国内生产总值2012和2013年分别下跌0.6%和0.4%，平均失业率超过10%。

（二）欧债危机使德国经济实力迅速转化为“政治领导力”，进一步将德国推向欧洲政治的前台。欧债危机使欧盟南北差异与矛盾凸显，利益均衡格局被打破，力量对比和地缘政治发生变化。其中，西班牙和意大利因财政困境影响力进一步下滑；法国经济增长乏力，德法轴心明显偏向德国；英国在欧盟决策中更趋边缘化；欧委会、欧洲央行等机构的行动能力很大程度上取决于德国投入资金的意愿和条件。在欧洲重大决策中，德国行使着“不情愿的霸权”。

（三）国际战略格局演变导致德国战后外交的“坐标原点”不复存在。伴随着两德统一，冷战结束，华约解体，德国战后外交的两个“坐标原点”，即“被战败的过去和被寄予期望的未来”（指消除东部威胁，实现民族统一）已不复存在。德国外长施泰因迈尔称，1990年后，世界“失去了旧秩序，至今未找到新秩序”。特别是近年来阿拉伯世界动荡不安；欧洲一体化陷入困境；美国因资源短缺开始战略收缩；新兴国家对国际旧秩序提出挑战。这些变化导致国际力量对比出现“偏移”。战后国际多边机制，特别是德国赖以施展外交的三大机构，即联合国、北约和欧盟均处于变革之中。

(四)要求德国承担更多责任的呼声增大。德国是世界第四和欧洲第一大经济体,是出口大国和欧元最大受益者。近年来,外界要求德国承担更多责任的呼声不断。如波兰外长 2011 年 11 月直言,“与德国的权势扩大相比,德国的不作为更让我恐惧”。国际货币基金组织 2013 年 8 月呼吁,德国在重塑欧元区制度和监管框架中应“发挥更大领导作用”。联合国秘书长潘基文 2014 年初说,在解决中非问题上,“国际社会期待德国扮演更重要的角色”。美国国务卿克里 2 月在慕尼黑安全会议上说,德国应发挥更多领导作用,这“不仅意味着在慕尼黑组织好讨论,还意味着提供相应的资源”。德国国内一些政治精英也对德战后的“克制外交”提出质疑,呼吁德国承担更多责任,而不应只享受“安全红利”。施泰因迈尔把外界对德国期待归纳为:重振欧盟、带领欧洲引领世界、做跨文化的调解者、做南北方国家的桥梁、使俄国欧洲化、使美国多边主义化。

二、德国外交政策调整的主要方向

(一)更大幅度提升欧盟在德国外交中的地位。德国强调,欧洲一体化是政府最重要的任务。作为欧盟经济强国和稳定锚,德国意识到责任重大,也看到欧盟对德国抱有特殊期待。德国将作为“可信赖的伙伴”承担推进欧洲一体化的责任,努力使欧洲摆脱危机并开启“强大欧洲”的新征程。德国为此提出一系列措施,如:增强欧盟民主合法性,完善决策机制;推进欧盟结构改革,实现结构性增长和可持续投资;发展欧洲内部大市场,确保欧盟增长和竞争力;奉行“积极和平政策”,推动欧盟东扩;实现再工业化,使欧洲重新成为“强大的现代工业的故乡”。

(二)更加重视发挥国际作用。德国强调愿在联合国承担更多责任,并继续争取安理会常任理事国席位。在关注大周边安全的同时,更加重视发展与中国、印度、巴西等新兴国家关系,与拉美国家开展“在共同价值观基础上的合作”,并全面提升与非洲在安全、经贸、社会等领域合作。

(三)更有意愿参与国际安全事务。德国表示准备为解决危机和冲突作出贡献,并把外交、和平调解和发展援助作为优先手段,但不排除德军参与海外行动。在这方面,德国将按“集中和共享”原则,即在欧盟框架内使用国家军队,或参与北约的“智能防御”行动。2014 年以来,德国在销毁叙利亚化武、增兵马里、为伊拉克库尔德人提供武器、斡旋乌克兰危机等方面,表现得比以往更加积极。

(四)更强调加强软实力建设。德国强调进一步做强外交“第三支柱”——

对外文化教育政策,促进不同文化对话,建立“广义危机预防”,传播自由、民主和人权的价值观。其主要目标是在国外塑造“积极客观的国家形象”,唤起人们对德语和德国文化的兴趣,宣传德经济、科学和创新的区位优势。施泰因迈尔解释说,就是要“把西方的价值转换成其他语言和文化编码”,增强德国软实力。

三、对德国外交政策调整的看法

(一)德国外交政策调整仍在探索和研讨阶段。新政府虽强调要在欧洲和国际事务中承担更多责任,但围绕外交调整问题,德国国内仍存在明显分歧。因此,在施泰因迈尔授意下,德国外交部于5月启动了“2014外交政策再思考”项目并开通相关网站。该项目分三个阶段:先是与国内外“外交政策精英”开展对话;接着举办由“公民社会代表”参加的专题辩论;最后是外交部内部讨论。结果计划于2015年初公布。

(二)德国外交政策调整是在既有“坐标系”中的调整。“与西方结盟、实现和解、欧洲一体化和有效多边主义”是德国战后外交的“指导方针”。施泰因迈尔上任伊始便强调,这一方针是德国外交政策的“坐标系”,而且德国仍将坚持“永不独行”的外交原则。总体看,德国外交政策的调整主要有两点:一是更加突出欧盟建设的重要性,强调“欧洲是德国的未来”。甚至在涉及欧洲安全问题上,如乌克兰危机,也“首先要靠一个优先关注自己并能处理自身危机的欧洲”。二是更加突出多边主义的“有效性”,把联合国特别是欧盟和北约,作为德国承担更多国际责任和发挥领导作用的重要平台,从“克制外交”转为“积极外交”。

(三)德国外交政策调整将受制于自身实力和国内民意。德国虽是欧洲最具影响的大国,但不少政治家已看到德国自身实力的局限性。施泰因迈尔提醒说:明眼人都知道,今后几十年,德国在世界人口和国际贸易中所占比重将不断缩小。经合组织也预测,欧元区国内生产总值2060年占世界的比重将从2011年的17%下降到9%。而德国则可能由世界第四降至第十大经济体。针对国内外的期望,负责外交的社民党联邦议会党团副主席米策尼希直言,扮演更大的国际角色意味着耗费更多的国家资源,警告德国应“避免激起某些自己无法满足或不愿满足的期望”。

除期望值与自身实力的差距外,德国在承担更多国际责任时还须面对另一严峻现实,即国内政治精英与普通民众在认知上的鸿沟。据2014年5月德国外交部与科尔伯基金会共同组织的民调显示,赞成德更多参与国际事务的人只有37%,反对者则为60%。

波兰对外战略调整

波兰地处欧洲中心，是中东欧首强和欧盟新兴大国，具有独特而重要的地缘战略地位。在实现"回归欧洲"战略目标后，因应国际格局调整变化，波兰致力推动对外战略转型升级，积极打造务实多元的外交新模式。

一、审时度势，确立新型国际战略观和国家发展观

国际金融危机以来，波兰国际战略观和国家发展观发生显著变化。根据《2012 年至 2016 年对外优先战略》，波兰对全球及地区形势、自身定位作出新的战略判断。

看世界，波兰认为国际格局正加速演变，世界向多极化发展，新旧力量对比发生显著变化。面对层出不穷的各种传统与非传统安全威胁，美国已无力单独应对，有效多边主义成为国际关系发展趋势。新兴市场国家强劲崛起，对传统大国发挥影响带来竞争与挑战。国际安全形势日趋严峻，地区紧张局势不断，大规模杀伤性武器风险远未消除，维护国际秩序的长期和平稳定仍面临诸多不确定因素。

观欧洲，波兰主张建立欧洲安全保障机制，落实北约战略新构想，制定并完善欧盟共同外交与安全政策。欧债危机背景下，欧洲新民族主义倾向加剧，对欧洲一体化进程构成严重威胁，并有可能导致形成双速甚至多速欧洲。当前，欧盟国家体制机制弊端遭受诸多质疑，深刻变革、重塑影响、应对挑战迫在眉睫。作为重要一极，欧盟应在世界多极化发展趋势下重新定位，以其有效的行动力和高度的凝聚力，拓展与外部世界的全方位合作关系。

审自身，波兰经济转型相对成功并持续 20 年增长，人均国内生产总值达到欧盟平均水平的 60%，经济总量居中东欧之首，世界第 20 位，但在就业、基建、网络信息化、社会保障和技术创新等方面仍远落后于西欧发达国家。波兰强调，发展知识经济、加快推进国家现代化建设，是破解发展难题、提升综合竞争力的关键所在。波兰对外战略旨在维护主权独立和领土完整，服务国家现代化发展

需要，提升本国在地区及欧盟内地位及影响。

二、积极进取，推进理性务实对外战略

波兰基于新型国际战略观和国家发展观，因应外部环境变化和内部发展需要，逐步调整“一路向西”的外交取向，更加注重现实利益和战略平衡，着力构建以波兰为“圆心”，分别以欧美、周边、域外为“直径”的“同心圆”格局，稳步推进自主、多元、均衡、务实的新型对外战略，并取得积极成效。

（一）以欧盟为发展依托，谋求跻身“大国”行列。波兰重视欧盟统一大市场和援助基金对拉动本国经济、改善社会民生发挥的保障性作用。入盟以来，欧盟累计为波兰注入900亿欧元发展资金。至2020年，波兰还将获得1058亿欧元，继续保持最大受益国地位。随着经济实力不断壮大，波兰自信心显著增强，努力跻身欧盟核心国家的意图逐渐显露。通过出任欧盟轮值主席国以及参与欧盟峰会、世界经济论坛年会、东部伙伴关系峰会等积极发声，展示“欧洲大国”形象和对欧盟事务的领导能力，强化在欧盟与东部邻国交往中的纽带作用，巩固自己“新欧洲”领头羊地位，努力成为在德、法、英之外欧盟的又一重要力量。

（二）以北约为安全保障，深化与美务实合作。波兰视北约为维护国家安全利益的重要战略依托，积极参与制定北约战略新构想，支持深化跨大西洋合作和北约东扩，主张保持美在欧军事存在和加强与美战略协作。近年来，波兰在对美关系中的独立性和自主意识有所增强，逐步改变过度亲美政策，主动塑造更趋理性、务实的波美关系。近期，波美关系因乌克兰问题再度升温，反映出双方相互借重的一面上升。美国欲固其“霸主”地位，夯实同盟体系；波兰则借机倚美国自重，意图加强本国战略安全保障，彰显在美国与地区国家关系以及乌克兰问题上的特殊地位和作用，提升自身影响力。

（三）以周边为利益纽带，推进全方位战略布局。近年，波兰开展多元自主外交的进取性和活跃度显著增强，多措并举、四面开花，全方位战略布局基本形成。向西，拉紧同德、法、英等欧盟大国关系，深化双边经贸投资、科研、人文及地方合作。确立“魏玛三角”机制的地缘政治轴心地位，促进地区经济强劲发展，平衡区外大国影响，深化战略互信，推进欧盟一体化建设深入发展。向东，倡导并稳步推进“东部伙伴关系计划”，大力输出价值观、转型经验及发展成就，支持乌克兰、摩尔多瓦、格鲁吉亚融欧进程和白俄罗斯民主化改造，力促欧盟与东邻伙伴开展经贸合作，适时建立自由贸易区。执行欧盟对俄政策，配合美国对俄罗斯战略部署，强化“合作+遏制”的对俄既定方针。高调介入乌局势，力挺乌亲

西方势力。向北,依托波罗的海理事会机制,加强与波罗的海三国在东方政策、战略安全和欧盟发展等问题上的协调与合作,深化与瑞典战略盟友关系。向南,借重维谢格拉德集团强化次区域合作,牵头中东欧国家在欧盟预算、安全和防务等事务中协调立场,集体发声,增强话语权。加大与东南欧、巴尔干地区国家合作力度,扩大立体外交的辐射效应。

(四)以域外为延伸平台,拓展国际交往空间。波兰关注中东、北非局势,主张突尼斯、埃及、利比亚参照波转型模式实现民主化改造,支持国际社会为全面解决巴以冲突所作努力。重视亚太地区崛起,着力提升在基础设施、金融、旅游、创新产业等领域吸引外资水平,深化与东盟全方位合作。与拉美、非洲大国保持高层接触,努力推进在能源、气候变化等领域务实合作,重构双边经贸关系。此外,重视伊朗核、朝核、安理会改革、阿富汗等热点问题,主张在欧盟统一立场框架下推动有关问题妥善解决。

21 世纪以来巴西对外战略调整及影响

巴西幅员辽阔、资源能源丰富，是拉美第一大国，资源禀赋决定其长期以来对外战略目标是称雄拉美，跻身世界大国之列。随着国际形势和自身经济实力的发展，巴西对外战略历经阶段性调整：从建国初期到 20 世纪 70 年代依附美国的"美国化外交"，到 70—80 年代谨慎低调的独立自主实用主义外交，再到 90 年代开启的"大国外交"战略，其对外战略从无到有、从一味迎合美国到多元平衡、从被动融入到自信经略、从着眼地区到放眼世界。2003 年中左翼上台执政后，为应对全球化时代深刻复杂变化的国际关系新格局，巴西在延续"大国外交"总框架下，进一步调整和明确战略定位、重心、格局，志向远大，姿态积极，手段灵活，形成多元化的、以南南合作为核心、务实平衡、积极进取的全方位战略。

一、巴西新世纪战略定位从"第一世界之尾"到发展中大国

长期以来，巴西不满足国际体系外围国家的地位，致力于向国际体系中心靠拢，在国际事务中向发达国家看齐，借助美欧发达国家融入世界政治经济体系，曾一度自认为是"正在向第一世界迈进的中等强国，与周边国家没有什么共同之处"，还曾提出"宁做第一世界之尾，不当第三世界之首"的口号，但一直没能摆脱外围国家的国际身份，政治、经济、文化、外交受制于美欧，特别是美国化色彩浓厚。左翼领袖卢拉上台后，反对美国霸权主义和强权政治，明确提出"宁做发展中国家之首，不为发达国家之尾"的口号，将巴西确定为"发展中国家、地区大国、在经济全球化中拥有多重利益的国家、西半球一体化的重要参与者、发挥重要作用的发展中大国"，致力于巩固地区大国地位，争当联合国安理会常任理事国，向 21 世纪成为世界大国的战略目标迈进。

二、战略重心从发展对美关系到加强南南合作

长期以来,巴西的战略重心是发展对美关系。卢拉上台后,基于对巴西历史上多次崛起尝试的反思以及对世界格局走势的判断,将外交重心转移到加强南南合作。南南合作战略分为两个层面:一是地区层面,核心为推进南美一体化。卢拉政府认为,在美国单边主义盛行、欧盟地位强化以及中国、印度和俄罗斯崛起的国际环境下,巴西必须与历史背景及价值观与己最为相似、经济互补的南美邻国结成联盟,这样既有利于巩固地区大国地位,也有利于整合南美国家力量,以一体化的南美洲作为依托,以更自信的姿态参与国际事务。在巴西大力推动下,2004年南美国家共同体成立,并于此后一直在巴西主导下发展壮大。二是国际层面,拓展同发展中国家特别是发展中地区大国的关系。卢拉政府认为,世界格局的单极化或两极化都不利于巴西这种力量相对较弱的发展中国家实现国家利益最大化,唯有国际格局多极化才符合巴西战略目标。为此,巴西要与战略利益趋同的发展中国家特别是发展中大国开展切实可行的政治经济合作,以推动国际体系改革。卢拉在任8年,12次出访非洲,挖掘与非洲历史文化渊源,深化与之经贸关系;积极介入中东事务,推动建立南美洲和阿拉伯国家首脑会议机制;倡导成立印度巴西南非对话论坛、"基础四国"等多边机制,积极参与并推动金砖国家合作机制建设。

三、战略视野从地区到全球

巴西以往更专注于地区事务,在国际机构中保持低调。卢拉及其继任者罗塞夫认为,巴西可以通过国际多边机制向世界展示对国际事务的看法和诉求,提高国际影响力,故高度重视全球问题和多边外交,罗塞夫提出构建"合作且包容的多极世界"。在这一方针指导下,巴西积极参与联合国、世贸组织等国际组织以及二十国集团、金砖国家等重要多边机制,努力推动联合国改革;积极参与发展、扶贫、应对气候变化和国际金融危机等多边事务合作,努力扩大在重大全球性议题上的话语权和影响力,并以大国姿态参与和平解决伊拉克危机、巴以和谈、伊朗核问题谈判等。巴西已成为全球治理体系重要参与者和推动者,正在谋求成为改革者和引领者。

四、战略布局从“一边倒”到多元均衡

在20世纪的大部分时间里，巴西主动或被动地与美国结盟。卢拉、罗塞夫政府推行大国均衡战略。首先通过“平衡外交”和“务实外交”较好地维护与美国关系，同美国建立“密切、成熟、稳健”的双边关系。在双边和多边事务中坚持国家利益为先的原则，通过与美平等对话甚至针锋相对，维护自主性和独立性，但保持“斗而不破”的底线，维持巴美关系平稳发展。同时，将欧盟作为平衡巴美关系的重要杠杆，努力在其国际战略框架内构建美国—巴西—欧盟的“三角关系”，以实现巴西利益最大化，维护其在两个发达国家或集团中的自主性。2007年巴西与欧盟建立了战略伙伴关系。此外，还与中国、俄罗斯、印度等新兴大国建立战略伙伴关系，以制衡发达国家。

五、巴西对外战略调整的背景和影响

21世纪以来，国际形势发生深刻复杂变化，国际力量对比的消长和重新组合为巴西等发展中大国脱颖而出创造了机会；美战略重点转移为巴西“坐大”拉美提供了空间；拉美中左翼兴起并形成“左强右弱”的地区政治格局为巴西引领地区一体化提供了条件；综合国力的上升增强了巴西追求大国地位的底气；国内经济社会发展也提出了扩大国际运筹空间、增强自主发展能力、实现外贸多元化的强烈要求。同时，对外战略的调整对巴西国内发展和对外关系格局产生了积极影响。

（一）促进了巴西经济社会发展。多元化外交极大地拓展了巴西对外经贸合作的领域，促进出口产品结构的多样化，改变巴西过度依赖初级产品出口的局面，减少了对发达国家市场的依赖，提高了抵御外部风险的能力，为巴西经济社会发展提供了保障，提升了巴西在国际贸易中的地位。

（二）推动了拉美地区一体化进程。近年在巴西不遗余力的推动下，拉美地区一体化取得显著进展。首先是南方共同市场扩容增量。巴西与阿根廷的关系由竞争为主转为合作为主，南方共同市场内部机制得到完善，委内瑞拉成为正式成员国，南方共同市场规模扩大。其次是南美一体化取得重大突破。2004年南美国家共同体成立，使南美地区一体化从单纯的自由贸易区向政治联盟和基础设施一体化扩展。在此基础上，2008年南美洲国家联盟成立。再次是拉美一体化达到新高度。地区国家借助里约集团、南美洲国家联盟等组织加强对话与合

作,增进团结,2011 年拉美加勒比国家共同体宣告成立,拉美团结自强达到一个新的高度。

(三)提升了自身国际影响力。巴西通过巩固、深化和拓展与各地区发展中国家的关系,争取发展中国家对巴西国际地位的普遍认同,在国力还不十分强大的情况下获得发展中国家“领头羊”和“代言人”的地位,提升了巴西在与发达国家对话中的地位。巴西还通过广泛参与国际多边机构,扩大其在地区和国际事务中的话语权,进而提升影响力。

墨西哥外交新战略

2012年12月，墨西哥培尼亚政府就任。墨西哥革命制度党结束10年在野，重掌执政大权。在此后不到两年的时间里，墨西哥外交战略及政策出现一系列重大调整，主要表现在：

一、战略重点由北转南，不再动辄"随美起舞"，而是积极"重返拉美"，力图恢复地区大国与"领导者"地位

2000年至2012年国家行动党执政期间，墨西哥外交重心明显向美倾斜，对外政策常常唯美马首是瞻，在对古巴关系、洪都拉斯政变、气候变化等问题上与多数拉美国家相左，经济上只重经营与北美、中美洲国家的伙伴关系，而对拉美整体经济合作淡漠处之，导致墨西哥与其他拉美国家关系渐行渐远，地区影响力走低。培尼亚政府重新强化墨西哥"拉美属性"，强调"重返拉美"是墨西哥新时期对外交往的战略重点。近两年来，墨西哥着力加强与拉美国家全方位交流，尤其是缓和了同委内瑞拉等左翼执政国家的关系，重启冷淡多年的墨古关系，增进与巴西等地区大国在经贸、能源等领域的务实合作。在多边层面，墨西哥以更积极态度参与拉美加勒比国家共同体、太平洋联盟和加勒比国家联盟等地区一体化组织建设，同时继续深化与中美洲一体化体系合作，先后主办第三届墨西哥—加勒比共同体峰会、第六届加勒比国家联盟峰会、太平洋联盟第九届峰会等重要会议，有效增强了在地区事务中的话语权。

二、战略导向由力争跻身发达国家俱乐部转为发挥促进南北合作桥梁作用

自20世纪80年代末起，以同美国和加拿大共同建立北美自由贸易区为标志，墨西哥将自身发展的希望完全寄托于奉行新自由主义政策和搭乘北方发达

国家“增长快车”,1994 年签署《北美自由贸易协定》,旋即加入经合组织,退出77 国集团。在 21 世纪头 10 年国家行动党执政期间,墨西哥大幅倚美靠美政策又从经济领域扩展至军事安全领域,美国通过“梅利达计划”等援墨机制,强化双边安全合作,进一步提升对墨影响。培尼亚外交新政则明确提出,要利用墨西哥地缘政治优势——地处南北美之间、横跨两洋,既是发展中大国,又与美欧等发达国家有深厚历史渊源——发挥促进南北合作的桥梁作用。培尼亚就任以来,遍访德、法、英、西、葡、梵蒂冈等欧洲国家,开启墨欧高级别政治对话,巩固了与欧洲国家的传统友谊。与此同时,墨西哥积极拓展与发展中国家的合作,将亚太作为对外交往优先方向。培尼亚多次访问亚洲,出席亚太经合组织巴厘岛峰会,并出席 2014 年的北京峰会。着眼开拓亚太市场,积极参与太平洋联盟建设,加入跨太平洋经济伙伴关系协定。通过这些努力,墨西哥政府希望将墨西哥切实打造为沟通南北合作的纽带,进而实现更突出新兴大国作用的外交宏愿。

三、以重振大国地位为战略目标,提升国际影响力

培尼亚总统将“展现墨西哥在全球事务中积极负责任的国际形象”作为五大执政目标之一,制订了以“墨西哥,全球责任践行者”为题的 2013—2018 年度国家发展计划,并据此积极拓展双多边交往。在双边领域,采取多元务实、独立自主的外交政策并加强对外宣介。在多边领域,不断加大投入,积极参与二十国集团、联合国改革等多边事务,谋求展现墨西哥大国影响和形象。培尼亚先后出席二十国集团圣彼得堡峰会等多边活动,成功举办亚太议会论坛年会、中等强国合作体外长会议、全球环境基金会议、全球高效发展合作联盟会议、2015 年后发展议程国际研讨会等多边会议,并在核裁军、叙利亚和乌克兰等国际热点问题上积极发声。

四、仍将巩固墨美关系作为战略依托,务实强化两国全面合作

墨西哥同美国有长达 3200 多公里边境线,美国系墨西哥最大贸易伙伴、出口目的地、进口来源国和侨汇汇出国,墨美关系涉及墨西哥政治、经济和安全核心利益,始终是墨西哥外交的重中之重。虽然培尼亚外交的一系列“推陈出新”之举以及“监听门”等事件给两国关系造成波动,两国间围绕移民、非法武器贩运、尊重墨西哥主权尊严等问题龃龉不断,但墨美相互倚重的战略态势并未根本

改变。一方面,墨西哥继续在经贸、移民和扫毒等领域强化与美双边合作。培尼亚2012年作为候任总统访美时,承诺将以实际行动支持奥巴马移民政策及反对毒品合法化的立场,提出希望深化墨美经贸务实合作,通过加强贸易等措施促进墨美边境地区的繁荣发展。另一方面,积极回应美国和加拿大进一步促进北美自由贸易区发展的倡议,通过深度融入北美一体化提升墨经济竞争力。培尼亚利用墨西哥主办北美峰会以及奥巴马总统、拜登副总统和国务院负责高官等人士访墨机会,多次宣示密切与美关系及增进北美地区一体化的意愿。

五、墨西哥对外战略调整的原因

(一)顺势而为,在深刻复杂变化的国际形势中力争主动。培尼亚政府外交政策是因应世界多极化深入发展作出的战略选择。国际金融危机后,世界权力格局变化日益明显,北美自贸区发展乏力,其对墨西哥经济的诸多消极面长期难获解决,欧盟深陷债务危机,恢复缓慢。与此形成鲜明对比的是,以金砖国家为代表的新兴国家群体性崛起,发展中国家在国际政治力量对比中的地位稳步向好。在此背景下,培尼亚政府本着"巩固存在,保护权益,拓展合作"的原则,对外交往日趋多元务实,以期在国际形势变动中占得先机。

(二)继承传统,重塑拉美地区大国形象。20世纪90年代以前,墨西哥对外政策长期实行民族主义和第三世界主义,与美国保持距离,同广大发展中国家紧密抱团,且常扮演"领头羊"角色,在许多重大国际事务中发挥了重要引领作用。但后来墨西哥政府"唯美是从""重北轻南"的外交政策使墨西哥逐渐疏远了与拉美国家的关系,在拉美地区一体化进程中日渐被边缘化,其地区事务主导权旁落他国。尤其是随着21世纪以来拉美中左翼力量崛起,墨西哥地区影响力更显式微,拉美其他国家对墨西哥认同感下降。革命制度党20世纪执政期间长期奉行革命民族主义,对外坚持独立自主政策,该党重新执政后对近20多年墨西哥外交政策进行深刻反思,认定在新的国际形势下,全方位开拓国际合作空间是墨西哥的明智出路。

(三)逆势而上,通过开拓外交新局面服务国内变革。为满足振兴经济、提高就业、改善治安、促进公平的社会期盼,培尼亚政府上台以来,凝聚各方共识,大力推进教育、财税、能源、电信、安全等关键领域改革,但改革面临诸多挑战。培尼亚政府希望寻求外部资金和技术支持,拓展海外市场,释放内部发展潜力,增强经济活力,为国内重大改革营造良好外部环境。

澳大利亚强化澳美同盟与全面融入“印太”并举的对外战略

2013 年 9 月澳大利亚大选后，执政 6 年的工党下野，中右翼的联盟党（自由党—国家党联盟）上台执政。联盟党政府根据澳大利亚所处战略环境及自身国力发展变化，对澳大利亚对外战略作出调整，一手抓深化澳美军事合作，巩固安全战略依托；一手抓经济外交，全面融入“印度洋—亚太”地区，努力实现澳战略和经济利益最大化。

一、以澳美同盟为安全战略依托，深化澳美军事合作，积极配合美亚太战略

澳美军事同盟是澳外交安全战略基石。同工党相比，联盟党在意识形态上更亲美，认为澳美一家亲，美国是二战后亚太地区近 70 年和平、稳定与繁荣的“定海神针”，应继续保持在本地区主导地位。在双边层面，将美作为外交优先方向和最重要经济伙伴，双方互动频繁，定期举行外交国防双部长磋商，签署《澳美军力部署协议》，美国在澳大利亚军力部署扩大化、长期化。在多边层面，坚定支持美推行亚太“再平衡”战略，渲染澳美同盟是“亚太和平稳定之锚”，积极在地区热点问题上配合美，为美分忧解难。同日、韩等美盟友加强“澳美 + 1”三边军事安全合作，助美拉紧亚太盟友体系，巩固军事主导地位。

二、以亚洲为发展支撑，全面融入“印太”迈出坚实步伐

联盟党政府强调，全球经济和战略重心已转向“印太”地区，澳大利亚是一个具有全球利益的国家，但应聚焦本地区，阿博特表示要成为“亚洲优先”总理，“多一些雅加达、少一些日内瓦”，重点向本地区投放外交资源，加速同“印太”融合。一是强化同地区国家关系，构建澳—“印太”关系布局。阿博特任总理后首访印尼，显示对“最重要邻国”的重视，积极修复因“窃听门”事件受损的双边关

系;访问中、日、韩,推动经贸、安全合作;“向西看”提出“印太”概念,同印度正式签署铀矿交易协议,着力提升澳印(度)关系;加强同巴布亚新几内亚经济合作,改善同斐济关系。努力构建以东盟为基础,以中国为重点,以日、韩、印度、岛国为支撑的澳—“印太”关系布局。二是积极参与塑造地区合作机制。视东亚峰会为最重要地区组织,任命首位常驻东盟大使,加强同东盟对话与合作,积极参与东亚峰会建设并配合美推动峰会朝地区政治安全机制方向发展,推动东盟地区论坛、东盟防长扩大会议加强安全务实合作;重视环印度洋联盟作用。三是加强人文交流,增强“亚洲能力”。实施“新科伦坡计划”,资助澳本科生赴亚洲国家留学、生活,增进人文交流,加强公共外交,提升澳软实力。

三、以“经济外交”为核心,布局外交网络

澳大利亚外长毕晓普称经济外交是阿博特政府外交政策核心,推动贸易、鼓励增长、吸引投资、支持企业为其四大支柱。一是推进贸易自由化。同韩、日分别签署自贸协定,中澳自贸协定完成实质性谈判,推动尽早达成跨太平洋经济伙伴关系协定,积极参与区域全面经济伙伴关系谈判。二是改善商业环境,鼓励外来投资。废除碳税、矿产资源租赁税,下调公司税,精简政府机构,减少审批,为中小企业出口提供信贷等,提升澳经济竞争力。设定食品和农业,能源资源,基础设施,旅游、教育和医疗,高端服务业、制造业和技术等五大外国投资领域。三是整合外交资源,把经济效益作为外交、贸易、投资、旅游和援助政策核心。将国际发展署、旅游局并入外交贸易部,提升外交贸易部在澳涉外机构中的统筹协调作用,以及服务经济外交的能力。把对外援助重心转向推动受援国私营经济发展,“从援助中寻求最大收益”。

四、以多边为重要舞台,在国际地区事务中主动进取,实现大国抱负

澳大利亚致力于推动国际多边体系建设,通过积极开展多边外交展示国际形象、履行国际责任、扩大国际影响、提升国际利益。支持联合国安理会在国际多边体系中的核心地位,充分利用安理会非常任理事国任期,在朝核、叙利亚、乌克兰等问题上发声、作为,牵头推动安理会通过关于马航 MH17 航班坠毁事件决议。推动二十国集团成为国际经济治理主要机制,以主办布里斯班峰会为契机,扩大对国际经济发展议程的影响。

五、全面发展对华关系,澳中全面合作稳步上升

阿博特政府视中国崛起为澳发展机遇,将对华关系置于其对外关系中心位置,希望同中国建设“最强劲、最广泛、最坚韧”的关系,加强经贸、人文、防务、多边事务等全面合作。阿博特率700人大型代表团访华,强调澳愿做中国真诚朋友与可靠、可信的粮食和能源供应国。

作为在地理上远离“西方”的发达国家,澳大利亚缺乏安全感,长期依赖英、美等大国提供安全庇护,对外部战略环境的变化敏感性强,充满忧患意识和紧迫感,强调积极作为,主动塑造未来。阿博特政府上述外交战略调整源于其对当前所处战略环境及自身国力发展变化的判断。

(一)世界经济重心转向亚洲给澳大利亚带来巨大发展机遇。澳大利亚以贸易立国,亚洲是其利益最集中地区,澳大利亚前10大贸易伙伴中8个在亚太,对中日韩的出口占其出口总额一半以上。世界经济重心转向亚洲,澳大利亚曾经“远离西方”的劣势变成“靠近亚洲”的地缘优势,澳大利亚面临重要发展机遇。一是亚洲经济持续发展,中产阶级队伍不断壮大,对澳具有优势的能矿、农业、环保、金融、旅游、教育、医疗等需求上升,双方经贸合作前景向好,有助于澳大利亚经济发展。二是美国重返亚太,推行亚太“再平衡”战略,澳大利亚“南锚”作用更加突出,既获得美国安全“保护伞”庇护,也可在美国实力相对下滑、力不从心情况下,通过同美国加强军事安全合作,为美国分忧,扩大澳大利亚影响力。三是“印太”地区战略格局正不断发展、演化,澳大利亚亦可化挑战为机遇,主动作为,塑造于己有利的地区战略格局。

(二)地区不稳定不确定因素增多,澳大利亚所处战略环境日趋复杂。阿博特政府认为,经济全球化带来机遇的同时,也导致地区不稳定不确定因素增多,对地区和平、安全、稳定构成威胁,澳大利亚所处战略环境更趋复杂。一是朝鲜继续实施核计划对地区和全球构成战略威胁,东南亚等地区国家内部政治经济改革面临严峻挑战,印度和巴基斯坦关系依然紧张,阿富汗面临严重安全、政治和发展挑战,中东局势不稳,太平洋岛国政局时有动荡。二是中国快速崛起,中美战略关系更趋复杂,东海、南海领土主权争端严重影响各声索国之间关系,地区局势紧张升级的可能性增大。三是恐怖主义、网络安全、跨国犯罪、非法贩卖人口等非传统安全威胁日益突出。面对上述挑战,澳大利亚政府认为应从三方面进行应对、管控和塑造。一是鼓励并提供实际支持,确保美国在本地区军事主导地位,确保地区战略稳定,促进地区合作。二是全面融入印太,推动地区经济

发展，以繁荣促和平。三是加强地区安全机制建设，增进共识，管控分歧，建立对话协商机制，保持稳定。

（三）澳大利亚认为自身国力和国际地位上升，应在对外战略上更积极进取。澳大利亚 2014 年进入经济持续增长的第 23 个年头，在发达国家中一枝独秀。经济总量位居全球第 12 位，人均国民生产总值全球第 5 位。与前工党政府自称“中等强国”不同，阿博特政府上台后表示，澳大利亚应改称为“世界前 20 强国”，反映出澳大利亚对自身国力和国际地位的看法出现明显变化。在此心态下，澳大利亚一方面希望通过采取有效的外交政策，维护地区战略稳定，继续促进澳大利亚经济增长；另一方面也希望积极作为，在国际地区事务中发挥更大作用，树立地区“负责任大国”形象，提升澳大利亚影响力。

四、廉政建设与国家治理研究

编织"不能腐"的制度之网

编织严密、严实、严肃的制度之网，筑牢反对腐败的"防火墙"，是许多国家致力于预防、遏制和打击腐败的重要举措。在构建制度之网的过程中，一些国家精心设计、巧妙安排、惩防并举，其理念和做法不乏可借鉴之处。

一、通过全方位立法确保反腐制度网络的严密性

健全的制度和严密的监督，是遏制腐败的重要前提条件。国际社会普遍重视将构建严密的制度网络作为防治腐败的根本保障，力求从各层次、各领域制定有针对性的法律：

（一）从国家、政府和政党等不同层次切入立法，增强反腐制度网络的完整性。西方发达国家法治传统由来已久，加上党政分离和权力分立原则，侧重从国家和政府层面反腐立法，将公共权力严控在制度规范内。这些立法虽然从不同层次切入，但在全国范围都具有同等效力。美国《彭德尔顿联邦文官法》、英国《公共机构腐败行为法》、德国《反腐败法》、日本《防止腐败法》等，都对公共机构和腐败行为进行了严格界定，禁止公共机构任何人员在与公共机构有关的任何交往中收受任何形式礼物、贷款酬劳或利益，公共机构成员即便被动受贿也被定义为腐败行为。由于这些国家大多实行现代文官制，因此反腐立法的一个重要方面是确保公务员即事务官选人廉洁。如美国《彭德尔顿联邦文官法》就明令文官不得与执政党有利益关联，确保文官任用的公正性，防止卖官鬻爵等贪腐现象发生。

相比之下，一些发展中国家除在国家和行政层面立法外，还侧重以党内法规如党章、党纲及单行条例等作为补充。越南既在国家和政府层面制定了《反腐败法》和《申诉控告法》，也颁布了《关于加大厉行节俭、反对浪费》的越共中央第21号指示等党内反腐条例。哈萨克斯坦除在国家层面出台17部反腐相关法律外，执政的"祖国之光"党还制定了"2015—2025年反腐纲要"，强调反腐不仅要在各级国家机关中进行，更要在全社会范围内自上而下、自下而上双向展开。这

些党内法规虽不是正式国家立法,却在一定程度上适应了某些国家权力集中、执政党作用突出、法治网络不够健全等国情和党情,对国家反腐立法起到了较好的补充作用。

(二)反腐立法聚焦任何可能存在贪腐的领域、机构和个人,以达到反腐立法全覆盖。各国专业性反腐法律种类繁多,不仅针对政府机关、议会、政党、企业等公共机构和经济组织,也针对政要、公务员、商人和普通公民等社会个体。德、法、葡、瑞(典)等国出台的《公务员总法》《国家公务员法》《公务员职业回避法》等专门法律,明确规定公职人员不得以权谋私、不得从事与其职务有利益冲突的第二职业、必须公开和定期申报个人财产,严防公职人员在履行职责时掺杂商业或个人利益因素。美、俄、加(拿大)、新(加坡)等出台《议会法》《参选经费公开法》《政党法》《政党资金筹措法》《游说登记法》等,严格限定游说人员与议员的接触行为、规定政党收取捐赠款限额、严格监管政治资金流动,基本切断企业或个人向政党、议员、政治家提供政治献金的利益链条,加大行贿受贿风险,使得靠重金收买巨额利益在制度上难以得逞。为防止挂一漏万,法、葡、日、马来西亚等国还将反腐规定分解内嵌到《劳动法典》《律师法》《商法》《海关法》《保险业法》《赛马法》等非刑事法中,通过在各领域"预埋高压线"来填补立法漏洞,尽可能将社会各阶层全部囊括到反腐网络之中。

(三)加强国际合作,将反腐制度触角延伸至海外。很多国家在构建国内反腐制度网络同时,针对全球化、信息化背景下腐败的流动性和外溢性等新特征,将国内反腐触角延伸至海外,并通过国际合作弥补本国反腐网络"盲区"。有的国家对国内立法加以完善,补充相应的涉外反贪法规。如美国的《反海外腐败法》和巴西的《诚信公司法》,均要求本国上市公司建立完备的内部财务管理制度,禁止向外国政府官员、政党领导人直接或间接行贿以获取不正当利益,一旦涉嫌国内和海外贿赂行为,将承担严重的民事和行政责任。有的国家充分发挥驻外机构作用,构筑起海外反腐"防火墙"。比如印尼在全球各地设有称作"哨警"系统的专门举报机构,方便海外机构和人员向国内肃贪委举报贪腐线索。马来西亚建立覆盖国内外人员的腐败人物数据库,本国驻外使领馆和外国驻马使馆都可据此核对护照信息并拒发签证,防止涉案人员外逃。还有不少国家通过加入国际性和地区性反腐公约,"倒逼"国内反腐立法的改革完善。据统计,全球共有140多个国家签署了《联合国反腐败公约》,不少国家以此为契机调整国内反腐法规,构建国内外反腐制度网络。日本在签署该公约短短一个月内就迅速修订国内法规,实现快速对接。巴西在签署《美洲反腐败公约》《经济合作与发展组织禁止在国际商业交易中贿赂外国公职人员公约》后,对国内反腐法律进行调整,加速推进反腐制度的国际化和规范化。

二、设立独立权威机构、明确规章程序、丰富操作手段,强化反腐制度网络的严实性

为避免陷入有立法无执行、有规定无程序、有分工无合作等反腐困境,不少国家从机构设置、程序细化、分工协作三个方面切入,保障反腐制度网络的严实性。

(一)组建独立、权威和专业的反腐机构,打造反腐制度运作平台。一些国家在组建反腐机构时,重在确保其权限、权威、独立性和专业水平,以推动反腐法律得到有力执行。如美国设立“特别检察官”制度,赋予其特别调查权和上诉权,重点对高官甚至总统重大贪腐违法行为进行独立调查诉讼。印尼成立了独立于三权之外的“肃贪委”,有权不经包括总统在内的任何权力机关允许,对包括政府高官、政党大佬、军方将领、地方要员、国企巨头、央行高管、法官和议员等任何人开展调查。纳米比亚“国家反腐委员会”直接对总统负责,委员会在各地设立的分支机构也在财务、人事和业务上保持高度独立。一些国家的反腐机构专业色彩十分浓厚,组成人员精挑细选、针对性强、职业素养高。如法国“预防腐败中心”成员是来自税收、警察、宪兵、海关、司法、内政部门等不同领域专家,“稽查特派员制度”由经济财政部门资深专业人士组成,绝大多数特派员都行将退休,出于保持晚节,也较少会贪图私利。正是这种独立、权威和专业的反腐机构设置和人事安排,对贪腐人员形成强大的震慑力,有利于推动反腐工作有序、有效开展。

(二)细化条款和程序,突出反腐制度的可操作性。一方面,量化贪腐定义和刑责,让贪腐者明确红线所在,便于反腐机构照章操作。德国《反腐败法》清晰界定了“不可为”的事项及后果,明确规定公务员兼职、收受礼品和宴请标准。有的国家强调“小贪巨责”,使贪者付出难以承受的代价,达到以儆效尤的目的。如德国将受贿金额定为5欧元,15欧元以上礼品必须上交,受贿3次开除公职。丹麦《刑法典》明确受贿入刑,规定官员可收取礼品金额上限为500克朗(约500元人民币)。有的国家强调惩戒有据,严格执行贪腐行为问责入刑标准。法国规定官员上任后15天内必须申报财产,并将贪腐制裁分为精神性和实质性手段两大类:前者包括申诫、警告、记过;后者包括取消一次晋升资格、减薪、降职、调职、降级、临时解除职务(不超过6个月),情节严重者则入刑受审。

另一方面,设立清晰程序,明确各环节反腐工作“干什么”“怎么干”。法国、

葡萄牙等将政府官员和议员的财产申报分为就职申报、日常申报和离任申报三个阶段,要求监察对象在各时段、各环节提交新的财产申报单。坦桑尼亚规定党政干部任职时必须公布个人财产,之后每年公布一次。美国政府道德办公室一旦发现公职人员财产申报与公示档案存在异常,便会陆续启动警告、记过、民事处罚和刑事处罚等程序。巴基斯坦"反腐问责局"工作流程十分细密,包括接受举报、核实、问询、调查、逮捕、移交法庭和最终定罪等阶段。这些规定使看似繁复的制度变得易于理解、便于操作,有利于反腐法规的执行。

(三)注重各类反腐机构的科学分工和协调配合,旨在提高反腐效率。不少国家通过"划分责任田"方式对各层级、各领域反腐机构进行科学分工。芬兰虽无统一反腐机构,但各反腐部门职责明确、多而不乱。日本反腐机构虽多且设计复杂,但各反腐机构之间权责清晰、分工明确。如法官追诉委员会直属国会,专门针对法官贪腐发起调查和控诉;内阁行政监察局、会计检察院分别针对公务员和国家收支预算系统;各政党内部均设纪律委员会和政治伦理审查会,主要负责党内贪腐调查,但并不直接处理党员贪腐。芬兰的就业与经济部专司打击地下经济,国家调查局专门负责调查取证,而司法部则专门负责国内反腐协调和国际反腐合作。类似职权划分和统筹协调在拓展反腐"宽度"同时也提高了反腐"精度",有利于不同反腐部门形成合力。

三、从严执法,以高压态势彰显法治刚性和反腐制度的严肃性

执法是决定反腐成败的最关键一环,也是决定反腐立法与制度能否得到有效实行的最后屏障。不少国家注重从严执法来达到"杀一儆百"的震慑效果。

(一)让高昂的犯罪成本成为贪腐者"不可承受之重"。针对腐败的顽固性和反复性,不少国家尊崇"重症施猛药"原则。巴西反腐法律规定,鉴于腐败难留证据,只要嫌疑人被查出无法说明合法来源的财产即可判刑,无需寻找具体证据。新加坡实行"贪腐零容忍"政策,公职人员哪怕接受一杯咖啡、一盒香烟、一顿饭的贿赂都可能入罪判刑,一旦因贪坐牢,就失去所有养老金,从而"让腐败者在政治上身败名裂、经济上倾家荡产"。埃塞俄比亚的惩罚力度更为严苛,不论受贿金额多寡(有时仅数百人民币),只要被举报,就要被查处,一旦查实被判刑20—30年也不足为奇。

(二)"格外关照"公职人员和高层政要,一旦查实"罪加一等"。不少国家将惩罚公职人员贪腐作为重中之重,以此在全社会形成强大震慑效应。澳大利

亚新威尔士州州长巴里因收受一瓶红酒而被迫辞职。古巴共产党一位普通人事干部曾因受贿10美元被劝退党，古共六届三中全会决定贪腐人员一律开除出党，而此前只对犯叛国罪等严重罪行的党员才予以开除党籍处罚。匈牙利青民盟政府更是出台狠招，立法授权政府使用特殊技术手段搜集官员贪腐渎职信息，官员若不同意接受这种监督即被自动解职。

（三）“刨根问底”追究连带责任。即便本人未直接涉嫌贪腐，只要家属和身边工作人员犯罪也难逃干系。新加坡人民行动党规定，不仅要在刑罚和经济上严惩党内贪腐者，其上级也要承担“连带责任”一并受罚。越共规定，因腐败问题造成严重后果的地方和单位，不管领导者是否参与其中，都要追究党委主要领导人的法律责任和纪律责任。正是这种“连坐”惩戒机制，迫使公职人员不仅要对自己负责，也要对下属和亲属严加管教，从而扩大了反腐制度的威慑范围。

四、几点认识与思考

（一）抓住腐败根源和“人性弱点”立法，是编织反腐制度网络的关键切入点。腐败根源有很多，从经济学角度讲是“公共权力干预经济活动造成寻租”，而从人性角度讲，人是包含着“经济人”和“社会人”等多面的“复杂人”。从各国成功经验看，一方面是加强全方位立法，加强对公权力约束，减少其寻租空间；另一方面尽可能加大犯罪成本，利用人类“趋利避害”的本性能抑制腐败冲动。尽管也有不少国家将职业行为规范、道德标准甚至党性要求作为刚性制度补充，但“制度反腐”仍是行之有效的主渠道。

（二）确保反腐立法涵盖范围的严密性、内容程序的严实性、惩戒后果的严肃性，是编织反腐制度网络的三大重点方向。可视的规章制度、可行的操作程序和可信的惩戒威力对于构建反腐制度网络至关重要。很多国家不仅有各层级、各领域的反腐立法，也有一一对应的反腐机构设置；不仅有宏观的原则规定，更有微观的程序设定和精准的量化统计；不仅有书面的条文描述，更有严苛的惩戒手段，旨在实现反腐制度的可读、可用、可信，避免陷入“制度越来越美，现实却越来越糟”的反腐悖论。

（三）与其他制度配套联动，方能营造反腐制度良性运作的大环境。作为国家制度的一部分，反腐制度的有效运行离不开国家整体制度环境，编织反腐制度网络需要通盘考虑和整体设计。一些比较成功的国家，在构建反腐制度网络时旨在反腐又超越反腐。美、德、日、加（拿大）等发达国家或通过完善现代文官制度来避免“以人代政”“以人代法”的弊端；或出台政党法、议会法、军队法和公司法等来强化权力平衡;或调整产业政策、改革行政审批来提升市场运行透明度,压缩寻租空间;或加快完善审计和财务税收体制,为发现腐败、核查腐败、惩戒腐败提供各种“利器”。反腐制度只有与政治、经济、社会各领域体制配套联动,才能有利于为反腐制度运行创造良好的宏观环境。

(四)构建反腐制度网络是一个不断完善的动态过程,不能一蹴而就,也非一劳永逸。腐败现象是人类社会通病,能否编织成熟有效的反腐制度网络并不完全以发展水平、国家制度、治理方式和文化背景为标准。卢旺达虽属欠发达国家,但反腐制度运行良好,国家清廉指数不仅在非洲,在全球也排名靠前。而分别继承美式和英式“衣钵”的尼日利亚和印度,有法不依、执法不严、有罪不罚现象十分普遍,反腐制度形同虚设。即便在反腐制度安排上起步较早的美西方至今也仍存结构缺陷。美国19世纪末通过制度安排摆脱了历史上“最腐败时期”,但时至今日,“金钱政治”“游说政治”“选举腐败”“议会腐败”等“体制性腐败”仍大量存在。就连代议制民主最为成熟的英国,也受“议会至上”传统和特权思想影响,导致议会财务制度长期封闭运行,议员诸如“报销门”腐败现象等屡禁不止。可见,反腐制度建设绝非一日之功,无论发达国家还是发展中国家,都必须在构筑反腐制度网络方面做好长期攻坚准备。

健全“不敢腐”的监管机制

当前，世界各国虽重视腐败监管工作，构建了不同形式、各具特色的监管机制，形成了一道道无形的“高压线”，但是监管不力、腐败丑闻迭出的问题始终挥之不去。深入研究国外加强腐败监管机制的做法及其不足有一定参考意义。

一、基于政治制度安排，建立健全制度性腐败监管机制，遏制腐败寻租空间

越南、老挝、古巴等共产党执政国家多将反腐确定为国家战略，坚持党对反腐工作的领导，形成党、政府、司法、军队等相结合的一体化腐败监管机制。越南共产党设立由总书记任主任、中央政治局直接领导的中央防治腐败指导委员会，成员包括 9 名政治局委员、书记处书记及 7 名中央委员。还重建越共中央内政部，负责内部政治和反腐工作，以强化腐败监管力度和查处重大腐败案件。2013 年越南政府监察总署共查处 45 起重大贪腐案，涉及 99 人，涉案资金达到 1670 万美元。老挝 2012 年 12 月通过《到 2020 年反贪污腐败战略》，明确反腐的重要性、目标、具体措施和办法；2013 年 6 月通过《关于干部财产和收入申报制度的规定》，明确党对财产申报工作的领导以及各级政府监察机关的主体地位，详细规定申报对象及申报内容、分类和时限，明确对申报材料的管理和使用以及对不实申报的惩处。古巴共产党视反腐为关系到党和国家命运的斗争、保卫革命成果的斗争，高度重视腐败预防工作，颁布《国家干部道德法规》，对党员干部提出高标准的道德要求；在中央、省、市设立三级监督和监察委员会、申诉委员会，强化党内监管；重视党外举报，设立由一位中央政治局委员领导的全国群众举报委员会；设立对全国人大和国务委员会负责的共和国总审计署，强化腐败监管力度。古共中央在惩治腐败问题上态度坚决，在特殊时期规定领导干部贪污受贿金额在 300 比索（约 12 美元）以上者不论职务高低一律免职，情节严重者移交司法部门处理。1992 年以来，古共先后有两位中央政治局委员因与不法商人有牵连或以权谋私被免职、判刑。

资本主义国家在腐败监管设计上多强调制衡原则,监管机构既相互配合又相互制约。在形式上,既有传统的议会监督、行政监督、司法监督,也有独立机构监督,如反贪委、独立检察官、廉政官、审计署等,形成相对规范的权力运行和监督机制。美国没有全国统一的最高反腐败协调与执法机构,联邦与州、州与州之间的情况不尽相同,调查公共部门腐败的权力分散到政府各部门的监察长办公室、司法部刑事局、联邦调查局、联邦税务局犯罪调查办公室等几十个联邦执法机构。巴西国会参众两院可单独或联合监督、调查大案要案,联邦警察局负责调查包括腐败、洗钱在内的刑事案件,联邦监察总署设有预防腐败、透明建设、监察专员等机构,联邦检察院可独立调查违反公共利益的案件。巴西总统罗塞芙上任10个月,政府24个部门中就有5位部长因涉嫌腐败被司法机关指控而去职。新加坡总理公署贪污调查局独立行使国家肃贪职能,由总统任命、向总理负责,可以行使刑事诉讼法赋予的一切与调查相关的特别权力,无需逮捕证即可先行逮捕任何涉嫌贪污受贿的人。该局内控机制也非常有效,近期前助理司长杨少雄因挪用176万新元公款被判刑10年,局长陈宗宪连带被撤。加拿大审计署负责腐败的监管、打击,由议会设立并向议会负责,其领导人一般由反对党代表担任。腐败监管机构除预防、惩治腐败外,有时还被赋予一定的人事任命监督权,如近期印尼反贪委确认新总统佐科提交的43位部长候选人中有8人未通过清廉审查,必须重新提名。

二、完善党内法规制度建设,健全党内腐败监管机制

一些政党认为党员干部属于公民,已受国法约束,无需再在党内制定设立反腐机制,大多将《选举法》《政治献金法》等国家法律法规对政党的要求转化为对党员及党员干部的要求。如新加坡人民行动党在道德、举止行为等方面对党员进行强力约束,但是党内未建立相应纪律检查制度,而是更多诉诸国法监管腐败行为。

而有些政党则认为,腐败是危害党的肌体的毒瘤,不仅破坏党的形象和战斗力,而且危及党的生存,因而注意建立严格的党内规章制度,严明纪律,惩治腐败。一是完善党内监管机制,对党员干部财产申报、利益冲突等问题进行全程监管。德国社民党、法国社会党分别在不同层级设有监察委员会、协调委员会,其与同级党组织处于平行地位,参与同级党组织活动、跟进监督,防止可能产生的党内腐败行为。前几年,法国社会党因腐败或纪律问题,先后将前总理法比尤斯、外交部长库什内、预算部长卡于扎克开除出党。有些政党的党纪要严于国

法,对不是公务员的党员也作出财产申报规定。如,丹麦自由党规定,每个党员的财产都要对外公布,党员的财产、土地、住房都要经过注册,对违规行为予以严惩。还有不少政党注意完善党内述职、质询等机制,严格考核党员干部,使得干部受到更多经常性监管。如,越共在中央全会上实行质询制度,每位中央委员都可对包括总书记在内的其他委员进行质询,强化了高级干部的相互监督。二是规范党内财务管理制度,防止党产、党费的滥用。墨西哥革命制度党成立“透明小组”,定期开展内部审计并公布党的经费来源和使用情况。这改变了以往革命制度党党内经费使用混乱的局面,遏制了腐败的空间。三是对党员干部候选人提出严格要求,防止“带病提拔”。土耳其正发党规定,要避免使政治沦为奸商的工具,党籍公职候选人必须以公开、透明的方式接受党员群众的检查,凡官商勾结、涉贪的人均丧失被提名权。马来西亚巫统规定,涉贪干部一律不予推荐参选公职,近年来取消了多位涉贪高官的参选资格。

三、强化社会舆论的腐败监管机制建设,自下而上遏制腐败

一是新闻舆论特别是互联网利用自身优势,深入揭露腐败黑幕,对政府权力形成经常性的外部监督。如,德国、英国媒体利用政府对媒体知情权的认可,聚焦政府要员和公务员等热门群体,投入大量人力物力进行日常性追踪,乃至出高价收购小道消息或内幕消息,并进行广泛报道。2009 年,英国媒体热炒国会数百名议员虚报冒领国家补贴、以权谋私的丑闻,导致议会下院议长辞职、多名政府高官下野、执政党工党遭受重创。新加坡主流媒体实行“舆论专政”,将政府官员腐败、作风问题大尺度、全方位曝光,让贪腐官员名誉受损,很难在人群联系网络较小的新加坡社会继续立足和发展。一些新兴媒体还通过设立腐败举报网站、传播涉贪信息等方式,对腐败问题进行曝光,扩大社会关注度,推进查处进程。

二是非政府组织通过专业知识培训、专业分析以及与官方腐败监管机构合作等方式,协助监管、打击腐败。如,加拿大“问责制促进会”负责对民众进行反腐培训,指导民众依法举报;“纳税人联盟”创立“泰迪政府浪费奖”,鼓励民众检举不同层级政府的贪污浪费情况,激发了民众举报腐败的意愿。巴西民间组织成立“公开账户”机构,通过分析公共资金流向,揭露一系列丑闻并使腐败分子得到应有的惩处。韩国全国 3000 多个社会团体开展对各类公职人员的监督,形成相互连通的数据库,及时对发现的问题进行举报,使得腐败监管更为严密。

三是公民发挥监督主体作用,更多参与腐败监督,形成全民反腐氛围。一方面,一些国家尊重公民的知情权、参与权、表达权、监督权等,鼓励公民更多参与对官方工作的监督并不断探索利用民众反腐的方式方法。如,巴西官方招募一批出租车司机作为"线人",通过其掌握乘客透露的涉腐信息并在查实后予以处理。另一方面,公民利用言论、结社等权利,以集会、请愿乃至抗议等方式,要求政府在反腐问题上作出回应。如2011年6月,印度两名"海归"设立名为"我行贿了"的网站,方便民众将生活中被索贿的故事揭露出来,推动政府改进办事流程并遏制腐败高发态势,在印度社会产生很大震动,一批滥用职权和以权谋私的官吏受到惩处;8月,印度反腐斗士阿纳·赫扎雷联合其他反腐人员,以绝食方式要求政府加大反腐力度,最终迫使印度政府作出妥协。

四、加强跨国腐败监管机制建设,提升国际反腐合力

各国政府高度重视经济全球化、区域一体化快速发展以及跨国经济活动日益增多背景下的跨国腐败问题,大力推进跨国腐败监管机制建设,深化国际反腐合作。

一是主动扩大腐败监管法律的覆盖范围,监管更加有力。继美国之后,英国通过《反贿赂法》,宣布英国公民或根据英国法律注册设立但在英国以外国家或领土上发生的贿赂行为都受该法约束。巴西通过《诚信公司法》,规定涉及国内和海外贿赂行为的巴西公司承担严格的民事和行政责任。在巴西设有下属公司的跨国企业,如在巴西境内进行贿赂,亦受该法管辖。跨国企业的运营受到母国以及所在国更大程度的监管,以贿赂等不法手段经营面临更多风险和惩治。

二是加强对腐败分子、资金外逃的截、堵工作,对腐败分子形成强大震慑。如,马来西亚建立腐败人物数据库,外国驻马使馆可据此拒发签证,有效防止了相关腐败分子出逃。部分国家还要求特定国家严格审查入境的外国人特别是移民,把腐败分子、资金堵在国门外。

三是加强国际反腐合作,密切跟踪、追查腐败分子和资金。部分国家对"避税天堂"提出警告,促其加强自我管理和有效开展国际合作。如法国每年公布一份"避税天堂"名单,要求其与法国税务机关密切合作,取消银行信息保密制度,以便法国了解、打击跨境资产隐匿和洗钱行为。有些国家签署双边引渡、司法合作的协议,直接开展反腐合作,如西班牙和安道尔等国签署司法互助协议,在信息共享、互派调查小组方面开展合作,以切断跨国腐败资金流动。有些国家虽未签署双边反腐合作协议,但也利用《联合国反腐败公约》《联合国打击跨国

有组织犯罪》《禁止在国际商业交易中贿赂外国公职人员公约》等有关条约中的国际合作条款,以及借助国际刑事警察组织等开展国际合作,引渡腐败分子、追缴流失资产等。

五、几点思考

国外一些国家的腐败监管机制建设,致力于从源头预防和治理腐败。因此,在机制设计和执行时,尽可能做到各监管主体职责分工明确、各监管要素衔接到位、各种监管机制健全完善和相互配合。但各国制度环境、发展阶段、政策执行力不一,监管机制的成效也不尽相同,应客观看待其成效,合理借鉴其做法与经验。

(一)腐败并不是特定社会制度的副产品,西方三权分立、多党民主制虽对腐败行为产生一定制衡作用,但也不是彻底根治腐败的灵丹妙药。发达国家腐败监管机制虽相对有效,但在政治制度设计上也有腐败漏洞,使得腐败难以根除。比如,在政治分肥制下,执政联盟各党分掌政府部委并肆意安插人员、滥用资金。在政治捐献方面,政党、候选人往往给予金主回馈,包括安排职务、政策倾斜等。在政治游说方面,利益集团往往利用选票、资金等影响政客、议员,力争形成对其有利的政策。在法律制定上,一些政治家、议员往往利用立法主导权,推动制定于己有利的法律,乃至有意在法律中留空子。同时,实行西式民主制度的发展中国家腐败监管机制受多重因素影响,运行不畅。主要是腐败监管机制缺乏独立性,易受干扰。如印尼反贪委经历过被警察冲击和预算被冻结、主要领导人遭栽赃诬陷和监禁甚至被判死刑等困境。腐败监管机构虽众多,但沟通不畅,相互掣肘。腐败监管机构自身存在腐败、官僚主义以及经费和人员短缺等问题,执行力差。

(二)政党内部复杂性及运行的成熟度对政党监管机制影响很大,国外政党腐败监管机制“失灵”不在少数。在发达国家主要表现为政党滥用政治捐赠。如西班牙人民党将高额现金捐赠拆分成多笔小额捐赠并存入银行,以特殊津贴形式发放给党内高官,现任党主席、首相拉霍伊在1990年至2008年间每年收取2.52万欧元的特殊津贴。在发展中国家,很多政党要么组织不健全,要么系领袖党、家族党,党纪流于形式,党的领导人和各级干部藐视党纪情况很普遍。主要表现为党员干部热衷于为商界牵线搭桥,为跑官卖官发挥中介作用。如捷克公民民主党称,该党部分领导人热衷于充当“说客”,扮演商贾大亨的“撑腰人”,党也成为“企业家民主党”;党的领导人为争取政治支持,对党内派系、高级干部的腐败睁一只眼闭一只眼,宁愿失信于民众,也不愿挑起党内斗争。

(三)西方国家社会舆论虽对腐败起到监督作用,但也带来负面效应。社会舆论、非政府组织天然携带的“反政府基因”,其特殊利益有时也影响到社会安定和政治公正。如有些媒体、非政府组织并非真正独立,而是有着强烈的党派倾向,有时为配合选战和党派斗争,也散布一些不实的腐败信息,影响到社会诚信和公正。有些非政府组织在腐败监管方面诉诸柔性斗争,向政府请愿;有些则诉诸暴力斗争,组织示威抗议,乃至煽动对抗政府,导致社会政治动荡。在一些国家,媒体审判、公众审判有时还代替司法审判,往往腐败“丑闻”一曝光,媒体和社会大众就推定嫌疑人有罪,可能造成冤案。

(四)国际反腐合作面临众多难题,监管机制尚待进一步完善。其一,跨国公司对发展中国家渗透很深,腐败行为隐蔽,难以监管。发展中国家法律不完善,营商环境不透明,西方跨国公司可通过钻空子等非正常手段开展经营。不少西方跨国公司通过吸纳发展中国家社会精英的方式,影响这些国家经济社会政策并获得特殊照顾。对上述问题,一些西方国家政府为争取跨国公司金援,对其海外贿赂行为或不理不睬,或从轻处理。其二,各国法律制度不一,司法合作关系不同,在取证调查和打击腐败方面存在一定难度。其三,一些西方国家以人权、价值观等为借口,阻碍与发展中国家的反腐合作。其四,一些国际反腐组织亲西方色彩明显,往往积极配合西方外交战略并把矛头指向发展中国家,使反腐更多为沦为国际斗争工具。

培育“不想腐”的社会氛围

形成打击腐败的高压态势和完善反腐制度及监管体系只是反腐之标，建设积极的廉政文化才是反腐之本。许多廉洁度高的国家，不仅着力构建严密的防范、严实的监督和严肃的惩戒制度，还着力培育“不想腐”的社会氛围。总体看，清廉度高的国家普遍具有社会风气正、法制教育早、薪酬福利好、贪腐成本高等四方面特征。

一、大力加强价值理念、伦理公德和政治风气教育，形成讲奉献、知廉耻、重诚信、守规则的社会风气，是“不想腐”的内在动力

（一）树立坚定的价值信仰和奉献精神。新加坡强调“不分种族，都要在国旗下效忠”。李光耀要求全民树立建设独立富强新加坡的远大抱负和理想，强调“当一个公务员，就必须有奉献精神”。1990 年新加坡国会批准的《共同价值观白皮书》提出了五大共同价值观。西方国家则长期向民众灌输西方自由平等民主价值理念，让百姓深信不疑并为之奋斗甚至自发向其他国家进行传教兜售。

（二）塑造诚信守约的社会公德。德国注重公民基本素质和品德教育，在全社会形成了严谨认真、遵纪守法的社会环境。倡节俭、守规则、重信用、讲礼节已经成为日本社会的普遍现象。挪威倡导诚信守信、平等节俭的道德风尚，营造健康守法的社会环境。芬兰遵循诚信自律的社会公德教育。李光耀提出了全民“八德”教育：忠孝仁爱礼义廉耻，并通过政府自上而下软性带动和严刑峻法的刚性约束在全社会塑造了良好的社会风气和“以德倡廉”的氛围。

（三）领导带头营造健康的政治环境。一些清廉国家领导人的平民化做法并通过媒体宣传对塑造良好的政治风气产生了强大示范效应。韩国朴正熙执政时期，清廉和铁腕反腐是他的特点，他之所以能铁腕反腐，一方面受到法治的支持、反对党的监督；另一方面也源自他个人品格。新加坡贪腐调查局前局长蔡子益称，新加坡肃贪做得这么好，关键是领导人的政治意志。李光耀认为：一些领

导人“开始的时候秉持高尚的情操,抱着强烈的信念和取缔贪污的决心不难。但是,除非身为领导者够坚强,能铁面无私,坚决对付一切违法乱纪的人,否则要做到事如所愿,可没有那么容易。必须铁腕护廉洁”。

(四)积极培育良好的社会风气。一些廉洁国家过去曾面临严重的贪腐问题,经过最近二三十年努力,在全社会大力倡导节能节俭、健康出行、绿色环保、公益慈善等一系列活动,并通过约束和要求公务员尤其是党政领导率先垂范逐步扭转了社会不良风气。德国、芬兰等对公职人员收受超过 30 欧元的礼品、接受现金和宴请等都要请示批准,对出差报销、公务用车等都作出详细规定,杜绝一切以人情往来为由的行贿受贿。

二、大力加强重实践、全覆盖、针对强的反腐法治教育,形成全社会遵纪守法的法治意识和机制,是“不想腐”的外在需要

全民廉政法治教育不仅大大减少了行贿公务员的动机,而且使民众对腐败形成了强大监督。一些国家主要做法:

(一)从小抓反腐法治教育,注重实践性。北欧国家公民从小就接受社会学课程和生活实践课教育,明白什么是该做的,什么是不该做的,什么是合法的,什么是违法的,法律观念深入民心。新加坡早期就进行廉政教育,一直贯彻中小学和大学,在中学开设了《儒家伦理》课程,并编写了《儒家伦理》教材,还经常邀请中小学生到贪污调查局参观座谈。长期的反腐教育和完善的法治观念使得一些国家形成浓厚的崇廉文化氛围,把贪污受贿、侵吞社会财富、投机取巧看作是可耻违法行为,人人喊打。

(二)将反腐教育渗透到各行各业,注重全覆盖。新加坡通过各种力量在公司、机关、社区等都进行全覆盖的反贪反腐教育。北欧社区经常组织各种反腐教育活动、展览和宣传。韩国经常在妇女学校、老年大学和其他文化培训机构进行反腐败教育,并积极利用电视、广播等舆论工具进行反腐宣传,注重建立一个人人反腐、视腐败为社会公敌的社会舆论环境。这种全面教育使公民把行贿视作可耻行为和违法行径而严格自律,这就大大减少了官员受贿的概率。芬兰最高检察院总检察长库西马基称,在他当法官的 30 多年里,没有一个人试图以任何理由向他行贿。

(三)对公职人员进行系统专门的反腐培训,注重针对性。芬兰、瑞典普遍重视培养公务员队伍职业道德和操守,尤其是突出执法系统的廉洁自律教育。

有的国家针对公务员进行专门教育，编制专门教材，制定专门手册和法规。乌拉圭是拉美比较清廉的国家之一，要求各类新招聘的公务人员接受法制教育，以后每三年进行一次轮训。新加坡规定在职公务员每年都必须进行财产与投资宣誓，参加至少100个小时的廉政教育。

三、不断提高公职人员的工资和保障待遇，解决其后顾之忧，是“不想腐”的基本保障

（一）高福利社会的清廉指数往往较高。北欧国家几乎都排在世界廉洁指数前十名，很大程度上与这些国家的高福利保障不可分。高福利、高保障社会相对来说较为注重社会公平、公正和平等，使民众尤其是官员心态平和，不盲目攀比，为“不想贪”创造了良好的外部环境。相反，战乱、经济落后及转型国家的贪腐往往较为严重，因为这些国家存在巨大的贫富悬殊和政策法规不健全，既为权力寻租和贪腐提供了空间，也刺激了公职人员“铤而走险”。如印度虽号称“最大的民主国家”，但2013年在透明国际发布的廉洁指数排名93位。而索马里、阿富汗、苏丹、南苏丹、利比亚、伊拉克等受战争影响国家排在最后几位。

（二）以薪养廉是一些国家的成功做法。阿联酋是个君主酋长国，但清廉指数也位居世界前列，这与其公职人员丰厚收入和优越待遇不无关系。阿公职人员不仅工资远高于平均水平，且享受免费宅基地、医疗、教育、保险等。阿财政开支的51%用于教育、医疗、特殊弱势群体等。人均收入不足700美元的卢旺达，却是非洲和世界少有的廉洁度高的国家，这很大程度上与该国推行的高薪养廉不无关系，部长月工资2000美元，司长1500美元，普通公务员都有1000美元左右，而且还有医疗、车补、保险等各种福利保障。法国为确保“稽查特派员”公正无私，其薪水是公务员中最高的，以保证其不贪外财。

（三）高薪、高福利待遇不意味着特权。北欧国家虽然实行高薪、高福利，但公职人员尤其是政府领导人并没有任何个人特权。芬兰除总统外，政府只有总理、外长、内务和国防部长等4人享受配备专车的待遇，且只限执行公务，还要交纳税收。新加坡的反腐与李光耀等领导人带头示范有很大关系。

四、加大监督惩戒和曝光力度，让公职人员不敢以身试法，是“不想腐”的重要“阀门”

（一）加大对贪腐的惩戒处罚力度，提高贪污成本，让公职人员担心“得不偿

失”而“不想腐”。新加坡惩治腐败有两句格言“让腐败者在政治上身败名裂、让腐败者在经济上倾家荡产”。澳大利亚对政府高官犯案比普通公务员要“罪加一等”,如前议长斯利帕就因谎报出租车费被从重判处5年有期徒刑。新加坡对贪腐进行“零容忍”政策,小贪污重惩罚,一元钱也可能坐牢。许多国家给公职人员提供优厚待遇尤其是退休后的各种保障待遇,但一旦贪污被查,则一切都荡然无存,这就对公职人员形成强大的震慑作用,站好最后一班岗。新加坡规定公职人员坐牢一天,就可能失去所有养老金。

(二)加大对腐败的全方位监控力度,让公职人员没有任何侥幸心理而“不想腐”。让任何一点腐败都无处藏身,彻底杜绝官员的侥幸心理,也是一些国家反腐的重要经验之一。李光耀说,“新加坡所建立的制度,不是建设没人会贪污,而是确保一旦有人贪污受贿,必会被揭发并面对处罚”。清廉国家普遍重视发挥媒体尤其是网络、社交等新媒体侦查、监督作用,一旦发现疑点随时可向官员质询。

(三)加大曝光和宣传力度,让贪腐人员“抬不起头”而不想腐。清廉国家注重利用媒体加强对公职人员的监督,对于出现的一点贪腐迹象和行为都进行充分曝光,形成强大震慑作用,让公职人员“抬不起头”“见不得人”。不少国家建立了媒体曝光后的引咎辞职制和媒体曝光后检查机关自动介入制。亚洲一些国家充分利用亚洲人“重面子”“有耻辱感”等特点,对公职人员进行舆论监督。李光耀说,“最强有力的威慑就是公众舆论”,“在制止和惩罚贪污方面,最强大的阻吓力是在于声讨和谴责贪污人士的公众舆论”。韩国利用先进的信息统计技术,建立“公共部门清廉度指数测定和公布系统”,对中央各部和地方各级政府进行清廉度指数测定并向社会公布,对排名靠后的部门形成强大压力。

五、几点启示

(一)反腐倡廉建设是个综合工程,需标本兼治。反腐倡廉建设与一国的价值理念、公共道德、政治文化、社会风气等密切相关,是个综合工程,不可能一蹴而就。西方不少廉洁度高的国家也只是最近二三十年才得到了改善。我们要按照党中央的要求,大力弘扬社会主义核心价值观,加强领导干部的理想信念教育,持续不断加强党风、政风建设,坚持高标准、严要求,同时也要弘扬中华传统美德,下大力提高全民道德水平、社会风气,形成有利于反腐倡廉的正能量和社会氛围。

(二)法治社会是我们实现“不想腐”的重要外在条件。十八届四中全会提出“法治国家、法治政府和法治社会一体化建设”的要求。反腐法治教育应该从娃娃抓起，面向普通百姓，重实践，讲实效，做到入脑入心。反腐法治教育需要教育、媒体、企业、社区、家庭等全社会一起动员，协力推进，使廉政成为一种自觉行动、一种生活习惯、一种社会风尚，真正实现十八届四中全会提出的“增强全社会学法遵法守法用法意识，使法律为人民所掌握、所遵守、所运用”。

（三）廉洁度高低与经济发展水平没有直接关系，也与政治制度无关。虽然目前廉洁度高的国家多是发达国家和经济发展水平很高的国家，但也有少数发展中国家因为领导人反腐的强烈意志和注重改善公职人员生活的后顾之忧，大大提高了政府的廉洁度。实行西方民主政治的许多国家包括发达国家腐败问题也层出不穷。

（四）单纯依靠官员自律和修养很难做到“不想腐”，还需要强大的震慑和监督机制。“不想腐”是反贪的最高境界，实现难度也最大。一些廉洁度高的国家腐败相对较少，虽有官员“不想腐”的因素，但前提是具有“不能腐”的制度之网和“不敢腐”的监督机制。我们走的是中国特色的反贪腐之路，且有强大的政治意愿和党的坚强领导，只要扎扎实实构筑好“不能腐”的制度之网、“不敢腐”的监督机制，同时大力营造风清气正的社会风气和党风政风、深化普及反腐法治教育宣传、加大惩戒处罚力度，就一定能开创出“不想腐”的新道路、新格局。

当今世界各国实行的主要几种治理模式

国家治理体系的构建是一国政治生活中带有全局性、根本性的重要问题。当今世界200多个国家根据自身国情党情、历史文化传统和现实内外条件，对国家治理展开了艰难漫长的理论探索和政策实践，形成了下列各类特色鲜明的国家治理价值理念与实践模式。

一、"全能国家型"治理模式

"全能国家型"治理模式的典型代表是苏联，受苏联影响，原社会主义阵营国家的治理体系中均带有浓厚的"全能国家"色彩。苏东剧变后，"全能国家型"治理模式广受质疑并为多数国家抛弃。当前，世界上仅有少数现实社会主义国家，如朝鲜、古巴基本还在沿用该治理模式。

"全能国家型"治理模式将中央集权视为巩固国家政权、维护社会秩序、促进社会发展的必要前提，执政党和政府全面介入和掌控经济、社会和文化等各个领域。政治上，实行单一国家体制，中央对各级政府机构实行自上而下的管控，各类政治、经济、社会和文化组织绝对服从国家政治领导核心。经济上，排斥乃至否定市场经济的作用，国家几乎垄断所有经济资源，政府不仅通过制定强制性的经济规划调控宏观经济运行和干预微观经济活动，也作为市场主体之一直接参与经济活动。社会政策上，政府通过其管控的各类社会组织保持对全社会各领域的引导和全面干预，政治功能凌驾于文化功能之上，行政关系取代其他社会关系，公私领域混为一体，社会全面政治化，国家与社会高度一体化。政府在享有对社会全面管控权力的同时，也承担起全面责任，为公民提供几乎所有公共产品和社会保障。如苏联建立了高度集权的行政命令体制和高度集中的计划经济体制，苏共中央和领导人大权在握，全面操控国家经济与社会政策。这一模式在开始时曾一度为苏联的快速发展提供了强大推动力，但随着历史的发展，该模式弊端不断呈现，治理体制机制僵化，经济和社会领域制度严重缺失，最后导致苏共丧失执政地位和苏联解体。

二、“自由放任型”治理模式

“自由放任型”治理模式源于古典自由主义思想，最早出现于英国、法国等欧洲国家。在20世纪30年代“大萧条”期间，该模式陷入困境，一度被“凯恩斯国家主义”模式所取代。20世纪80年代，经历改良调整后，该模式以“新自由主义”面孔再度在西方发达国家兴起，并扩散蔓延至一些转型国家和发展中国家。2008年国际金融危机爆发后，“自由放任型”治理模式弊端再次凸显，并饱受各界质疑诟病。

与“全能型国家”治理模式相反，“自由放任型”治理模式认为“最好的政府就是最小的政府”，主张政府退出对国家经济、社会生活的干预，回归“守夜人”角色，将国家治理主导权完全交给市场规律这只“看不见的手”，倡导市场自由、社会自治。政府被视为“必要之恶”，政府职权仅限于提供必要的国防、安全保障，以及构建完备的法律体系框架。公共权力运作严格遵循民主法治和分权制衡原则，通过实现立法、司法和行政等职能部门之间，以及中央和地方政府之间的权力分立和制衡，对政府权力进行严格限制，避免政府干预国家治理。在基本法律框架和规范秩序下，通过每个社会个体的“理性选择”与自由竞争，促进经济均衡与增长，实现全民经济利益最大化，形成“自生自发的社会秩序”，推动社会进步。美国于1980年推行“里根经济学”，收缩政府经济职能，大幅削减税收和社会福利开支，开放产业限制，实行公共服务市场化，这些基于“自由放任型”治理模式的改革措施帮助美国成功走出了“滞胀”危机，但自由化的过度发展又为2008年次贷危机埋下祸根。英国卡梅伦政府提出“大社会”政策，积极倡导社会自治，赋予志愿者组织和社区自治组织更多治理权限，鼓励其参与社会管理、提供公共服务。“大社会”政策试图在提高社会治理多样性与针对性的同时使政府得以“减负”，其实际效果还尚待进一步观察。

三、“社会市场型”治理模式

“社会市场型”治理模式在20世纪中期反思“自由放任模式”的浪潮中逐渐兴起，其理念介乎“全能国家”与“自由放任”两种模式之间，既批判国家全面掌控经济社会，也反对市场机制无限度扩张。德国、法国等欧陆国家以及瑞典、芬兰、挪威、丹麦等北欧国家大多实行这种治理模式，随着时代的发展，“社会市场型”治理模式不断调整、更新，衍生出“第三条道路”“新中间道路”“北欧模式”

等不同类型分支流派。亚非拉部分发展中国家和转型国家也将“社会市场型”治理模式作为学习和效仿对象。

“社会市场型”治理模式将自由竞争原则与社会均衡原则相结合,强调市场竞争与政府有效控制并存、经济杠杆与政府干预并举、经济增长与社会福利并重。政治上,认同自由、民主、人权、法治等基本价值原则,政府通过制定完善法律法规,为市场环境和社会秩序提供制度性保障。经济上,以市场经济和自由竞争为核心,最大限度地发挥市场活力,政府并不直接参与市场竞争,而是通过法律和税收杠杆对经济进行微调,在市场机制和政府职能之间取得动态平衡。德国左右翼政党均坚持社会市场经济体制,使德国经济治理政策总体上得以延续。德国强调国家调控的目标是“让穷人变富,而不能让富人变穷”,维护市场在经济活动中的主导地位,充分激发个体的积极性、创造性和市场竞争性。政府通过立法为自由市场秩序清除垄断、恶性竞争等障碍,并抑制贫富分化等消极后果。社会领域是“社会市场型”治理模式的重点关注目标,该模式着力弥补市场失灵和实现社会公平,构建普惠、均质和平等的福利体系,为国民提供最广泛的公共产品和公共服务。政府充当劳资双方仲裁者和平衡者,促进各方平等对话,维护各方平等权利。北欧国家建立了“从摇篮到坟墓”的社会福利保障体系,实施以“集体谈判”为基础的多层次协商机制,促进福利与就业和竞争力有机结合,保障了社会关系的融洽稳定。

四、“现代威权型”治理模式

曾经和至今仍在践行“现代威权型”治理模式的国家主要是“新兴市场经济体”和“后发国家”,“亚洲四小龙”等东亚新兴工业经济体在这一治理模式的助推下迅速完成了国家现代化,俄罗斯等前苏东转型国家,阿根廷、委内瑞拉等拉美发展中国家也试图通过建立“现代威权”型治理模式实现跨越式发展。

奉行“现代威权型”治理模式的国家认为,稳定的政治和社会秩序是实现国家有效治理的前提,在一国经济、社会尚未充分发展的情况下,政府作为最高效的权力组织和运行体系,应牢牢掌控国家治理的主导权。“现代威权型”治理模式主要特征包括:政治上,坚持一元化政治领导,充分发挥威权领袖和政治精英领导作用,通过打造高度体制化的垂直行政体系来提高施政效率和降低治理成本,反对盲目推行政治“自由化”,主张实行渐进式政治改革。俄罗斯在普京上台后扭转了国家治理“全盘西化”倾向,建立了俄罗斯特色的“超级总统制”,有效维护了政治与社会秩序稳定。经济上,以国家快速发展为重要目标,“计划理性”与“市场理性”并重，政府一方面制定实施符合国情的发展战略，强力介入市场活动，发挥并扩大本国经济在某些具体领域的比较优势，迅速提升国际竞争力；另一方面精心培育市场体系，推动其向完善的现代市场经济体制过渡转型。“亚洲四小龙”抓住了西方发达国家向发展中国家转移劳动密集型产业的机会，确立了出口导向型经济发展战略，吸引了大量外国投资和技术，迅速走上发展道路。在社会领域，突出社会公正平等，根据国力建立水平适中但覆盖广泛的社保体系，让广大民众分享发展成果。同时，以民族主义、爱国主义、集体主义和传统价值观凝聚民心、增强民众奋斗意志，为国家长治久安提供“软支撑”。新加坡是世界上首个以国家白皮书形式提出“共同价值观”的国家，力求融会贯通东西文化精髓，不断强化“新加坡精神”。与“全能型国家”模式不同的是，“现代威权型”治理模式认为建立强大的中央威权只是国家治理的手段而非最终目的，政府必须用好手中的巨大权力，以高效率、低成本推动现代化导向的改革举措，实现国家跃进式发展。

五、各类“替代主导型”治理模式

除上述几种比较典型的国家治理模式外，还有部分国家由于政治现代化程度较低，尚未建立起完整的国家体制，政府权威性、有效性和代表性不足，无法全面行使国家治理职能。在此条件下，军队、宗教团体、王室、部族等权威主体和强力集团弥补了政府功能不足、市场紊乱、社会脆弱等缺陷，他们甚至完全替代政府成为国家治理主体。根据替代力量和替代方式的不同，该模式又分为若干类型：

一是“军政混合型”治理模式，主要体现在部分亚、非、拉国家的治理实践中，如巴基斯坦、刚果(金)、秘鲁、智利等。这些国家由于长期被殖民、生产力水平低下、国家发展基础脆弱，在获得民族独立后很长一段时间仍无法构建出完备的国家机制。而军队作为高度组织化和机制化的强力组织，在国家独立之初承担起大量国家治理职能，以军事化管理方式甚至高压手段强力推进国家发展计划，保持政治稳定和社会秩序。这些国家在政体实现现代化转型之后，军队仍与政治密不可分，在国家权力舞台仍保留传统特殊地位，一旦国家政权不能正常更替，或出现严重社会动荡，权势集团就不得不请军队出来收拾残局。

二是“政教互嵌型”治理模式。主要体现在伊朗、阿富汗、叙利亚、伊拉克等中东国家，各国将伊斯兰教义作为国家政治、经济和社会治理的最高法则，在少数国家甚至起到替代宪法法律的作用。宗教力量在影响国家治理各环节同时，也向社会提供基础设施、医疗、卫生、教育等公共产品,在推动国家发展、维护社会秩序、保障福利民生、塑造和维系社会核心价值体系方面发挥举足轻重作用。

三是“王权主导型”治理模式。该模式主要在泰国、文莱等东南亚国家、海湾六国以及斯威士兰、莱索托等少数非洲国家实施。这些国家王室在国家政治经济社会生活中仍保留了很大发言权甚至是决定权,对国家政治、经济、社会政策制定,经济资源的分配,政府合法性认同,特别是对民众心理具有举足轻重的影响力。

四是“部族分权型”治理模式。在埃塞俄比亚、尼日利亚、肯尼亚、坦桑尼亚等撒哈拉以南非洲国家,由于种族、宗教和语言状况复杂,民众国家认同感和法治意识淡漠,反而是传统部落和氏族观念深入人心,部落宗法成为法律制度重要补充,血缘纽带成为维系权力平衡和社会稳定的关键因素。各国从政党格局到政府组成,从权力资源分配到国家发展政策制定实施,基本上都以部族属性和势力大小划界,国家治理各环节打上了深刻的部族烙印。

六、“现代治理”模式

“现代治理”是20世纪80年代末起逐渐兴起的一种新治理理念,现已发展成为一个内涵较为丰富、结构框架和逻辑体系较为完整的理论体系,为提高国家治理的有效性与针对性、超越“市场失灵”与“政府失败”提供了全新的视角。随着全球化的不断发展深入,越来越多的国家开始把“现代治理”模式作为国家治理改革创新的主要方向,将“现代治理”理念与本国国情融会贯通,对传统治理模式进行改良和完善。在大多数国家,市场主体进入公共服务领域,社会组织广泛参与治理已经日渐成为国家政治生活中的常态。各种国际、地区组织和超国家机构不断发展壮大,在全球性事务中发挥着日益显著的作用。

“现代治理”理念认为,在当今经济全球化、文化多样化、社会信息化不断深入发展的时代背景下,公共部门与私有部门、国家与社会、政府与市场、主权国家与国际组织的权责界限变得越来越模糊,出现了许多在传统国家治理体系下无法解决的“治理重叠”和“治理真空”现象,各国应该转变传统国家治理观念,实现“更多的治理,更少的统治”。“现代治理”模式强调以下几个原则:一是“多中心治理”原则,政府不再是国家治理的唯一主体,企业、社会组织甚至个人都可以成为权力的执行者,从而为公民提供更多的选择和更好的服务;二是“协同治理”原则,多个治理主体之间应该在平等协商的基础上展开合作与竞争,建立伙伴关系和协调网络,实现公民与政府间的和谐运转,提高和巩固公民对政府的信任程度,使多个治理主体整合成为一个完整的治理体系;三是"科学治理"原则,引入私人部门的管理方法和新技术手段,建立更科学的决策和评估机制,以提高治理效果与效率,实现"善治";四是"全球治理"原则,世界各国应通过平等协商确立一系列公认的原则和协议,主动让渡一部分国家主权,共同解决不断增长的全球性问题,维护国际秩序。

世界各国推进国家治理现代化的成败得失

从各国构建国家治理体系的历史进程看，治理理念、模式和绩效千差万别。在全球化、信息化深入发展的时代背景下，各国治理理念和政策实践的相互激荡和彼此影响日益深入。“不畏浮云遮望眼”“风物长宜放眼量”，应深入分析各国构建国家治理体系和提升国家治理能力的经验教训，从中总结出人类社会国家治理的客观规律，为推进国家治理体系和治理能力现代化汲取更多营养成分。

一、各国构建国家治理体系的历程不同，分别经历过渐进改良、暴力革命、移植照搬、全盘复制和改革调整等多种方式

英、法、美、德等西方发达国家在治理体系构建和定型过程中，既采用了资产阶级改良、政治妥协和利益交换等温和的方式，也采用了暴力革命、内战、殖民扩张甚至挑起世界大战等极端手段。英、法多次出现从封建专制到资产阶级专政，从寡头集权到民粹暴动，从王朝复辟到资本主义现代政治的动荡。美国国家治理体系先后经过独立战争、内战、新政等多轮改革动荡逐步确立并成熟。日、德在构建国家治理体系时坚持“对内改良维新”和“对外殖民扩张”并举，甚至采取战争等极端手段。苏东各国在建立社会主义政权后，通过“非常规”手段快速构建起“全能型国家”治理框架，后来又采用“新思维”“休克疗法”等激进方式，在遭遇国家解体灾难之后，又逐步回归“强人政治”轨道，重构国家治理体系。亚非拉广大发展中国家为摆脱西方“他治”，在构建国家治理过程中，几乎都采用武装革命等暴力手段，独立伊始为弥补国家治理先天不足，或移植照搬原宗主国治理框架，或通过“继续革命”将原有治理体系推翻重来，在照搬西方和激进改革受挫后，又回归中庸立场，采取“东向西望”策略，以渐进方式探索治国之道。

二、构建国家治理体系和提升治理能力是一个历史性工程，任何国家均无法在短期内一蹴而就

英国作为世界上最早实现现代化的国家，从1640年资产阶级革命到1688年“光荣革命”确立君主立宪制用了几十年，其现代治理模式的成熟定型更是一波三折：从19世纪放任自由治理框架过渡到20世纪上半叶凯恩斯国家主义；再从20世纪80年代新自由主义治理模式转型为20世纪末的“第三条道路”治理实践，前后长达300多年。美国作为当今世界最发达的资本主义国家，从18世纪末国家独立到19世纪下半叶南北战争，从19世纪末20世纪初“进步主义时代”到20世纪30年代罗斯福新政，从第二次世界大战后确立全球霸主地位再到21世纪改革创新，200多年来一直在“危机—反危机”周期中对治理体系进行动态调整。越、老、朝、古等社会主义国家经历了殖民时期的“他治”到独立后照搬苏联治理模式、从冷战后独立探索治理道路到新形势下革新调整，耗时一个多世纪，至今仍在新与旧、破与立、进与退之间摸索徘徊。亚非拉广大发展中国家探索本国治理模式的历程更是曲折动荡，大部分国家至今仍处于转型阵痛期。西亚北非国家、中亚转型国家、南亚部分国家在构建国家治理体系过程中多次遭遇重大挫折和倒退，仍在“治”与“乱”之间循环。

三、许多国家照搬西方治理模式，频频陷入国家治理混乱境地

一些发展中国家曾一度有自觉或被迫照搬西方“先进治理模式”的经历，表面上虽拥有西式治理外壳，实际上却与本国国情严重脱节，因而陷入“低效治理”甚至“无效治理”困境。印度继承“英式治理衣钵”，虽顶着“世界上最大民主国家”的光环，但却成为“低效民主”典型代表，治理绩效不尽如人意。泰国按西式标准构建治理体系，但大部分治理资源却为王室、军队、党派及家族势力之间频繁权斗所消耗，难以摆脱“民选政府上台—军人政变—国王干政—政府更迭频繁”怪圈。非洲不少国家独立后罔顾本国民族、宗教和文化多样性和复杂性，照搬原宗主国治理模式，结果陷入种族冲突、多党乱斗、经济滞胀和社会动荡乱局，导致20世纪70—80年代遭遇“失去的十年”之痛，少数国家甚至沦为“失败国家”典型。乌克兰、亚美尼亚、阿塞拜疆、摩尔多瓦、格鲁吉亚等转型国家身处复杂的地缘政治环境中，独立后尚未形成“内生性”治国体系，在“脱俄入欧”

问题上,国内各方势力频繁过招,国外力量借力打力。执政者和民众习惯于向外伸手,借外力解决内部问题,以致丧失国家治理主导权,成为域外大国博弈棋子,至今尚未找到一条符合本国实际的治理道路。

四、世界上不存在适用所有国家的“普世”治理模式

美、英、德、法、日、瑞(典)等虽属于“大西方”国家,其各自治理理念和政策实践也存在较大差别。英、美的国家治理更强调个人自由、市场竞争和有限政府,社会与市场的地位与作用可与政府比肩;德、法、瑞(典)等欧陆国家则更注重政府责任与社会公正,强调政府公共服务职能;日本的治理体系倡导“官民一体、举国协调”,具有“官僚主导型”特征。同属“盎格鲁-撒克逊文化”的英、美两国也有细微差别,英式治理的“国家主义”色彩更浓,政府对国家生活各领域介入力度更大。而美式治理的自由主义和分权特征较突出,呈现“小政府、大社会、强市场”格局。

亚非拉不少国家虽拥有类似的西式治理外壳,但各自本土化特征大相径庭。东亚各国虽同属儒家文化圈,却同时存在以新加坡、马来西亚等为代表的“现代威权型”,以印尼、菲律宾为代表的“多元平衡型”,以印度为代表的“家族主导型”,以泰国为代表的“王权干预型”,以缅甸等为代表的“军政混合型”等多种模式。非洲各国曾普遍照搬西式治理框架,但在实践中各国或以强人强党为主导,或以血缘部族为依托,或以本土宗教为内核。阿根廷、委内瑞拉、墨西哥等拉美国家从军事独裁向现代民主政体转型过程中,“克里斯玛”式领袖、财阀寡头和豪门家族在国家治理中分别扮演了不同的角色。

五、“治理体系”与“治理能力”是实现有效国家治理的“硬件”和“软件”,二者相辅相成、缺一不可

美国号称世界上制度最先进的国家,但“成也萧何败也萧何”,其烦琐制度设计和冗长民主程序往往导致“争而不议、议而不决”甚至“政府停摆”等治理失灵现象。一些转型和发展中国家在复制他国模式时,重程序模仿而轻制度创新与能力培育,国家治理则陷人“空洞化”“形式化”和“能力缺失”困境。

亚非拉不少国家由于法治精神缺失,施政随意性强,滥权腐败现象严重,至今仍在“王权治国”“强人治国”“寡头治国”“军人治国”等模式中来回反复,因

人施政、因人变政、人走茶凉、人亡政息屡见不鲜。一些国家表面上在国家治理的制度安排上迈出新步伐，但权贵、寡头和政治精英等仍在背后垄断大部分治理资源，制度遭人为因素绑架。制度成为摆设，有制度却无执行，朝令夕改，因人而废，造成政局不稳。

六、政府、市场、社会三大治理系统的匹配程度，很大程度决定国家治理的有效性

政府治理、市场治理和社会治理是国家治理三大"次体系"，三者任何一方权力过大或过小，边界过宽或过窄，均会导致国家治理体系功能紊乱。美国在19世纪末"进步时代"曾突破传统治理框架，重新界定国家与社会、市场与政府之间关系，根本上改变了立国以来的国家治理结构，推动其在20世纪飞速发展。但进入21世纪后，美国金融资本势力急速扩张，市场和资本力量严重扭曲国家治理议程，忽视政府治理，加剧社会分化，使国家面临严峻挑战。阿根廷、巴西等拉美国家和印尼、马来西亚等东南亚国家一度迷信新自由主义，过度放纵市场力量，导致20世纪八九十年代遭受严重金融危机和社会动荡。非洲各国在20世纪70年代后期被动接受西方"结构调整方案"，大力推行自由化、市场化和私有化改革，结果陷入经济滞胀、部族冲突和社会动荡乱局。21世纪以来，非洲各国重新强调政府能力和宏观调控，加大民生投入和培育社会自治能力，逐步扭转"政权更迭频繁、市场混乱无序、社会孱弱动荡"局面。上述表明，只有当政府治理、市场治理、社会治理三者相互匹配时，国家治理才能找到秩序与活力、效率与公平、权威性与自主性的最佳平衡点；一旦三者关系失衡、匹配失度，则会陷入政治失效、市场失灵和社会失范等困境。

七、历史文化传承、核心价值体系以及国民性格，在国家治理中发挥着"凝神聚气"作用

历史经验表明，但凡较成功的国家治理，均离不开历史文化传承、核心价值体系塑造和国民精神培育。美国国家治理体系历经多次变革，却始终未脱离美国历史传统、基本价值和公民精神，这使美国立国历史虽短、遭遇危机虽多，仍能保持国家治理基本盘不动摇。战后日本将西式自由民主、儒家思想、神道体系及"大和魂"相融合，构建出多层、多元、多面的社会价值体系，充分发挥其在国家治理中精神调节和文化支撑作用。瑞典、挪威、芬兰等北欧国家注重推广培育

“社会团结主义”“普遍主义”“最大的平等”“我为人人、人人为我”等理念,为成功构建“普遍均等”和“互助团结”色彩浓厚的“北欧治理模式”打下坚实基础。

世界上有些国家未能塑造出统一的价值体系和社会心理结构,从而迟滞了国家治理现代化进程。非洲部分国家因长期遭受殖民并被强行划分国界,民众的种族意识和部族归属感远高于公民意识和国家认同,国家治理仍带有浓重部族元素和血缘裙带色彩,现代治理元素难以落地生根,国家治理绩效大打折扣。印度、菲律宾、尼日利亚等国虽完全继承前宗主国治理衣钵,但其落后的种姓制度、复杂的民族宗教构成以及保守慵懒的社会文化,在很大程度上对国家治理现代化进程产生消极影响。

八、在推进国家治理现代化过程中,独立探索与开放借鉴应有机结合

一些国家在坚持独立探索治国之道同时,努力融合“本土基因”和“外部元素”,构建出既有本国特色、又兼具众家之长的治理模式。美国建国后先是承袭英国治理框架,后又在“镀金年代”大量借鉴欧洲国家主义治理模式,实现政府干预、市场竞争和社会公正“三维平衡”,对完善本国治理体系,快速提升国力大有裨益。日本在古代效仿汉唐建立中央集权的律令制国家,江户时代推行“半中央集权、半地方分权”的幕藩治理模式,明治维新后学习德国,建立以天皇为权力核心的近代中央集权治理模式,第二次世界大战后又在美国影响下进行民主化改革,逐步形成日本特色的现代资本主义国家治理体系。新加坡成功融合东西方文化,构建出既有精英主导又有民主参与,既有个人自由又有法治秩序,既有分权自治又有领导核心的现代威权治理体系,可谓“人治”与“法治”相得益彰的典型。

也有不少国家既缺乏独立探索本国治理模式的信心与勇气,又盲目嫁接国外治理元素,在“画虎不成反类犬”之后陷入“无效治理”困境,陷入“越治越乱”怪圈。非洲、中东和拉美部分发展中国家虽看到改革国家治理体系与提升治理能力的重要性,但在推进过程中急于求成,忽视本国政治文化、宗教民族和社会结构特性,将治理现代化等同于西式“政治民主化”和“经济自由化”,想要“一步到位”移植西方“先进治理模式”,结果破坏了本国原有治理结构,加剧国家“无效治理”乱相,甚至再度丧失国家治理主导权,其探寻符合本国实际的治理模式仍旧任重道远。

普京执政以来俄罗斯推进国家治理体系和治理能力建设的主要做法与启示

普京自2000年就任俄罗斯总统后，着力推进符合国情的国家治理体系和治理能力建设，努力引领俄罗斯走上大国复兴之路，相关做法值得研究。

一、扭转独立初期全面西化倾向，构建俄罗斯特色的国家治理体系

（一）完善以总统为绝对核心的国家权力体系。苏联解体后，俄罗斯经历了从高度集权的苏维埃制度向三权分立的制度转变。为解决议会与总统权力之争，叶利钦总统武力解散议会，通过新宪法确立了强总统、弱议会、小政府的“超级总统制”，但因府院争斗、寡头干政、地方坐大，叶利钦实际长期处于弱势总统地位。普京执政伊始就明确指出，强大国家是“秩序的源头和保障，是任何变革的倡导者和主要推动者”，“俄罗斯需要一个强有力的国家政权体系，也应该拥有这样一个政权体系”。他通过改组总统办公厅和强力部门领导班子，培植可以依靠的政治力量；通过打击地方势力、划分联邦区等完善联邦体制，加强中央对地方的掌控；通过整顿政党秩序、完善政党格局和组建执政党统一俄罗斯党，控制国家杜马；通过建立技术型政府、行政改革和打击腐败，强化政府的执行力。经过一番治理，至普京第二任期，俄罗斯以总统为核心的国家权力体系开始顺畅运转。

（二）建立国家调控与市场相结合的可控市场经济体系。叶利钦执政初期，俄罗斯信奉市场万能，反对国家干预，搞“休克疗法”，实行价格完全自由化，推行大规模的私有化。这种激进式改革导致俄经济活动失控，国力急剧衰落。普京上台后直言，俄罗斯经济转轨不畅、危机不断，根本原因在于抛弃苏联模式后又走向全盘西化的极端，“将外国课本上的抽象模式和公式照搬到俄罗斯”。普京强调，振兴俄罗斯经济的前提在于走自己的路，寻找符合国情的发展模式。俄罗斯应该建立以混合所有制为基础、保持国家宏观调控、实行有序竞争、效率优

先兼顾公平的可控市场经济体系。主要措施包括:全面修正大规模私有化和全面自由化经济政策,重建国家调控体系,加强对经济的规划与监管,制定经济长期发展战略;完善市场经济运行的制度环境,构建法治的市场经济;强化国家对国有资产以及战略性行业的控制,稳健推行对外开放,积极融入世界经济体系。普京推行的经济改革很快使俄罗斯经济步入正轨并呈现快速发展势头,至国际金融危机前保持了7%左右的高增长率。

(三)打造政府与社会良性互动的社会管理体系。普京指出,俄罗斯“迫切需要富有成效的建设性的工作,但是在一个四分五裂、一盘散沙的社会里是不可能进行的。在一个基本阶层和主要政治力量信奉不同的价值观和不同的思想倾向的社会里也是不可能进行的”,强调必须加大社会领域改革力度,推动建立更加积极、负责任的公民社会,“使每个俄罗斯公民生活得体面而有尊严”。普京从经济、政治、社会与思想文化等各个层面综合施策,减缓日益严重的社会分化趋势,实现社会整合与国家秩序的协调治理。这些措施主要包括:采取超前增加居民实际货币收入、提高居民最低生活费标准、加快社会保障制度改革、解决拖欠工资和养老金问题等积极的社会经济政策,提高民众生活水平;提出以“爱国主义、强国意识、国家作用和社会团结”为核心的俄罗斯思想,促进价值观念整合与社会融合;协调国家与公民社会的关系,构建有效的社会控制体系,特别是对公民社会的发展进行规范和引导,培育符合俄罗斯“强国家—弱社会”传统、在法律和政策约束下与政府互动协作、对国家发挥建设性作用的公民社会。

二、注重国家治理体系与治理能力的有机统一,有效提升国家治理能力

(一)掌控决策机制,提高国家决策力。普京充分行使宪法赋予的决策权力,并在决策过程中妥善运筹,有效提升了国家决策能力。通过统领权力中枢总统办公厅和有总理、部长、地方行政长官参加的国家安全会议、国务委员会以及总统直属委员会等,保障了在战略决策、日常事务决策、紧急情况决策时的权威地位。各机构负责及时、高效向普京提供相关领域信息和建议,普京综合、协调各方意见,并拥有最终决策权。在应对如乌克兰危机等紧急和重大事件时,仅有少数核心人员参与决策,避免议而不决、坐失良机。普京对决策机制的全面掌控,使国家决策能力有了明显提升。

(二)理顺权力体系,提高决策执行力。借助对政党、地方的掌控能力,牢牢控制由政党代表组成的国家杜马和地方代表组成的联邦委员会,使普京确定的

国家发展战略和重大方针、政策能够以法律形式顺利通过；确保联邦和地方政府对总统的绝对服从，加大对政府部门监督力度，及时撤换不听话的要员，防止尾大不掉，形成令行禁止、上下一盘棋的良好局面。同时致力于提高政府行政管理效率，强调政府服务意识，有效预防和打击腐败，净化干部和公务人员队伍，打造高效、现代的行政机关。

（三）组建优秀执政团队，夯实国家治理的人力基础。普京执政后即着手组建自己的执政团队。受到叶利钦势力的局限，第一届总统任期内普京执政团队尚未完全成型。而在第二任期，普京羽翼丰满，威望如日中天，开始大刀阔斧强化国家权力体系，在人事安排上大力提拔和重用自己的班底，加快在关键部门和重要职位上部署自己的人。普京执政团队主要由总统办公厅、政府、议会、统俄党高层领导以及各联邦主体行政长官和能源、金融、军工等行业精英组成，其突出特点是：对普京忠心耿耿，坚定追随普京政治理念；工作能力强，坚决贯彻普京意志。正是由于拥有一支忠诚精干队伍，普京治国方略才得以落到实处。

三、普京个人执政理念、执政能力和执政风格，对俄罗斯国家治理体系和治理能力建设发挥了重大作用

（一）普京“具有保守主义倾向的务实主义”执政理念为俄罗斯国家治理奠定了思想基础。尽管普京在2013年才首次明确称自己是“具有保守主义倾向的务实主义者”，但实际上保守主义和务实主义一直是普京治理国家的重要理念。该理念立足世情国情，从实际出发，以俄罗斯传统价值观为依托，以国家利益为核心，以符合本国国情的发展道路为方向，以渐进改革为路径，以实现强国富民和恢复大国地位为目标。基于此，普京审时度势，强调俄罗斯必须寻找自己的改革之路，利用俄罗斯独特的优势和历史禀赋解决面临的问题和困难，将市场经济和民主制的普遍原则与俄罗斯的现实有机结合起来，避免走前苏联老路和重蹈20世纪90年代全盘西化的覆辙。

（二）普京出众的个人能力是俄罗斯国家治理取得成效的关键因素。普京是俄罗斯十多年来各领域改革与发展战略制定者、实施者，是国家治理顺利推进的重要保障。他头脑清醒、意志坚定，不屈服于美西方诱压和国内激进派主张，为国家选择了正确的发展道路；他目标明确、统揽全局，确保使俄罗斯不偏离既定发展轨道，在稳定、发展与改革中寻求政治、经济、社会协调共进的正确路径；他知人善任、用人不疑，能够整合资源、避免内耗，使俄罗斯各界精英为其所用，

共图俄罗斯发展大计。普京卓越的领导能力令人折服,就连一些反对派也不得不承认,普京是当前引领俄罗斯发展的最佳人选。

(三)普京强势干练的领导风格为俄罗斯国家治理打上了深深的个人印记。作为个人能力的外在体现,普京果敢强势、雷厉风行的领导风格有效提升了其魅力和影响力,为俄罗斯国家治理贴上了鲜明的个人标签。他果断平叛车臣、重拳反腐治贪、强力打击寡头和反对派势力,励精图治发展经济、改善民生,使俄罗斯走上大国复兴道路。“把匪徒溺死在马桶里”“用烧红的烙铁烧尽腐败”以及对无所作为的官员痛斥“要么我走人,要么你们滚蛋”,这些经典话语显示出普京铁腕治国的一贯作风。

四、几点启示

(一)处于转型时期的大国推进国家治理体系和治理能力建设必须立足本国国情。普京继承了俄罗斯强人政治历史传统,契合了当前俄罗斯社会和民众的强邦兴国心理,采取系列重大举措扭转了俄罗斯独立初期全面西化的倾向,在国家治理体系和治理能力建设上取得较大成效。俄罗斯的实践表明,西方模式不是治理现代化的唯一路径。对于一个处于转型阶段的大国来说,以符合国情为前提构建国家治理体系和提升国家治理能力是不二选择。

(二)国家治理体系和治理能力建设必须协调推进。普京在构建国家治理体系的同时加强国家治理能力建设,逐步排除影响国家治理的不利因素,使国家治理的制度建设逐步完善,国家发展战略与内外政策得到有效落实,推动各领域稳定发展。可见,治理体系和治理能力是一个相辅相成的有机整体,二者必须协调推进,不可偏废。

(三)领导人个人的魄力和胆识对推进国家治理体系和治理能力建设发挥了至关重要的作用。与叶利钦全盘西化相比,普京秉持“带有保守主义倾向的务实主义”理念,无论是发展主权民主还是构建可控的市场经济体系和以核心价值观念凝聚起来的公民社会,无不体现出普京追求秩序和稳定发展的治理理念、高超的治理能力和独特的人格魅力。俄罗斯在国家治理方面取得的成就,充分说明了大国领导人对推进符合本国国情的国家治理体系和治理能力建设的重要作用。

美国国家治理体系和治理能力现代化的过程、做法及启示

美国在200多年的历史中,克服了一个个危机,逐步确立了独特的政治体制和经济社会治理模式,实现了国家治理体系和治理能力的现代化。

一、美国自独立到南北战争结束,先后克服了宪政危机和国家分裂的危险,用近90年时间确立了独树一帜的制度模式,国家治理体系总体框架得以确定和巩固

美国在18世纪末通过独立战争摆脱了英国殖民统治,但独立后仅成立了松散的邦联,主要权力仍在各州,并未立即形成统一有效的国家治理体系。"弱政府"模式很快暴露出无力管理经济、金融和保卫国家安全等问题。1787年,各州代表在费城举行制宪会议,经过反复讨论协商,签署了宪法草案并于1789年得到多数州通过,美国联邦政府据此成立并开始运作。这是世界上第一部成文宪法,为美国设计确立了联邦制以及立法、行政和司法三权分立的基本权力架构,探索出了一套全新的美式政体。

但宪法并未帮助美国实现思想、经济等各领域的全面统一,由此一度危及了美国政治体制稳定甚至国家统一。以工商业为主的北方和严重依赖农业的南方在经济模式和贸易政策上存在根本分歧,在是否保留奴隶制方面也难以一致。随着南北矛盾激化,部分南方州宣布脱离联邦另组政府,直接导致1861年南北战争爆发,美国遭遇国家分裂危机。1865年,战争以北方胜利告终,美国成功维护了国家统一,并顺势废除奴隶制,工业也逐步成为国家主导产业,其基本政治和经济制度得以巩固和强化,并保持长期稳定,为随后经济社会的繁荣奠定了基础。

二、南北战争后，美国经济社会飞速发展、急剧转型，一度面临寡头垄断、官员腐败、道德沦丧等诸多挑战，美国政府采取一系列举措应对，在19世纪末至今的一百余年中逐步完善国家治理体系，不断提高治理能力

(一)根据形势需要不断调整政府职能定位和管理方式，提高政府治理能力。美国总体奉行自由主义理念，对政府作用的认识经历了曲折过程。南北战争后美国继续奉行自由放任政策，经济迅速扩张的同时也带来大量问题。19世纪末20世纪初的“进步主义”时期，美国政府开始以反垄断为着力点尝试对市场进行干预。先后通过《谢尔曼法》和《克莱顿法》，对垄断贸易行为作出明确限制，并成立司法部反垄断局和专门的反垄断执行机构——联邦贸易委员会，初步形成反垄断体系，对市场行为加以限制。

1929年经济危机后应运而生的“罗斯福新政”标志着美国政府开始全面干预经济社会生活，美国进入“大政府”时代。在经济金融领域，干预工、农业生产，防止盲目竞争引起的生产过剩，整顿银行和金融业。在社会领域，重点推行“以工代赈”，设立公共事业振兴署，雇用大量劳动力兴修公共工程；通过《社会保障法》建立起“从摇篮到坟墓”的社会福利体系；改善劳资关系和工人待遇，首创累进税制度。在凯恩斯主义和“新政”影响下，“大政府”状态在美延续了约半个世纪。到20世纪70年代，滞胀问题令政府束手无策，联邦政府机构迅速膨胀导致公共开支负担沉重，政府效率和声誉每况愈下。

20世纪八九十年代美国大幅放松政府管制，掀起了影响深远的公共管理改革。强调政府核心职能是“掌舵”而非“划桨”，大力推行“重塑政府”运动。一是收缩政府经济职能。推行新自由主义，减少税收，放松政府管制，刺激自由竞争。二是优化社会福利支出结构。倡导变社会福利为工作福利，对福利项目实行市场化改革，但同时加强了政府在教育、环保等领域的投入和作用。三是对政府本身进行“重塑”。改革预算和采购制度，健全政府内部运行机制；通过《政府绩效和结果法》并成立国家绩效评估委员会，对政府部门的服务质量进行绩效考核；打破政府垄断，通过合同承包、公私合作等方式使公共服务市场化；推动电子化办公和电子政务系统建设。这一时期的改革结束了“大政府”时代，政府效率、财政状况和公信力均明显增强。但自由化过度发展又酿成了2008年国际金融危机，奥巴马政府重新强调政府的干预作用，加强金融监管，实行量化宽松政

策，支持实体经济发展，力图在维护自由竞争与政府适度干预之间找到新的平衡。

（二）充分发挥非营利组织作用，激发社会活力与自我治理能力。政府、企业、社会组织分工合作的社会治理模式，尤其是非营利组织发挥重要作用，成为美国治理体系的突出特点和优势。美国非营利组织规模庞大、实力雄厚。2011年在联邦税务局登记的非营利组织达158万个，总资产4.63万亿美元；其2010年支付的员工工资占全国的9.2%；其2012年产出占全国国内生产总值的5.5%。美国一半以上的公共服务由非营利组织提供，覆盖宗教、扶贫、养老、社区建设等社会生活各个领域。以非营利组织为主要媒介，美国社会力量和民众得以广泛参与社会治理甚至相关决策，形成"小政府、大社会"模式，有利于提高社会自我治理能力，激发社会活力，维护社会稳定。

该模式的成功，离不开全方位的配套政策、机制和民意基础。一是政府提供财政支持。一方面进行税收优惠。对非营利组织与其宗旨相关的活动减免税，对向特定非营利组织捐赠的个人或组织减税。另一方面以政府采购的形式购买公共服务，非营利组织30%的资金来自政府拨款或合同。二是进行全方位监管并鼓励竞争。美国非营利组织入口宽松，但监管严格。各州设有专门负责非营利组织的副检察官，税务局监督其财务运作，要求其公开信息供公众监督。此外，美国非营利组织需争取政府合同，彼此竞争激烈，也有助于实现资源有效配置。三是民众广泛参与。美国民众拥有志愿服务和慈善捐赠的传统，政府也通过相关机制加以鼓励，从而为非营利组织提供了充分的人力和资金保障。2012年，26.5%的美国成年人参加了志愿活动，平均每个志愿者提供义工服务193小时；美国慈善捐赠总额3162.3亿美元，其中个人捐赠占73%。

（三）通过健全法律制度加强预防和监管，完善反腐败体系。19世纪末、20世纪初，美国曾陷入系统性腐败。1883年国会通过《彭德尔顿法》，将文官制度由政治分肥制转为功绩制，此后相继通过了多个关于竞选筹款限制、经费公开和禁止文官参与政党活动的法案，较好地遏制了腐败蔓延。

"水门事件"后，美国反腐败体系进一步完善、定型，并沿用至今。一是健全法制。先后通过《联邦选举法》和《政府道德法》，严格管理竞选经费，要求高级官员申报财产，并对官员离职后的从业行为作出规定。1992年颁布《行政部门雇员道德行为准则》，对官员各方面行为作出详细规定。二是设立机构。1978年设立的政府道德办公室，成为美国联邦政府廉政建设的领导机构。同年制定监察官制度，政府各部门设立监察官办公室，监督调查本部门官员。三是重在预防。美国反腐败的重要原则是防止官员职责与个人利益之间存在实际或潜在的

“利益冲突”。官员的提名、任命、培训和财产申报制度均着眼预防这一冲突,从而在源头上降低官员腐败的概率。四是严于监督。被称为“第四权力”的美国媒体在进步主义时期就掀起了著名的“黑幕揭发运动”,在“水门事件”中的作用更是至关重要,已成为美国反腐败的重要一环。此外,美国强调权力制衡的政治制度和健全的社会信用体系也在一定程度上有利于发现和制约腐败行为。

(四)政府与民众共同重视和维护环境和食品安全,改善生活环境。美国快速工业化过程中,“西进运动”和企业片面逐利行为导致自然资源遭到严重破坏,假冒伪劣食品横行。美国政府将解决生态环境和食品安全问题作为重要任务,坚持不懈地推进,逐步形成了一整套行之有效的做法。一是制定法律。1872年通过的《黄石国家公园法》开启了环境立法进程,此后陆续通过了大量相关法律。在食品安全方面,1938年通过并经多次修改的《联邦食品、药品和化妆品法》是同类法中最全面的一部,同时还出台了关于各类食品及营养品、药品的专门法律,制定了非常具体的标准和监管程序,实现了“从农田到餐桌”的全程监控。二是政府作为。一方面健全机构。1970年成立的环保署是美国最核心的环保和执法机构,白宫设有总统环境质量委员会,内政部、农业部、司法部等联邦机构也分别承担部分环保职能。卫生和公共服务部下属的食品药品监督管理局是美国负责食品药品安全的主要职能部门。另一方面全面施策。既要“惩恶”,提高违法成本,也要“扬善”,通过优惠、奖励等手段鼓励企业强化环保和食品安全意识;同时综合运用行政和经济政策,帮助企业在资源开发与环保、提高效益与确保产品质量之间找到平衡。三是唤醒民众。在政治家的引导以及专家学者和媒体的普及推广下,美国民众普遍具有极强的环保和食品安全意识,享有广泛的参与、知情和监督权,形成了全民自觉践行环保理念、维护自身权益的良好社会氛围。

三、美国推进国家治理体系和治理能力现代化的过程,集中展现出其维护国家稳定、解决发展中的矛盾并逐步崛起为超级大国的前进轨迹,相关经验具有一定启示意义

(一)将立足本国国情与借鉴外国经验、维护基本制度与动态调整相结合。美国人口、宗教文化和殖民地时期的自我治理模式均继承自英国,并深受欧洲启蒙思想的影响。但美国立足于其新大陆移民国家的基本国情,以各州宪法和政府结构为蓝本,协调各州利益诉求,确立了不同于英、法等欧洲国家的独特政治

体制。其高度分散制衡的权力结构、自由市场经济以及“小政府、大社会”的治理模式,均源自美国人崇尚个人自由、怀疑权威的独特民族个性,具有鲜明的美国特色。

国家治理体系和治理能力的现代化是一个动态过程。美国基本制度初步确立用了将近90年,具体经济社会治理模式则始终处于调整之中。同时,坚持维护基本制度稳定,保持本国特色和优势。美国宪法自制定后从未修改,只以增加修正案的形式进行必要补充,200多年中仅有27项修正案被通过,其国家治理体系从未发生根本变化。

(二)政府和政治精英善于“掌舵”,在推进国家治理体系和治理能力现代化过程中发挥引领作用。美国虽秉持“有限政府”理念,但政府在推进国家治理体系和治理能力现代化过程中始终发挥着“掌舵”的核心作用。首先是敏锐把握形势发展和民众需求变化,主动引导国家治理体系的调整完善。其次做好顶层设计,推动相关立法。更多引进专家学者参与决策,倾听社情民意,达成政治共识,使政策设计符合实际。再次,政治精英始终发挥引领作用。美国基本制度的确立完全由华盛顿等开国元勋主导完成。在一系列重要危机和转折时期,在任总统及其身边的精英人物均发挥了关键领导作用。

(三)充分发挥市场和社会作用,坚持多元主体共同参与治理,不断为国家治理体系注入活力。美国治理模式的突出特点是政府与市场、企业、非营利组织、民众等多元主体共同分享权利、分担责任。一方面,以市场和社会为主体,开展自由竞争、自我治理,充分调动其积极性和主动性,最大限度释放其活力和创造力;同时在政府与民众间建立起沟通桥梁和缓冲地带,有效避免政府过多卷入具体事务和纠纷,减少矛盾。另一方面,政府找准定位,做好“裁判员”,既不缺位也不越位,在提供基本设施和制度保障的基础上,重点通过法律法规和经济社会政策,对其他主体的行为进行调控、监管和服务。

(四)完善法律法规,培养全民法治意识,保障国家治理体系有序、顺畅运行。法治是贯穿美国国家治理体系和治理能力现代化进程的关键要素。首先,切实加强法制建设。美国治理体系以宪法形式确定下来并保持长期稳定,其任何调整和改革都首先寻求立法保障。法律制度全面、具体,一切经济社会活动都有法可依。其次,在全社会牢固树立法治意识,崇尚法治精神。美国始终重视提升公民法治意识和整体素质,民众具有根深蒂固的宪法至上观念,普遍自觉遵守和维护法律,政府、市场和社会的一切活动都在法律框架下进行。

(五)建立完整的价值观和理论体系,重视治理理念发展创新。美国家治理体系建立在美式价值观基础上,受到民众高度认可和自觉维护。具体制度的调整、改革,始终与社会思潮、理论研究和治理理念创新密切结合。一是从社会舆论中及时发现问题所在、民心所向并顺势而为。西奥多·罗斯福就是在看了《屠宰场》一书后意识到食品安全存在的严重问题,进而顺应民意,采取坚决措施予以应对。二是选择适应现实需求的研究成果为政策制定调整提供理论依据。美国政府在历次经济危机中的重大政策调整,背后均有相应经济学理论支持,保证了政策的系统性和科学性。三是主动引导民意,与民众充分沟通,作好宣传、解释工作,保证国家治理体系调整得以顺利进行,这本身也是治理能力的重要体现。

四、美国相关做法和体制是其独特国情的产物,资本主义的特点和局限性突出,必须坚持扬弃的观点看待和借鉴

(一)难以摆脱资本主义固有矛盾。美国国家治理体系的资本主义特性十分鲜明,无法解决资本主义本身的深层次矛盾。其对政府与市场关系的反复调节虽可暂时缓解经济发展的突出问题,但无法避免经济危机的周期性爆发。美式民主制度难掩其由资本控制的本质,金钱政治和制度性腐败难以根除。

(二)过度分权制衡影响治理效率。分权制衡是美国国家治理体系在制度设计方面的一个重要特征,但片面、过度强调分权而缺少统一,必然导致效率低下,甚至出现治理失灵。两党轮替制度导致政府政策时有反复,缺乏连续性。三权分立使府院彼此掣肘,政府施政经常因国会否决而无法推行,甚至因缺少预算而一度被迫关门。

(三)严重贫富分化导致社会分裂。美国价值观和治理体系强调自由,重视发挥个人、市场和社会的力量,但放任自由竞争导致贫富差距拉大,社会流动性下降,分裂为利益诉求不同的阶层。与此对应,代表不同阶层利益的民主、共和两党为争取选民支持,立场走向两个极端,几乎在所有重要政策理念上均针锋相对,社会分裂和政治极化成为美国当前国家治理面临的突出问题。

(四)新挑战层出不穷亟待解决。尽管美国凭借全方位改革较有效地处理了国家治理现代化不同阶段中的"成长烦恼",但随着经济社会进一步发展,新问题仍不断涌现。经济全球化带来制造业外流、国内就业岗位流失,金融监管难度加大;持续涌入的移民造成少数族裔大幅增加,人口结构显著改变,国家治理面临新的矛盾和挑战。

英国推进社会治理现代化的主要历程、特点及启示

英国是西方近现代文明的源头,引领了资产阶级革命和工业革命,曾是盛极一时的“日不落”帝国。第二次世界大战后,英国综合实力和国际影响力大幅下降,但作为西方老牌资本主义国家,英国始终紧跟全球化发展步伐,保持大国地位,这与英国社会稳定与活力并蓄关系密切。

一、英国推进社会治理现代化主要经历了“无为而治”“有限管理”“全面介入”“调整完善”四个阶段,逐步建成了覆盖社保、卫生、教育等社会事业的国家治理体系,并不断在调整和改革中推进治理能力现代化

(一)第一阶段(17世纪至18世纪),社会事业无序发展,政府基本“无为而治”,间或被动调节。随着1640年资产阶级革命和1688年“光荣革命”的胜利,英国最终确立君主立宪制,并进入早期资本主义阶段。当时,社会事业的重点是救济贫困,主要以教会自发组织的慈善济贫活动为主。都铎王朝末期,首次生产力革命催生了庞大的失业队伍,严重威胁社会稳定和王权稳固。在此背景下,伊丽莎白一世于1601年颁布《济贫法》,将已有的济贫惯例用法律固定下来,在一定程度上缓和了社会矛盾。这一阶段,受到亚当·斯密“自由放任”经济学理论的影响,政府只充当“守夜人”角色,既不关心社会事务,也不存在系统性管理,仅在社会矛盾激化危及统治时,才设法被动调节。

(二)第二阶段(19世纪至20世纪初),工业革命迅猛发展催生诸多社会问题,政府开始着手建立社会管理体制,对社会事务进行“有限管理”。随着社会问题日益增多,特别是19世纪初声势浩大的宪章运动,迫使统治阶级开始认真考虑社会改革,消除工业化的负面后果。19世纪30年代起,议会先后通过修订《济贫法》、颁布《公共卫生法》《初等教育法》等,要求政府承担更多扶助贫困和

提供基础教育的责任，并增设济贫部、地方事务部、教育部等政府机构，搭建起管理社会事务的基础框架。20 世纪初，在新自由主义影响下，英政府进一步出台《养老金条例》《儿童法》《全民劳工介绍法》《教育改革法》等一系列社会改革法案，继续为政府管理社会事务的体制机制建设添砖加瓦。这一阶段，欧文主义“社会改造”理论和新自由主义“用国家立法力量和行政职能调节社会财富”的思想对英政府逐步介入社会事务的重要方面和进行“有限管理”产生了重要作用。

(三)第三阶段(20 世纪中叶至 70 年代)，全球资本主义经济危机和第二次世界大战后百废待兴，政府被迫全面介入社会事务，政府“掌舵”兼“划桨”的社会治理体系全面建成。20 世纪 30 年代经济大萧条爆发后，市场完全失灵，社会严重动荡，社会信心几乎崩溃。第二次世界大战加剧了形势的严峻性。此时，只有强大的政府才能承担起修复经济社会创伤的重任。1945 年，工党政府先后颁布《国民保险法》《国民医疗保健法》等系列法案，着手建设“福利国家”，并于 1948 年宣布建成世界上首个“福利国家”。此后几十年，英政府不断完善该体系，逐渐形成“福利普遍化、保障全面化、管理统一化”的社会保障网。这一时期，在凯恩斯主义“加大政府干预，通过国家主持收入再分配”理论指导下，政府大大强化了对社会事务的管理职能，成为社会治理的“掌舵人”兼“划桨人”，社会治理成为国家发展战略的主要内容之一。

(四)第四阶段(20 世纪 80 年代至今)，“英国病”凸显“福利国家”模式弊病，撒切尔夫人及其后的历届英首相相继走上改革调整道路，努力在社会治理领域做到“掌舵”不“划桨”。20 世纪 60 年代起，英国经济出现滞胀，政府背上沉重的财政负担，以“福利国家”模式为核心的社会治理体系难以为继。撒切尔夫人上台后，运用综合手段医治“英国病”，在社会事业领域减少国家干预，减轻国家社保负担，适度引入私有制，实现国家责任与个人责任的基本平衡。此后历任政府基本延续上述原则，并根据实际情况不断调整改进。1997 年布莱尔上任后提出，政府的作用不是提供全部社会保护，而是发挥“组织和规范”职能，致力于建立有效而富有生机的社会机制。2010 年卡梅伦上任伊始就提出“大社会”理念，鼓励更多主体参与管理社会事务、提供公共服务。可以说，逐步减少政府的社会负担，力促政府“掌舵”不“划桨”，始终谋求社会治理体系符合经济社会发展水平成为这一时期英国政府进行社会治理的主导思想。

二、英国推进社会治理现代化过程中，始终坚持政府发挥主体作用、保公平重效率、鼓励多元参与、立法先行、科学决策等做法，保证了英政府对社会事务的有效治理。但其中一些教训和局限性也值得反思

（一）政府在社会治理方面的主体作用明显，市场在政府主导的框架内发挥辅助调节作用。与美国自由主义思想指导下的社会治理体系相比，英国社会治理体系体现着更强的国家主义，国家干预的范围更宽，管理力度更大。社保、医疗、基础教育等经费支出主要由政府承担，政府公共支出的70%左右用于社会事业。社会保障机构、国家医疗服务体系、基础教育均为中央集权式管理，由政府部门和公共雇员运作。看病、就业找国家，甚至连婴儿奶粉和尿片、小学生的午餐都由国家提供。与此同时，市场的作用并未被忽视。政府将市政、家庭看护、养老扶助等一些社会公共服务进行合同外包，与其他组织平等进入市场选择并购买服务，既提高了政府服务水平，又降低了服务成本。市场因素的引入可以对国家过分干预和负担过重的情况进行调节和修正，保证了治理体系的可持续性。

（二）政府把“保基本、保公平”作为社会治理的重要原则，同时重视制度设计，力促提高效率。在社保、医疗、教育等事关社会稳定和公民素质的核心社会事业上，英国政府十分重视“普遍”和“公平”原则，在公平和效率之间更多关注公平。例如，英国国家基本养老金制度在收费和津贴上采用统一标准，不因个人收入产生差别，每位达到法定年龄和资格标准的老人都可以领取基本养老津贴。国家医疗服务体系面向全民提供的免费医疗也充分体现出“一视同仁”原则。在基本公正得到保障的前提下，作为拥有成熟市场经济体制的国家，英国政府时刻不忘提高效率。撒切尔夫人首开先河向国家医疗服务体系引入“内部市场”，迫使公立医院相互竞争，在不影响公民免费医疗的前提下，提高了医院运作的效率。英国国家医疗服务体系效率明显高于其他欧美国家，服务覆盖全民，而支出仅占国民生产总值的10%，低于其他欧洲国家，是美国的一半左右。

（三）鼓励民间组织和社区积极参与社会治理，实现多元合作共治，增加了社会治理体系的活力和弹性。英国历史上有依靠民间组织进行社会治理的传统，慈善和互助观念深入人心。随着政府公共服务改革的深入，政府与民间组织逐渐结成“伙伴关系”，政府鼓励民间组织参与公共服务的组织与供应。英国约

有17万民间组织,从业人员达到60.8万人,活动领域覆盖扶贫、教育、就业、卫生、社区、移民融合等各方面,在社会治理中发挥着独特作用。此外,英国政府高度重视社区建设,自20世纪60年代起先后实施“社区发展项目”“社区新政”“邻里复兴国家策略”等战略,积极开展公益、普惠性质的社区项目和社区服务,鼓励公民参与社区建设,让不同的人群,特别是弱势和边缘群体在社区网络中找到所需帮助和支持,在社区层面搭建社会安全网,为社会治理创造了新工具。

(四)重视立法先行,以完备的法律法规体系作为社会治理的基础和保障。英国社会治理体系的建立、发展和完善,均表现出立法先行的特征,法律法规的有效执行保障了社会治理体系有序运行。英国社会保障体系的发展史就是一部法制史,这一领域法律历史之悠久、种类之多、规定之细使社会保障法成为独立的法律门类,是政府提供和管理社会保障的坚强后盾。英国教育立法走过了百余年历程,每次教育改革都是以出台教育改革法案为第一步。除了《教育法》《教育改革法》等支柱性法律,还辅以政府白皮书等文件,不断充实完善教育法体系。英国政府还善于发现社会治理领域新挑战,及时立法予以应对。面对计算机技术的发展和网络的普及,英政府自20世纪80年代末就积极开始推动互联网立法,先后出台《防止滥用电脑法》《分级、检举和责任:网络安全协议》《数据保护权法》等法律法规,与时俱进完善网络管理的制度设计。

(五)社会治理决策遵循科学、民主原则,争取将社会治理建立在广泛民意支持基础上。英国政府推动重大社会政策出台前,往往会做大量前期工作,包括请专家对相关领域的现状和问题进行独立调查,以报告形式提出对策建议。福利领域的《贝弗利奇报告》、公共改革领域的《富尔顿报告》、高教改革方面的《罗宾斯报告》、媒体监管方面的《利文森报告》都是相关领域决策和立法的重要基础与依据。报告内容向公众发布,政府听取公众反应,收集各界意见。此外,政府还会与该领域利益攸关方反复磋商,以使政策出台后得到社会认同。根据各方意见,政府不断调整修订政策内容,最终形成的草案还要提交给议会进行充分辩论和投票表决。上述过程使有关政策得到较充分论证,基本能反映民意。在此基础上形成的政策一经颁布实施,往往能得到较好的贯彻执行。

值得注意的是,英国在推进社会治理现代化过程中也存在一些问题和挑战。一是福利支出不断膨胀,导致政府社会负担日益加重,难以为继。英国福利保障项目无所不包,保障标准只升不降。英国福利支出从2001年570亿英镑增长至2012年1590亿英镑,估计2014年将达1800亿英镑,2018—2019年将突破2000亿英镑。卡梅伦政府出于保持福利制度的可持续性考虑,提出限制福利开支攀升,但其目标显然很难实现。二是优厚的福利待遇助长了部分人“不劳而获”的懒惰心理,公民责任感下降。据英国广播公司调查,一个父母双双失业、育有6子的家庭每年领取的各类福利总计高达3万英镑。目前,全英有近500万人靠“吃福利”过活,将近英国总人口的1/10,对积极就业者产生负面影响,公民社会责任感日益淡漠。三是资本主义制度性缺陷导致某些社会领域治理缺失。无论是保守党、自民党还是工党,均代表特定社会阶层利益,在制定社会政策时往往受到政党政治、利益集团诉求、选情需要、舆情民意等因素制约,无法从全局和长远角度出发为社会各阶层谋福利,导致某些社会领域治理缺失,如移民融合、社会流动性差等问题长期得不到重视和解决,成为社会骚乱的根源和推进社会改革的障碍。

三、英国社会治理的经验教训具有一定启示意义

(一)坚持从本国国情出发,建立与经济发展水平相适应的社会治理体系。英国推进社会治理现代化的实践表明,只有植根于本国土壤、符合国情,与经济发展水平相适应的社会治理体系才能行之有效。推进社会治理现代化,必须以促进社会公平正义、增进人民福祉为出发点和落脚点,切实结合经济发展水平,设计社会事业的发展目标、改革内容和体制机制,不照搬照抄别国模式。

(二)坚持发挥政府在社会治理体系中的主导地位,鼓励市场、社会组织、公民等有序参与。社会问题往往涉及公共利益,依靠个人、社团、企业或其他社会个体无法解决,政府是唯一可以综合调配资源、协调各方利益的力量。在推进社会治理现代化过程中,必须发挥政府主导作用,鼓励和支持社会各方面的参与,实现政府治理和社会自我调节的良性互动。同时,应支持和发展志愿服务组织,推进社会组织明确权责、依法自治,有序参与提供公共服务和促进社会问题解决。

(三)健全的法律法规和严格的司法执法是社会治理体系顺利运行的重要保障。在推进社会治理现代化过程中,应当首先完善社保、医疗、教育、就业、社会组织管理等领域的立法,规范、细化涉及各项社会事业的体制机制和政策体系。不断提高各级政府依法执政水平,坚持依法治理,加强法治保障,运用法治思维和法治方式化解社会矛盾。

德国国家治理模式的特点

一、德国治理模式主要经历了三个发展阶段

(一)建立德国治理模式的基本框架。从第二次世界大战结束到20世纪60年代中期,德国在战争废墟上开始探索国家重建的路径。在发展经济方面以自由主义为理论指导,国家对经济运行很少进行直接干预,充分发挥自由竞争对资源分配的调节作用。政府通过制定颁布《原则指导法》《反对限制竞争法》《信贷法》等一系列法律法规,在全国推行"货币改革"和"价格自由化"改革,建立起财政、竞争、货币信贷等方面的运行秩序,形成了德国社会市场经济的基本规则。同时,继承德意志帝国时期的社会保障传统,通过加强相关立法,建立了涵盖养老、住房、儿童、教育、伤残、失业等方面的福利保障制度。

(二)围绕政府与市场关系的几轮调整。1966年,以民主社会主义理论为指导思想的德国社民党上台执政,将社民主义主张的公平、公正思想制度化,加强了国家对经济发展的宏观调节和干预作用,使社会市场经济的"凯恩斯主义色彩"更加浓厚。1982年基民盟基社盟上台执政后,在新自由主义的影响下,德国政府开始推行"多一点市场、少一点国家"的经济政策,减少税收,提高劳动生产率和劳动力市场自由度,缩减社会福利开支和政府财政赤字,让政府和企业有更大的经济活动空间。1998年社民党再度上台后,为了解决当时德国竞争力下降和失业率高企等问题,先后启动了"新社会市场经济倡议"和"2010改革计划",进一步减少了国家对经济的干预,削减失业津贴和社会福利,下调过高的退休金,使社会保障制度和市场经济的自由竞争相协调。此外,德国还在1995年组建了"精干政府"专家委员会,采取了一系列重审职能、精简机构的措施,并坚定推行创新驱动发展战略,建立起了分工明确、统筹互补、高效运作的多层次科研系统。

(三)国际金融危机后德国治理模式的变革。2008年爆发的国际金融危机使主要资本主义国家发展模式遭到前所未有的冲击,德国的金融业和实体经济

也受到重创。在此背景下,德国治理模式进行了多方面调整:一是向银行大量注资,稳定金融秩序,并对投资基金、对冲基金以及金融衍生品进行更加严格的监管。二是整顿国家财政,推行政府节约开支计划,减少失业补助金等社会福利开支,有效解决财政赤字问题。三是继续推行创新驱动发展战略,制订并落实在能源、健康、通讯等领域的科研行动计划,不断提高科技创新能力。加强对新兴产业和技术领域的投资,增强企业竞争力,实现以知识和创新为基础的"灵巧增长"。

二、德国治理模式坚持以社会市场经济为基础的经济发展模式

德国的社会市场经济模式既继承了传统资本主义市场经济中的私有制、契约自由、竞争自由、经营和择业自由等特点,又吸纳了社会主义强调公正、公平和共同富裕的理念。主要有以下几方面特征:一是在经济发展中坚持市场自由竞争与适当的国家干预相结合。在发挥市场主体自由竞争作用的同时,国家通过立法对经济生活进行适当的干预,以保证经济正常运转。即使在国家不得不参与的公共事业领域,也强调按照市场法则进行管理和经营。二是注重效率和公平的有机统一。通过充分发挥个人自由、积极性、创造性和市场竞争性,实行优胜劣汰,以提高经济效率。同时,制定相关社会政策,建立完善的社会保障体系,保证社会公平和安全。三是实行劳资"共决制"的企业管理制度。企业劳资双方需协商解决培训、解雇、工资、劳动时间等涉及劳动者权益的问题。在企业最高决策层设有员工代表,与资方共同参与企业管理,由此减少劳资双方的矛盾冲突,有效提高企业效率。四是确保银行具有高度的独立性和权威性。德国通过立法确立了联邦银行独立于政府实施货币政策的权力,可以灵活运用货币金融政策的各种具体措施来促进经济发展。银行作为企业的主要融资渠道,对企业发展发挥着重要影响。

三、德国治理模式坚持打造精干高效、素质过硬、清正廉洁的政府

一是实现政府机关小型化。德国通过改革将几个管理部门事务合并由新的综合管理部门承担,撤并一些职能类似的部门,有效提高了行政效率。二是注重公务员教育和素质提高。德国政府将培训贯穿在整个公务员管理体制中,针对不同级别的公务员设计针对性的培训内容,使公务员能够根据工作需要和形势

发展,不断补充新的知识和技能。三是建立科学的绩效考核指标体系。由部门负责人、实际执行人员、工会负责人和相关第三方人员组成评审团,负责每年对公务员工作进行考核评估。考核评定分为杰出、高效、有效和不佳四个等级,并与公务员晋升加薪直接挂钩。对于考核严重不达标的公务员予以辞退。四是多措并举加强廉政建设。通过完善《公务员法》《反腐败法》等法律法规,不断加强反腐败制度建设;注重对公务员的权力分解和行为约束,对于重大工程项目的招投标、财政资金支出、警察执行公务等都必须坚持两人以上共同把关和执法;在容易滋生腐败的权力部门或重要岗位实行轮岗制,减少寻租空间。

四、德国治理模式确立以人为本、民主公开、多方参与的社会管理机制

德国在社会管理理念以及建设科学民主的决策、执行、监督机制等方面具有一定特色。一是坚持以人为本的社会管理理念。政府在社会保障的制度设计上,既帮助处于困难的民众,保障每个公民不承担过度风险,同时通过政策激励民众克服困难,创造条件让他们重新融入社会。二是确定准确的政府职能定位。政府在社会管理中追求“有限高效”而不是“无限万能”,将工作重点放在提供公共产品和服务上,关注民生、社会保障和公正公平。德国各级政府在社会管理方面职能划分十分清晰:联邦政府主要负责交通基础设施和全民社会保障工作;州政府主要负责教育、司法和文化事业工作;县市地方政府主要承担能源供应、社会福利救济等职责。三是建立科学民主的决策机制。社会管理的各个方面都有比较完备的法律规范,并根据实践发展不断补充完善。政府运行和社会管理都严格按照法律来执行,重大决策、城市建设规划等都要充分听取民众意见。四是注重利用市场化、社会化手段。在社会管理中,政府负责“掌舵”职能,而“划桨”职能更多的由市场来完成。重视发挥非政府组织作用,由公益性的社会组织、基金会、工商协会、手工业协会承担劳动者技能培训、老年人护理等部分服务民生的工作。此外,德国政府注重信息化建设和管理,建立了公民个人信息档案,完善社会管理信息化网络,为科学决策和管理提供技术支撑,提高了行政管理水平和效率。

五、坚持稳步推行创新驱动的发展战略

德国一直非常注重创新能力建设,以政府为主导推行了一系列战略规划,并

辅以有针对性的政策举措，成为世界上创新领先国家之一。一是注重创新战略的连续性和创新政策的系统性。2006 年，德国首次发布《德国高科技战略》报告，提出了从科研创新到占领市场的一体化战略，有效实现了科研成果与市场需求的结合。2010 年，政府又通过了《德国 2020 高科技战略》，在能源、生物技术、纳米技术、交通、健康等领域出台了一系列政策。二是形成对内整合、对外聚合的良性互动机制。德国创新政策的制定注重发挥多元主体作用，将政府、企业、科研部门以及其他社会力量全部纳入创新网络，通过紧密合作和信息共享实现创新技术的产品转化。同时，充分利用全球创新资源，在全球广泛开展科研合作，宣传德国的优势和吸引力，促进国家间技术转移。三是突出企业的创新主体地位。德国企业承担了德国近 2/3 的研发支出，其自主创新能力不断增强，成为技术创新的主力军。政府推出一系列措施支持企业创新，拓宽创新性初创企业的融资渠道。四是强调区域、产业的均衡协调发展。作为德国区域发展战略的重要原则，“实行均衡发展”被写入德国宪法。面对两德统一时东西部地区巨大的发展差异，联邦政府在研究项目资助方面向东部地区倾斜，启动了各种针对性的资助计划，加强东部地区的创新能力。

此外，德意志民族勤劳踏实、严谨细致，十分讲究团结和秩序，为德国治理模式有效实施提供了可靠保证。

德国治理模式在长期发展过程中也遇到了一些挑战和问题，例如外向型为主的经济较容易受外界的影响和冲击；政府对劳动力市场的过度干预导致人员流动不畅，降低了经济运行效率；过高的社会福利造成企业和政府的负担过重，抑制了投资与消费等。

北欧经济社会治理体系的主要特征、理念原则

北欧从19世纪七八十年代进入资本主义萌芽阶段，迄今近一个半世纪里，特别是第二次世界大战结束以来，多数国家经济持续快速发展，社会和谐稳定，治理模式独树一帜，在西方发达国家中十分抢眼。与美英实行自由市场经济不同，北欧国家实行社会市场经济，在保持高度私有制经济同时，政府在宏观调控、提供公共服务、确保经济稳定发展等方面发挥着主导作用。各国建立起基于"公民权利、普遍性和统一性"原则的完善的社会福利体系，贫富差距很小，较好保持了经济增长与社会公平之间的平衡。可持续发展、依法治理以及廉洁治理等意识和实践世界领先，健全的法律和配套管理机制覆盖政治、经济及社会各领域。虽然北欧经济社会治理体系的形成有自身特殊性，但其中一些做法和理念值得研究借鉴。

一、北欧治理体系的主要特征

（一）较好保持了市场经济与政府调控的平衡。一方面，各国实行市场经济制度，保留并鼓励发展私有经济，借助市场和竞争激发经济活力。另一方面，国家通过强大的干预型政府和公共服务部门，实行有力的政府调控和政策引导，确保效率和公平兼顾。北欧国家遵循"凡是能够市场化的尽量市场化，但该由政府或国企提供的政府坚决做好"。政府控制、提供服务和参与的领域主要体现在几方面：一是掌控非竞争性基础领域的重要行业和关键部门。如涉及国计民生的核心产业、重点企业和国家安全领域，烟酒专卖、博彩业等行政垄断性领域，对金融业实行较全面的监管。主要通过完全国有或公私合营国家控股的形式进行控制，或通过政府采购，确保核心产业的安全。二是主导公共服务领域。国家大力发展社会事业、教育事业、医疗卫生事业和全方位社会保障体系，并通过财力支持、建立各种服务机构、减免税、加强就业培训和开发公共项目等手段，积极促进就业。三是为促进市场主体正常运转和创新提供服务。重点是创造良好的

市场环境和推动企业创新。政府一般不作为社会投资主体,但要为各类投资主体提供良好的市场环境;政府不干预微观经济活动,但要为企业和其他各类市场主体服务。

(二)通过高税收、高福利等手段促进社会公平公正。一是在提高生产效率的基础上,通过二次分配兼顾公平。高个税为国家实施社会高福利积累了资金,使社会成员享受平等的福利待遇。二是建立了从"摇篮到坟墓"的全民社会福利保障制度,形成老有所养、少有所教、病有所医、失业有保险等一系列完善体系机制,并以社会津贴和社会救助作为有益补充,奠定了社会稳定的基础。三是视充分就业为公民最基本的福利。历届政府均把促进就业作为首要任务,并将享受福利与就业有机结合。四是义务教育、全免费教育和基础教育均衡化,高等教育普及化,成人教育终身化,提高全民素质,使每个人都有获得成功的机会。五是通过总目标计划、转移支付和提供平等的公共服务等手段,平衡地方政府之间的税收差异,保证区域均衡发展。

(三)实行广泛协商的合作机制,社会力量在国家治理中发挥着举足轻重的作用。一是劳、资、官三方谈判机制保障了劳资关系和社会结构的稳定。各国建立了以"集体谈判"为基础的多层次协商机制,在工资收入、劳动力市场、教育培训、失业保险和养老金等方面,主要通过组织良好的雇主协会与雇员协会谈判加以调节,辅以政府职能部门斡旋及相应行政手段和法律机制。二是地方政府部门的财权和事权很大,在治理国家中发挥着不可替代的作用。各级地方政府是公共服务的主要供应者和福利政策的主要实施者,中央对地方公共服务提供支持与监督,各部门职责划分明确。三是志愿性组织或市民社会同国家之间的相互关系多体现为合作而非对抗关系,妇女、环保、体育等组织发挥了积极和建设性的作用。

(四)高度重视可持续发展理念的推广和实践。主要体现在两方面。一是高度重视教育、研发投入和科技创新,提高经济活力和竞争力。教育投入占国内生产总值比重长期保持在7%左右,培养了大量科技人才和高技能劳动者。研发人员占全部劳动力比重2%以上,部分国家研发投入占国内生产总值比重为欧洲平均水平的两倍。科技创新能力居世界领先地位,产学研一体化程度高。二是节能环保、清洁技术利用、可再生能源开发等走在世界前列。很早就将生态环保纳入法制轨道,建立了完善的环保管理体制,实施配套政策奖优惩劣,大力发展高效清洁能源,打造循环经济的典范。丹麦、芬兰、瑞典可再生能源用量已超过能源消费总量25%,并计划在2020年后将这一比例提高至近40%,单位国内生产总值能耗处于欧盟最低水平。

(五)政府治理成果显著,政府清廉指数居世界前茅。北欧国家通过完善的社会管理机制、法律和监督制度、透明公开原则等,使政府保持廉洁高效。主要做法有:一是道德约束,要求每位公职人员树立独立、公正、客观、透明、服务意识和责任感;二是法律约束,用宪法、刑法和国家公务员法等约束公职人员,严厉追究各种违法腐败行为;三是制度管理,对于招聘、晋升、选举等有一套制度规范,议会对政府行为有极大约束力;四是借助信息公开手段,使政府高级官员和议员的日常工作、行为等处于监督之下,公民有权自由查询和检举揭发违法官员;五是通过国家审计、议会廉政调查和法院等监督政府行为,所有决策在行政长官同意后,还要经过监察专员签署才能生效;六是充分发挥新闻舆论的监督作用。

二、北欧治理体系理念和原则基础

虽然北欧国家的一些经济社会政策早在社民党走上政坛前就有所发展,但其现代治理体系的最终确立却与社民党的政策理念密不可分。即使保守党和中间党执政时,社民党奠定的基本制度也未发生大的改变。

(一)每个公民平等的权利和义务及社会团结原则,是北欧治理体系的核心。首先,主张每个人的价值是一样的,社会利益属于所有人。平等享受公共服务是每个公民的基本权利,政府应该根据公众需要而不是公众能力来分配社会利益。其次,推行以“我为人人、人人为我”为基础的社会权利全覆盖计划,同时对公民进行相应制约。这一原则集中体现在积极的劳动力市场政策上:一方面,政府承诺充分就业;另一方面,个人必须参加工作,对自身及家庭负责。再次,社会团结原则,并贯穿于经济社会发展各方面。各国社民党特别注重倡导与其他政党和主要利益集团进行协商、妥协并就全面社会改革达成共识。

(二)保持经济增长与社会公平二者之间的平衡是社会和谐稳定的重要保证。主张社会公平与经济增长可以相互促进。认为没有经济增长和国家财富总量的增加,就不可能有人民生活质量的提高,政府就失去了执政的意义。如果经济发展了,却没有适度的社会公平和普遍平等,不同社会阶层、群体和地区之间贫富悬殊,甚至大量财富掌握在极少数人手中,必然导致全社会大多数人的反对,政府也将失去执政基础。因此,北欧国家在制定经济增长目标时,把提高人民福利放在重要位置,建立了各级政府主导的较完善的社会保障和福利机制。

(三)有效的公共服务有助于提高社会公平程度,政府应该扮演提供公共服务的主体。一方面,提供全面、高质量的社会保障体系和福利可以避免巨大贫富差距。另一方面,为保证所有公民能够平等地享受公共服务,政府应该扮演公共服务主体的角色，并具有适应环境变化和采取相应措施的能力。加大对公共部门的投入和监督，是不断提供高效公共服务的前提条件，而良好的公共服务需要从财政、人员及法规制度方面予以保障。

（四）完善的法律法规和管理机制是构建良好治理体系的关键。包括提前规划和立法，明确各行为主体职责、权利和义务；根据形势发展不断更新法律法规内容条款，建立配套制度，实现健康有序发展；重视建立配套管理机制，形成权责清晰又通力合作的管理体制；通过从小到大的教育、各种宣传和公益活动，培养公民的法律意识和道德操守等。

三、主要启示

北欧治理体系是经过长期探索发展形成的，也是工业化和经济高度发达的产物，其一些理念和做法有借鉴意义。

（一）处理好政府和市场的关系，做到政府监管既不缺位又不越位。国际金融危机的教训表明，政府只有对核心经济部门和企业保持有效管控，才能确保经济可持续发展。同时，政府可通过适当干预对市场进行微调、纠偏，弥补市场本身的缺陷，但必须顺应经济规律的基本要求，顺势而为。有北欧研究专家认为，“北欧模式”的本质特征并不是高福利，而是政府对环境变化的应对能力。政府应根据经济社会发展变化，不断改革创新自身职能，保持政府监管职能与政府服务职能之间的平衡。

（二）处理好权利平等与责任平等二者之间关系。平等的受教育机会、全面的养老金和医疗卫生保障体系以及失业救助机制等社会福利制度，对于提升个人成功机会，缩小不同社会群体和不同地区之间的贫富差距，促进社会和谐稳定具有十分重要的作用。但在确保社会保障措施能够满足公民基本生存需要的同时，也必须激发民众劳动积极性和创造性，鼓励自助，强调个人对社会的责任和义务。制定社会保障标准要根据国情循序渐进，防止出现过度和超前消费的社会福利。

（三）充分发挥社会力量在推进国家治理体系现代化过程中的重要作用。要扩大和保障公民对国家治理的知情权和参与权，充分调动和发挥非政府组织的积极作用，建立各种社会力量之间的协商对话机制。这样既可以减轻政府的压力，也可发挥社会多元力量的积极性，有益于政府决策科学化。社会力量的广泛参与，对于照顾各个社会阶层利益、缓和不同社会群体间的矛盾也有积极意义。

(四)加大力度健全国家治理的法律法规。北欧国家的经验表明,良好的国家治理必须以立法为基础。应及早建立完善的经济社会法律体系,大到宪法,小到实施细则,确保各级政府通过有关立法,作为实施政策和措施的依据。以法律法规明确各行为主体的职责、权利和义务,相应的管理机制及时跟上,并将立法者与执法者、行政管理与资金管理等严格分开,保证执法的公正性,使国家治理真正实现以法制为依托,以法律为保障。

北欧治理体系的形成有其特定的历史、经济和社会基础。两次世界大战导致北欧经济和民众生活异常艰难,成为社会团结主义和普遍性社会政策取向的重要驱动力。北欧各国面积小,人口稀少,社会结构高度统一,农村和城市没有太大差别。此外,北欧民族的公众参与、公众选择和公众决定等传统原则,奠定了北欧国家广泛的民主基础。虽然北欧治理体系在当今世界有一定的影响,但也因其独特的历史文化、社会结构、人口规模和内外环境而具有特殊性和"不可复制性"。世界上没有放之四海而皆准的治理模式,各国只有走符合自身历史文化、政治制度和发展水平的治理道路,才能最终获得成功。

中东欧国家在国家治理方面的艰难探索与启示

自20世纪中期以来，中东欧国家在构建国家治理体系方面，或照搬苏联，或照抄西欧，但均未能走上持续发展的坦途。受特定地缘环境影响，中东欧国家探索符合本国国情、成熟有效的国家治理之路依然曲折漫长。

一、照搬苏联国家治理体系，有悖国情、被迫推行

第二次世界大战胜利初期，在历史文化传统上与西方更为接近的中东欧国家大都曾探索有别于苏联模式的"人民民主道路"，并先后建立了以多元化为鲜明特征的人民民主制度：政治上，保留议会制，成立以共产党为核心的多党联合政府；经济上，建立混合经济体制，多种经济成分并存。随着东西方关系恶化，苏联全面加强对中东欧各国的管控。这些国家被迫放弃符合本国国情的"人民民主道路"，全盘照搬苏联政治上高度集权、经济上高度集中的国家治理模式。

苏联模式在特定历史阶段使中东欧国家取得了一定的建设成就。它保证了战后初期中东欧国家能够集中力量高效处理一些重大问题，避免了生产与资源配置的无序性，在帮助这些国家医治战争创伤、恢复国民经济等方面显示出强大活力。短短几年内，各国经济迅速恢复，生产力获得极大发展，人民生活大幅改善。

但这一模式毕竟根植于苏联的历史文化传统、政治经济条件和当时的国际处境，存在着与生俱来的弊端。把这种产生于特定国家、特定时期的国家治理体系，移植到历史文化传统和政治民主经历与苏联迥然不同的中东欧国家，必然引发一系列问题。政治上，具有一定民主自由文化传统的中东欧人民难以接受高度集权的政治体制，以党代议、以党代政、以党代法的现象极大地损害了民众参政议政的政治积极性。由集权体制产生的个人专权、官僚主义盛行等弊端更是恶化了党群关系，导致各国执政共产党的威信日益下降。经济上，过分单一的所有制形式脱离中东欧国家落后的生产力水平，羁绊经济发展；无所不包的指令性

计划,完全排斥市场作用,束缚了各阶层的积极性和创造性;严重失衡的畸形经济结构,造成经济发展低效粗放,日用消费品严重短缺,经济和社会危机因素不断累积。

随着时间推移,中东欧各国对苏联模式的不适应,以及这一模式本身的弊端越来越明显地暴露出来,各国寻求突破苏联治理体系的改革此起彼伏,却又屡遭苏联的强力压制。南斯拉夫虽彻底抛弃了苏联模式,但其改革却走入误区,权力过于分散为其日后解体埋下伏笔;波兰、匈牙利、捷克斯洛伐克的改革尝试因苏联的强力干涉而夭折;罗马尼亚、保加利亚、阿尔巴尼亚对苏联模式的固守更强化了其体制弊端。随着中东欧国家经济形势每况愈下,与西方差距越拉越大,民众不满情绪转化为对全面变革的诉求,最终导致强加于中东欧各国的治理模式走上末路。

二、照抄西欧国家治理体系,盲目推崇、机械效仿

苏联解体后,地缘上的归属感、文化上的认同感及经济长期落后于西欧的事实,使得摆脱苏联控制的中东欧国家将“欧洲化”作为其政经转轨的首要目标,西欧的治理体系被奉为实现民主自由和国家发展的灵丹妙药。自20世纪80年代末起,中东欧国家主动套用西欧国家治理体系,实施政经等领域的全方位转型。政治上实行多党议会民主制,经济上实行以私有制为主的市场经济。尽管各国国情不同,所采取的转轨战略存有差异,但转轨进程还是呈现出相似的阶段性演化特征,相继经历了初创、巩固和调整三个阶段:

(一)初创阶段:混乱的多党议会民主与无序的市场经济。转轨初期,旧制度被打破,新制度尚未成型。处于多党议会制初创期的中东欧国家政党繁多,党派斗争错综复杂,街头政治频仍,政局动荡不安。无论是以波兰为代表采用“休克疗法”,还是以匈牙利为代表推行渐进改革的中东欧国家,均围绕市场化、自由化和私有化三个核心内容重建经济体制和运行机制。经济体制转轨需要建于稳固的政治和社会基础之上,而处于政治制度重构、多党议会制初创期的中东欧国家根本无法满足这个条件。激烈的党争分散了各党派制定切实可行经济纲领、解决严峻经济问题的精力,频繁的政府更迭、政局动荡更是直接危及经济转轨顺利推行和国家经济正常运作。弱政府的治理模式使政府无法在关键性的法律与制度建设领域持续有力推进改革。政府既未能发挥维护政权与社会秩序稳定的功能,也无法促进经济社会持续发展,中东欧国家陷入严重的国家治理危机。

（二）巩固阶段：多党议会民主与市场经济的规范。经历了政治转轨初期激烈的政党博弈和三权分立政体磨合后，中东欧国家逐步形成较为规范的多党议会民主政体。左右两派政党或政党联盟轮流执政，议会选举与政权更替基本按既定民主程序进行。为避免经济崩溃，各国不得不调整经济发展战略和自由放任的市场运作模式，强化宏观调控职能，先后采用紧缩性财政政策和货币政策，并继续推进私有化进程。世纪之交，随着各国政经双重转轨的进一步推进，两者之间越来越多地表现为相互促进关系。此外，入盟进程也为这些国家政经体制运行施加了严格的外部约束，对这些国家治理体系框架的基本确立起到了决定性作用。通过入盟前旷日持久的谈判及入盟后严格的核查机制，欧盟将自身大量制度性安排植入中东欧国家。欧盟的塑造与规制在很大程度上加快了这些国家与欧盟治理体系的趋同进程。来自欧盟的资金、技术和制度方面的支持，帮助中东欧国家较快摆脱了国家治理体系重构期的阵痛，走出了转型衰退期，步入了近十年的稳定发展阶段。

（三）调整阶段：多党议会民主与经济发展模式深层弊端的显现。中东欧国家虽移植了西欧国家治理体系的外壳，但对“舶来品”的水土不服导致它们在历经阶段性繁荣发展后再陷困境。中东欧国家的政治转轨虽已基本完成，暂不存在挑战多党议会民主制的力量，但仍缺乏能够保障其高效运转的法治和政治文化支撑，尚未实现由“形式民主”向“实质民主”的跨越。一是三权制衡机制仍不协调。许多国家议会、总统和内阁之间的矛盾一直存在，政客忙于权斗，疏于理政，权力的互相牵绊甚至演变为“治理僵局”，关系国计民生的紧迫议题常因政治纷争而被搁置。二是法治建设仍不完备。维系新国家治理体系的各项法律法规残缺不全，政府缺乏必要的治理工具和手段，官员滥用职权、贪污腐败现象频发。三是政党政治仍不成熟。中东欧国家政党从数量上看仍属超量，各类政党的分化组合依旧频繁；从质量上看还缺少拥有运行稳定、纲领鲜明、组织相对健全、选民基础相对固定的大的政党，政权组成多为多党联合政府。这种政治妥协的产物和暂时的利益结合大大弱化了国家的治理能力。国际金融危机和欧债危机对中东欧国家经济发展造成巨大冲击，初步建立起的市场经济体系出现系统性混乱。各国普遍遭遇货币贬值、资本外逃、出口低迷、失业率高企、实体经济大幅下滑的局面。曾被相对优良的转型绩效掩盖的经济发展模式中深层次风险和问题暴露无遗。银行开放过度，金融监管不力；外债负担沉重，外汇储备有限；过度依赖欧盟的资金与市场等。这些体制和结构性弊端造成其经济发展的内在脆弱性和不可持续性。中东欧国家在应对政治、经济和社会问题的同时，也在重新审视“外来的”发展模式。为探寻一条更为有效的转型与发展之路，中东欧国家面临着新的治理体系改革和阶段性突破重任。

三、几点启示

(一)构建符合本国国情的国家治理体系,是决定国家发展成败的首要因素。第二次世界大战后,中东欧国家未能坚持走尊重本民族历史文化传统、立足于本国政经现实的“人民民主道路”,而是迫于苏联压力全盘照搬苏联的国家治理体系。对这一背离国情的外来模式的不适应及该模式本身存在的弊端,严重阻碍了这些国家经济社会的发展。同时,苏联强力压制这些国家改革伤害了中东欧人民的民族感情,使得社会主义在这些国家没有持续发挥出应有的优越性。被迫固守苏联模式的中东欧国家最终走上了党变质、国变色的道路,留下了社会主义国家治理史上令人扼腕的沉重一笔。中东欧国家照搬苏联治理体系的惨败教训充分表明,一个国家的治理体系必须建立在一定历史传承、文化传统和经济社会发展水平基础之上,脱离国情民意和经济社会发展客观要求的国家治理体系注定是不会成功的。

(二)坚持合理扬弃、不断推进国家治理体系和治理能力现代化,是决定国家发展成败的关键因素。苏东剧变后,中东欧国家认为西欧模式是最优治理体系,踏上了全面移植和套用西欧国家治理体系之路。但简单照抄同样未能给这些国家带来政局长期稳定、经济持续增长和社会稳定和谐。他山之石,可以攻玉。学习和借鉴别国经验可以少走弯路,但借鉴并不等同于照搬照抄。世界上没有放之四海而皆准的最优治理体系,也没有哪个国家是通过全盘移植外来模式实现发展振兴的。归根结底还是要以本国国情为出发点和落脚点,对别国的模式因地制宜地加以改造、创新和吸收,对本国国家治理体系中不适应实践发展要求的部分进行改革和完善,不断推进国家治理体系和治理能力现代化,才能真正实现国家长治久安、稳定发展。

(三)构建政府、市场、社会互惠共生的国家治理体系,是决定国家发展成败的核心因素。经济的长期繁荣,民众福祉的持续提升,需要政府、市场及社会三大治理主体的相互协调、相互配合,任一机制的过度扩张或收缩都无益于经济社会发展。政府、市场和社会三者之间不是零和博弈关系。中东欧国家转轨前推行高度集权、高度集中的治理体系,政府过度排挤市场并压制社会,导致资源配置不合理和效率低下。转轨初期,政府作用的过度削弱和完全退出并未建立强有力的市场。相反,缺乏治理能力的“弱政府”所催生的只是效率低下的畸形市场经济,市场价格剧烈波动,灰色经济大量滋生,经济发展的脆弱性和系统性风险大幅提高。政府能力的削弱还导致其无法提供有效的公共政策，发挥必要的社会整合功能。社会结构急剧分化，社会失序问题凸显。可见，构建一套政府、市场、社会三者相辅相成、互惠共生的国家治理体系，才是实现国家持续均衡发展的核心因素。

拉美国家治理模式的探索及其经验教训

第二次世界大战后，拉美国家为求发展，在经济、社会和政治治理方面不懈探索，既有成功经验，也有深刻教训。

一、以处理政府与市场关系为核心，对经济治理模式进行曲折多样的探索，利弊得失兼而有之

（一）进口替代模式，政府主导工业化。20 世纪 40—70 年代，拉美国家为打破不公正、不合理的世界经济结构和秩序，改变自身所处的边缘地位，自主设计并实施进口替代这一政府主导型经济发展模式。对内，加强政府职能，利用低息贷款、税收激励、管制和国有化等政策，依靠国家力量，在高度保护下发展民族工业；对外，高筑贸易壁垒，实施高关税、外汇管制、进口数量限制和多重汇率等措施，降低经济对最终产品进口依赖。该模式使具备较好条件的拉美国家如巴西建立起相对独立、完整的民族工业体系，并一度取得经济增长“奇迹”。但在这一模式下，国家集生产、经营和管理三者于一身，导致市场封闭扭曲、效率低下、财政和贸易严重失衡，进而造成资源配置不合理、产业结构失衡。拉美国家虽逐渐意识到上述弊端，但未及时进行改革调整，而是在国内既得利益者及特定外部经济环境的双重裹挟下走上“负债增长”之路，最终在 80 年代酿成债务危机爆发、经济陷入停滞、恶性通胀狂飙、政局持续动荡的“失去的十年”。

（二）新自由主义模式，市场主导改革。20 世纪 80 年代末开始，“华盛顿共识”之风劲吹整个西方，也吹入在“失去的十年”困境中感觉走投无路的多数拉美国家执政者心田。他们为摆脱债务危机，扭转经济形势，欢迎并积极实施新自由主义改革，推崇强化市场功能，强调其对经济增长的基础作用，实现由政府主导型内向经济发展模式向市场导向型外向发展模式的转变，配置资源的主体骤然由政府转变为市场。这场改革遏制了恶性通胀，宏观经济指标明显好转，繁荣开始出现，一些国家如阿根廷还获得了高速增长。但新自由主义将市场作用推

至“原教旨主义”极端，在“正确定位政府作用”的幌子下实际全盘否定政府干预，在市场不成熟且未采取有效调控措施的情况下单方面破除管制，造成灾难性后果。尤其是市场在社会领域失灵，导致各国社会不公加剧，且未能转变各国经济对外高度依赖性和应对外部风险的极端脆弱性，危机依然频发。

（三）后新自由主义新模式，多条道路上的探索。21 世纪以来，拉美国家在意识形态与经济治理方略上出现了明显分野，然而无论左翼还是右翼当政，都在对政府与市场关系进行深刻反思和调整。以委内瑞拉为代表的激进左翼执政国家偏重政府调控经济的职能，反对全球化、市场化、自由化，推行能源等领域国有化。这些国家高度重视社会发展，急于解决劳苦大众的民生问题，在普通百姓的衣食住行和基本教育等方面投入巨大，有效降低了贫困率，促进了社会公正。但是，有的国家如委内瑞拉推行的政策忽视市场法则与经济规律，政府的过度干预使经济出现相当程度的扭曲，导致产品短缺，市场失序，增长低迷，通胀、债务高企，财政和金融隐患重重，社会发展缺乏扎实根基和可持续性。以巴西为代表的温和左翼执政国家，试图兼顾市场与政府作用，推行适度私有化，加强政府监管，加大社会投入。这些国家宏观经济表现较好，财政和金融体制改进，国际信誉及抵御外部风险能力增强，经济实力和国际竞争力提升，但面临产业结构调整长期滞后、生产投资不足、许多经济变量难控、增长不稳等难题。智利、哥伦比亚等国主动融入经济全球化，发挥市场主导性作用，充分利用自身资源能源等比较优势推行自由贸易战略和经济多元化，经济获得快速增长，智利在国民收入水平上已近发达国家门槛，但这类国家仍受“去工业化”“初级产品化”等困扰。

二、以协调经济增长与社会发展为目标，提高社会治理能力，成效与挑战并存

拉美国家战后数十年深信所谓“滴漏”效应，一味强调经济增长，忽视社会发展，结果出现“有增长，无发展”及“增长性贫困”等问题。特别是 20 世纪八九十年代，经济模式转型期成为社会矛盾凸显期，贫困人口大幅增加，分配不公加剧，社会排斥严重，出现可治理性危机。21 世纪以来，在危机倒逼下，拉美国家修正“先增长，后分配”理念，强调经济发展须与社会发展相平衡，推动社会治理取得发展。巴西推行以社会发展为核心、市场和计划相结合，追求经济增长、社会公平和民主治理三者协调统一的“有质量增长”发展模式；厄瓜多尔总统科雷亚提出以建立权利型、劳动型、平等包容型和天人合一型社会为内涵的“美好生活”发展观。为此，拉美国家在社会治理方面采取了一系列措施。一是增强制

度保障,发挥政府在社会治理方面的主导作用。墨西哥、巴西、厄瓜多尔等国专设社会发展部门,统筹协调社会治理。二是加大社会投入,通过减贫、促进就业增长、科学化、合理化完善社会保障办法等方式提高社会整合能力和水平。三是创新社会治理方式,顺应社会信息化和网络化发展趋势,拓宽公民参与渠道;积极培育公民社会,通过立法规范引导民众及非政府组织参与社会治理,反促政府提高治理水平。随着拉美国家社会治理水平的提高,地区社会发展状况明显好转,贫困率和赤贫率下降,社会不公有所缓解,社会参与水平不断提高。

但总体上看,拉美国家社会治理仍面临多重挑战。一是多党制下政府在统筹协调社会治理方面受到限制,政党轮替使社会治理缺乏规划性和可持续性。二是经济结构与增长基础仍显脆弱,抵御外部风险能力还不够强,尚未彻底走出经济波动导致社会动荡进而政局不稳的恶性循环。三是社会积弊严重,地区贫困人口绝对数量仍高达1.67亿,减贫压力大;贫富分化现象仍较严重,地区基尼系数在0.5高位徘徊;土地改革不彻底、过度城市化、非正规就业等问题短期内难以解决,社会治理任重道远。

三、以政治民主化为切入点推动政治治理深入发展,“民主红利”与“民主弊病”并存

在进口替代工业化时期,拉美国家政治上的突出特点是民主与专制频繁交替,政党体制脆弱,政治舞弊丛生。20世纪六七十年代,进口替代工业化陷入结构性危机之时,右翼军事政变浪潮席卷整个地区,威权践踏人权。70年代中后期起,内外压力之下,拉美军政府陆续“还政于民”,代议制民主体制逐步恢复。90年代后,拉美国家无论左翼还是右翼上台,均以政治民主化为切入点,积极推动政治改革深入发展。一方面,通过修改宪法或选举法完善政治制度,规范政党活动和选举进程,推动司法改革,健全权力制衡和反腐机制,提高政府威信;另一方面,扩大政治参与,加强各部门、各群体对政府决策进程的参与,加强针对政府的问责机制。委内瑞拉、玻利维亚和厄瓜多尔等国左翼执政后,建立起“参与式民主”体制。发展民主政治成为拉美国家社会共识,选举作为一种基础性的制度安排得到充分贯彻和实施,政党政治日渐成熟。军人干政现象趋于消亡,政治纠纷一般在体制框架内解决,社会活力较前增加,体制性腐败受到更多钳制。

但拉美国家在政治治理方面仍存在诸多问题。一是权贵、寡头等传统政治势力仍占据国家政治生活主位。21世纪以来雨后春笋般“异军突起”的各类“新党”,许多乃“新瓶装旧酒”,整体而言,拉美旧式“精英民主”仍把持政坛,消

除社会排斥及与之相联的政治不稳定因素仍任重道远。二是拉美民主进程迄今只重选举之表，尚缺民主之实，保障民众参政及健全法治的体制机制严重不足；司法软弱低效，权力机关分工不明，腐败难以根除，普通公民权益尚难得到有效保障。三是恶性党争严重损害政党威望和治理水平的提高。政府施政缺乏长远战略和规划，朝野掣肘，政策缺乏连续性；政党重选举，轻党建，沦为“选举机器”，治国能力不足。

战后日本国家治理体系的特点及问题

历史上，日本不断吸收外来文化，结合本国国情在不同时期形成了独特的国家治理体系。如古代曾仿效唐朝建立中央集权的律令制国家，江户时代实施"半中央集权、半地方分权"的幕藩体制，明治维新后学习德国，建立了以天皇为顶点的近代中央集权体制。第二次世界大战后，日本在美国主导下进行民主改革，形成了有日本特色的现代资本主义国家治理体系。在此国家治理体系下，日本短短数十年间跃升为世界第二经济大国。但20世纪90年代之后，日本战后国家治理模式的局限性不断凸显，严重阻碍了日本经济的长期发展。

一、战后日本国家治理体系的发展历程

战后日本国家治理体系的建立与发展大体可分为三个阶段。

一是从第二次世界大战结束到20世纪50年代中期。战前日本主要是天皇统治下军国主义、统制经济、官僚主义三位一体的战时体制。1949—1955年，在美国主导下，日本进行了一场以美国模式为蓝本的改革，通过建立权力制衡机制，推广资本主义民主制度，构建了一整套国民参与国家事务并分享国家权力的治理体系，以民主自由、和平主义、政府主导型市场经济为基本特征的战后体制由此建立。战后改革是日本战后国家治理体系与治理能力建设的起点。

二是从20世纪50年代中期到90年代初。此期间，日本国家治理体系和治理能力不断完善，正面效果迅速显现，促成了经济腾飞。自民党长期执政，采取种种行政、立法措施，把经济增长这一国家发展战略的基本思想理念渗透到经济、社会、文教乃至政治外交各个领域的政策实践中，"官民一体、举国协调"使日本经济先后出现四次快速增长期，一跃成为资本主义世界第二大经济体，"日本模式"广受关注，成为"赶超"型国家的学习典范。

三是从20世纪90年代经济泡沫破灭到现在。此期间，日本政局动荡多变，经济增长停滞，社会意志消沉，出现所谓"失去的20年"。根本原因是进入新的发展阶段后，"日本模式"和过去治理体系的负面效应显现的结果。日本政府先

后推出包括政治、经济、金融、财政、行政体系、社保、教育等领域在内的诸多改革措施，力图重构日本的国家治理体系，加强治理能力，但兴利除弊仍面临不少阻力，非短时间可以奏效。

二、战后日本国家治理体系的主要特征

（一）自民党长期执政下的“官僚主导型”政治模式。自1955年上台至1993年下台，自民党一党独大，掌控政权，形成所谓“五五年体制”。在此过程中，自民党与官僚之间形成了在政党体制上自民党“一党优势”、在具体行政与决策过程中“官僚主导”的“共生”政治模式。其特点一是官僚借助在特定领域的技术优势，利用游说、疏通等手法，影响甚至左右相关法案在国会的审议与修改过程；二是大批官僚转为政界首脑人物，直接参与高层决策；三是行政机构可直接对经济社会活动进行行政指导，在调节官民、政企关系上发挥特殊作用。

这一模式的最大优势在于，一支高素质、讲效率的官僚队伍大大提升了决策的科学性、政策的稳定性、发展战略的连续性，形成了一个可以高效动员各项资源的行政体系，帮助日本在短时间内实现“赶超”目标。

（二）政府主导型市场经济模式。战后，日本为实现经济快速发展，将政府计划调控与企业自主活动相结合，形成了“政府主导型市场经济”模式。其基本特征有：以私人企业制度为基础，资源按市场经济原则进行配置；政府通过强有力的经济计划和产业政策引导资源配置，并设立由官产学等各方人士组成的审议会，保证经济政策的科学性与民主性。

实践证明，政府主导型的市场经济模式在日本战后较长时期内取得了较好效果，主要表现在三个方面：一是政府通过垄断行政资源和行政信息，主导制定经济政策；二是政府可在各时期确立经济发展的主攻方向，选准对整个经济发展具有重大牵引作用的主导产业，带动整个经济迅速发展；三是政府凭借权力资源，帮助调整政治家与利益集团间的关系。日本政府深度干预社会生产过程，克服了传统自由放任型资本主义市场经济的部分不足，推动形成了高效的产业结构。

（三）集权与自治共存的央地关系。战后日本名义上实行地方自治，但中央政府依然对地方自治体保持强力控制，形成了“三分自治，七分集权”的央地关系模式。

这一模式的特点有：第一，财政大权由中央掌握。地方预算七成靠中央财政转移支付，中央政府借此迫使地方在大部分重要事务上俯首听命；第二，中央各

省厅可直接干涉地方事务,在工作中贯彻本部门意志,甚至接管被列为“财政重建团体”的地方自治体;第三,央地间还可以利用町内会、自治会(类似居委会)、行业协会及议员事务所等实现“下情上达”。

这一模式优势在于:一是有利于在经济恢复和高速发展时期实现资源优化配置和全国均衡发展;二是有利于政府科学决策、提高效率、管控危机;三是有利于通过地方自治中的选举、请愿、联谊、互助等培养公民意识、塑造国民性格、完善民主政治,以较低行政成本实现社会效益最大化。

(四)多层、多元的社会价值体系建设。战后日本社会价值观主要包括和平、民主、自由、人权等理念,同时儒家思想等东方传统价值理念又贯穿其中,形成了日本社会价值体系的深层基础。

战后日本社会价值体系建设呈现多层、多元、多面的显著特点,表现在:一是引入西方资本主义价值观。在外力引导下,近代西方社会的“和平、民主、自由、人权”等价值观成为战后日本社会价值观的主流,日本国民的价值取向从国家、天皇、家族共同体转向了公司、企业、现代家庭与个人发展。二是重视继承东方文化传统精神。儒家部分价值、伦理观及以神道体系为基础的“大和魂”仍在社会生活中发挥着重要调节作用。三是可持续发展深入人心。日本政府在深刻反思公害问题的基础上,通过加强立法、率先垂范等方式,使节能、环保理念成为日本政府、产业界、国民的共识,并成为扩展外交软实力的重要手段。

三、战后日本国家治理体系的主要问题

(一)政府体制渐趋僵化低效。一是政府高度集权最终导致部门利益化与经济低效化。日本政府长期间接控制经济社会活动,并与财界相勾结,形成各种既得利益团体,令资源流向特定行业与地区,出现严重的重复投资、官僚垄断。二是体制缺乏灵活性。过度推崇专业和理性、分工过细等特点使得大部分官僚习惯于运用自己职责范围内的标准化方法应付复杂问题,还形成了“集体不负责”的倾向,官僚体系主动性和快速反应能力欠缺。特别是 2011 年“3·11”大地震后,日本政府救灾程序繁复,导致大量外援物资迟迟难以审批入境;首相官邸、东电公司与原子能安保院各搞一套、互不信任,救灾与重建严重滞后,都显示出日本政府体制已难以符合时代要求。

(二)政府主导型市场经济模式面临诸多挑战。一是政府干预相对过多,导致国内市场封闭,日本经济难以真正国际化。二是日本政府金融政策失误,导致泡沫经济及其崩溃后的“复合萧条”。三是在“官产复合体”之下,政府干预弱化

了企业的自立能力和应变能力。为适应新的挑战，日本政府提出所谓“放宽限制”方针，力图使经济体制向更侧重市场驱动的方向转变，但这一改革的进展和效果还有待观察。

（三）央地矛盾日益加深。一是中央集权加剧财政困难、助长腐败现象。公共项目预算审批权集于中央，地方往往脱离实际盲目争项目、争资金，令中央财政规模日益膨胀，而中央则要求地方筹集配套资金，使央地两级财政都不堪重负。为争项目，各地选出的国会议员居间斡旋，大搞密室政治，形成了在特定领域与官商勾结的“族议员”，收受贿赂，弊案频发。二是地区发展失衡。大量人口、资源向东京等大城市集中，一些经济落后的地方自治体则陷入人口流失、税源减少的恶性循环。泡沫经济破灭后，部分地区由于过度投资负债累累，甚至陷入财政危机。要求改革央地关系的呼声高涨，日本政府也开始探索地方分权改革的尝试。

（四）政治右倾化带动民族主义抬头。冷战后，日本政治右倾化速度加快。自民党先后推动国会通过《国旗国歌法》，成立了教育改革国民议会，推动修改《教育基本法》。2004 年，右翼政客石原慎太郎领导的东京都政府处分了 200 多名拒绝在学校唱国歌仪式中起立的教师。安倍内阁于 2007 年 4 月推动国会通过了包含爱国心教育目标的《教育基本法修正案》。保守势力和右翼分子纷纷以“爱国”之名否认侵略历史，煽动民族主义情绪，令日本社会价值观出现混乱，不仅影响了日本社会的稳定，也严重影响了日本与中韩等亚洲邻国的关系。

新加坡国家治理模式的主要特点、做法

新加坡国小民寡、资源匮乏、族群多元、强邻环伺,自建国起就一直秉持强烈的忧患和危机意识。融会贯通东西方文化,"一切服从生存与发展的现实需要",成为新加坡国家治理体系和能力建设的突出特色和精髓所在。

一、新加坡在应对复杂生存环境过程中,逐渐形成了独具一格的国家治理体系

(一)立国之初对政治体制的探索。20 世纪 50 年代,为摆脱英国殖民统治,李光耀等人发起成立了人民行动党,对内与左翼结盟,依靠劳工阶层反抗英国殖民统治,对外希望通过与马来亚合并,为新加坡经济发展探寻腹地,但效果并不理想。与左翼的意识形态之争导致人民行动党两次分裂,1961 年主动退党党员与长期不交党费、不参与党内活动而身份失效的党员数量一度占到党员总数的 80.4%,大选险遭落败。与马来亚合并也因族群政策等分歧而引发流血冲突,1965 年新加坡被踢出马来西亚,被迫独立建国。坎坷的建国之路使新加坡领导人认识到选择正确的国家发展道路,特别是确立稳定政治体制的重要性。同时,执政不拘泥于"政治正确",以"有用"为衡量政策的唯一标准。为此,人民行动党将"异己"清除出党,严格限制反对党发展,确保牢牢掌握治理国家的主导权。通过实行义务兵役制,不仅很快建立了一支高水平国防队伍,提升了自卫能力,而且巩固了民众的国家认同感。

(二)构建自立外向型经济体系。英国殖民时期,新加坡长期靠为马来半岛和印尼经济腹地提供资本、管理和技术等得以生存。随着东南亚各国相继独立,马、印尼等国开始敞开国门,发展外向型经济,新加坡的转口港地位受到冲击。加之新加坡独立后不久英国宣布撤走全部驻军,由此损失的国内生产总值达新加坡国内生产总值的 20%,导致至少 4 万人失业,后殖民时代新加坡经济发展模式亟待转型。英军撤走使新加坡政府对不能过度依赖外援、一切必须靠自己有了更清醒认识,促使新加坡用好国际贸易港口这一天然优势,通过引进外资,

发展出口导向型经济,打造国际和地区金融中心、交通枢纽和服务中心,为经济起飞奠定了基础。

(三)注重多民族多文化的整合。新加坡是由华人、马来人、印度人等多元族群组成的移民社会,不同族群宗教间隔阂对立根深蒂固,与马来亚合并期间一度造成暴力流血冲突,加之种种生存危机使民众士气遭受重创。为了稳定民心,新加坡开始建立公积金、公共组屋等社会保障体系,同时注重发展多元文化,促进社会融合,将民众的切身利益与国家前途命运紧密联系在一起。

"一切为了生存"的严峻形势使得新加坡在国家治理中逐渐形成了注重务实、有效和变通的政治文化,构建起以稳定为基本诉求,以发展为导向,以族群和谐为基础的独具特色的国家治理体系,确保了新加坡以"小国担大任,敢为天下先"的姿态在世界民族之林中占有一席之地。

二、新加坡国家治理体系的内涵特征

(一)政治治理上,坚持人治与法治相结合,奉行精英治理下的"托管式"民主。一方面,新加坡政治体制传承了宗主国英国的三权分立、议会共和、多党民主的政治架构,认同民主选举为政权合法性的来源。另一方面,李光耀等第一代领导人基于对国情的认识,直言"脆弱的新加坡经不起任何民主尝试可能引发的动荡",强调西式自由民主并非"万能药",政府是人民的"信托人",有责任建立"好政府"不断为民众提供优质服务,换取民众对其长期执政合法性的授权。挑选出最优秀的人治理国家是建立"好政府"的关键,但优秀人才在"以选票论英雄"的制度下难以脱颖而出。为此,执政的人民行动党高度重视培养和网罗人才,以汇聚新加坡社会最优秀精英为己任,逐渐形成精英治国与民本政治相结合的"托管式"民主模式。

在坚持精英治国的同时,新加坡充分吸纳并发扬西方法治精神,强调用法治对人治严加约束,在"立法之全、执法之严"上比西方国家"更胜于蓝",打造出全球闻名的廉能政府。新加坡崇尚"法律之上没有权威,法律之内最大自由,法律面前人人平等",大到国家制度、族群关系,小到行政规范、邻里关系,都制定了详细且极具操作性的法规条文,让法律成为规范社会关系、调解社会矛盾的主要手段。政府坚持严格执法,首先强调自我约束和上行下效,尤其对腐败采取"零容忍"态度,使廉洁和公平正义成为一种社会风尚,有效降低了国家治理成本。

(二)经济治理上,坚持政府与市场相结合,政府积极服务市场到位而不越位。新加坡经济的一大特点是拥有强大的国有企业,仅淡马锡集团资产即占新加坡股市近半市值,控制了银行、港口、电力、电信等关系国计民生的重要行业。政府对国有企业采取“无为而治”模式,通过国有资产控股公司“管资本”而非“管企业”。在董事会中派驻的政府代表只监管企业财务等情况,经营完全交由专业的经理人团队运作,确保企业运行效率。国有资本不仅成为新加坡经济发展的“压舱石”,更是产业结构升级的“开山斧”,其所投资的重点领域要么是港口、道路、工业区等投入大、回报慢的基础性行业,要么是高端制造、金融服务等风险大、需引领的新兴产业。国有资本“为民争利”而非“与民争利”。一旦新产业成形壮大,就会“国退民进”,交由私人资本继续发展,形成确保经济稳健增长与释放经济活力的良性循环。

(三)社会治理上,坚持“治理”与“自理”相结合,构建政府、社会、个人参与支持配合的立体式、协作式治理模式。与绝大多数后发国家先经济、政治,后社会发展的现代化模式不同,新加坡政府一贯重视社会治理,强调社会治理与经济治理、政治稳定的协调配合。注重加强政府顶层设计,建立全面系统的社会政策体系,同时发挥“船小好调头”优势,对具体政策灵活调整,实现动态治理。例如,在教育政策上,将实现教育公平与重视精英培养相结合,素质教育与职业培训相结合,既满足全体国民充分就业的教育需求,又适应经济发展对人才各尽其能的多层次需要。在劳资关系上,通过政府控制下的全国职工总会调解劳资纠纷,职工总会在经济景气时为工人争取更多福利,在经济萧条时通过降低人力成本稳定经济,形成稳定的政府、工会和资方三角合作关系。在社会保障方面,编织并强化由公积金、组屋、健保、就业补贴等构成的社会安全网,提升社会援助的针对性,尽量不加重政府财税负担。

参与社会治理的主体主要包括官方社团、非政府组织和个人三个层次。传统上,以人民协会为代表的官方社团是政府机构在公民社会中的延伸,下设公民咨询委员会、民众联络所、居民委员会等基层组织,实现对社会的全覆盖。其主要作用是为政府提供了解民意的渠道,通过举办社会活动满足民众对公共事务的参与,为执政党和政府搭建网罗人才的平台。近年来,随着社会快速发展变革,新兴的志愿服务机构、慈善社团等非政府组织大量涌现,个人参与社会治理的意识也进一步高涨。政府对此高度重视并注重引导。一方面,在建立完善法制框架基础上,对非政府组织实行自律性管理,鼓励其参与社会治理,通过资金援助、人才培训等提升其专业能力,由其承接政府部分社会服务功能。另一方面,对民众参与治理热情予以积极回应。通过举办对话会等形式,动员公民个人参与教育、医疗、国防等政策制定或改革进程,回应民众诉求,满足其参与感,不断完善社会治理格局。

(四)核心价值体系建设上,坚持价值信仰与基本国情相结合,不断强化“新加坡精神”。建国之初,由于上百年殖民统治及多元移民社会,民众国家意识淡漠、民族凝聚力缺失,加之快速现代化进程中西化倾向蔓延,新加坡面临构建与经济社会变革相适应的社会价值体系的紧迫任务。鉴此,新加坡坚持“技术上依附西方,精神上固守东方”,力求融会贯通东西方文化精髓,凝聚成独具特色的新加坡民族精神。1991 年,新加坡将“国家至上,社会为先;家庭为根,社会为本;关怀扶助,尊重个人;求同存异,协商共识;种族和谐,宗教宽容”确立为五大社会共同价值观,成为第一个以国家白皮书形式提出共同价值观的国家。主要特色包括:一是突出个人与社会的相互依赖关系,强调艰苦奋斗的优良传统、强烈的家庭观念、互敬互爱的邻里关系及多元和谐共处的族群文化等。共同价值观不涉及政治价值观,内涵广泛,表达通俗易懂、简洁明了,易为民众接受。二是操作性强,细化到位,对每一项内容都制定了十分具体的原则规范,并建立相应的法律、政策等制度保障。例如,提出家庭价值观、公务员价值观等操作性极强的细化要求。三是注重实践创新。在推广实施共同价值观方面多措并举,既有从家庭到学校和社会的系统公民教育和形式多样的传播方式,又注重与民众日常生活实际相结合。例如,在宣传家庭价值观方面,出台《父母赡养法》等,做到有法可依。在组屋政策方面,规定与父母同住可享有优先选择权,有意识地安排多族群民众混合居住等。

三、新媒体时代新加坡不断调整和创新国家治理的思路和做法,赋予其新的内涵和特点

(一)在政治治理上处理好“管”与“放”的关系,不断提高治理体系开放程度。在民众政治上反感“家长制”、要求政党轮替的呼声显著上升和求变心理迫切的背景下,坚持精英治国基本理念不变,强调只有人民行动党能够引领新加坡实现更大发展,严防自由化、民粹主义等思潮的蔓延。同时,强化人民行动党“亲社会”的政治属性,加强党内民主,实行更加“慷慨”的社会政策。施政风格也从第一代领导人崇尚的上层精英主导、顶层设计为主逐渐向新生代领导人的问计于民、吸引社会中下层精英和民众参与转变,更加强调协商式民主,注意扩大公众参与等。

(二)在经济治理上兼顾“整体”与“个体”的关系,侧重满足普通民众现实利益需求。在国际金融危机和内部产业空心化等内外压力下,新加坡坚定推进经济转型升级,用收紧移民政策等倒逼企业改革,提高生产力水平,以深化改革

破解经济发展难题,提升生产力增长质量。同时,认识到加强国家治理的根本目的在于满足民众日益增长的需求,仅仅笼统宣示“站在人民一边”已远远不够。在谋划好国家生存发展的“大文章”同时,注意下大力气照顾不同阶层、团体乃至家庭的“小需要”,慎重处理关系民众切身利益的一些“小问题”,及时妥善化解可能引发大问题的“小矛盾”,更加贴心耐心回应民众日益挑剔的“小性子”,让民众真切感到国家所提出的目标有助于实现其自身的梦想,增加对政府的理解和认同。着眼长远,主动积极应对老龄化、少子化等社会问题,出台“建国一代”、“终身健保双全”等覆盖全民的保障和援助计划,将健全保障和促进民生放到与经济发展同等重要的位置上。

(三)在社会治理上处理好“刚”与“柔”的关系,以多元灵活方式提升治理能力。随着社会快速转型,族群、土客等矛盾多发,维护多元社会稳定挑战增多。一方面,利用法治等硬性手段的一面更硬,坚持维护社会稳定与和谐为基本前提不动摇,对无端攻击政府、传播种族矛盾等不良言论和行动处置决不手软,以严明法治维护社会秩序稳定。另一方面,运用道德、情感等柔性手段的一面更柔,执政党和政府放下身段,倾听民众呼声,密切上下沟通,强调由“为民做主”向“与民共治”转变,提升民众参与社会治理的主动性,对新媒体通过强化行业自律和价值观约束等,既最大限度维护行业自由,又为其划出红线,确保政府“有形之手”发挥引导作用。

南亚、东南亚国家的治理实践及经验教训

南亚、东南亚国家治理理念、体系、能力的发展演变，与地区政治转型发展进程密不可分。地区国家对道路体制进行了或急或慢、或稳或乱的探索实践，其经验教训值得深入总结。

一、南亚、东南亚国家在长期政治转型的发展过程中，将西方治理价值理念和体制与本国传统政治、经济、社会特性相结合，在不断磨合过程中形成了不同类型的国家治理模式

（一）“多元平衡治理模式”。如印度、印尼、菲律宾等国，在治理理念和政治安排上兼顾经济、政治、社会多重发展目标，偏重政治民主、社会公正和个人自由，治理体系中西方色彩较浓厚，自由民主特点突出，但执行力和效率稍逊。印度独立后继承英式体制，其国家治理体系在漫长殖民时期慢慢融合内化了种姓、民族、宗教、地域等各色“本土基因”，逐渐消化适应了“嫁接”民主所带来的“水土不服”，较好地照顾了不同社会群体的利益。第二次世界大战后的菲律宾则几乎照搬美国体制，但国家权力并未与堡垒式家族政治传统发生严重冲突，反而逐渐契合，特别是在中央与地方关系上形成了相互借重、各取所需的合作模式，即国家借助大家族治稳一方，家族势力依靠国家权力强化自身地位，一定程度上降低了国家治理成本，增强了国家治理的合法性。

（二）“现代威权治理模式”。如新加坡、马来西亚、文莱等国，相对更注重发展绩效、维护政治稳定和社会秩序，在国家、社会和个人关系上更多突出政府权威。新加坡人民行动党、马来西亚巫统等老党建国以来一直执政，总体采用西方民主选举的形式.融合本国传统政治智慧，以发展为主要导向，治理效率相对较高。但无论自由多一点还是权威多一些，如何实现舶来体制与自身国情传统之间的良好对接，如何协调好各种复杂利益关系，是各国实现相对稳定、有效治理

的关键。

(三)"转型过渡模式"。巴基斯坦、泰国、尼泊尔、缅甸、阿富汗、孟加拉国、斯里兰卡、柬埔寨、马尔代夫等地区多数国家仍处于政治转型发展的不同阶段,面临建立健全或变革国家治理体系的各种严峻复杂挑战。其核心难题在于转型过程中如何动态理顺、摆正国家权力结构和治理体系中各方利益关系,特别是如何逐步将王权、军队、种族、宗教、地域、阶层等本土元素与时代潮流相适应融合,使之成为国家治理的有效资源和正能量。泰国王权长期凌驾于宪政体系之上,巴、缅、孟、泰军队势力渗入国家肌体,阿、巴宗教极端势力尾大不掉,这些国家在国家治理上往往政出多头、内耗严重、效果不彰、社会失序。特别是在政治转型矛盾多发的特殊阶段,受到网络媒体、"颜色革命"等内外多种因素叠加影响,转型社会深刻调整变化容易引发更多深层矛盾,给国家治理带来更大挑战和压力。

二、南亚、东南亚国家加强国家治理的主要做法和特点

(一)政治上,处理好中央集权与地方分权的关系,兼顾治理效率与公平。"权力多元、分权制衡"是地区政治转型发展的基本方向,但一些国家"多元有余、集中不足",甚至走向权力"碎片化",导致党派恶斗、决策和行政效率低下、政治"交易"盛行,严重制约了经济社会发展,过度消耗了政府应有的权力和权威,影响了国家治理成效。随着发展潮流日益增强,近年来不少国家出现向中央集权回调的趋势,即增强中央权威,使政府有足够能力在国家治理中发挥必要的主导作用。印度新任总理莫迪身兼多个部长职位,上任伊始即特别强调"总理负责所有重大决策事项",强化中央集权。巴基斯坦总理谢里夫执政后即着手理顺府院、军政、政法关系,逐渐形成以其为核心的强势政府。菲律宾阿基诺政府相继压服司法、掌控国会,初步形成行政统领立法、司法的强势局面。泰国军变后军政府强化君主立宪体制,巩固王室在国家权力体系中不可挑战的地位,以此凝聚民心、恢复秩序,这是泰式中央集权实现有效国家治理的特殊方式。各国加强中央集权总体看提升了治理能力,提高了社会稳定性,为进一步处理好经济社会发展中的诸多棘手问题奠定了基础。

在增强中央权威的同时,地区国家也继续顺应形势需要向地方灵活放权,形成更加合理顺畅的中央与地方关系。印度新政府提出打造总理和各邦首席部长密切配合的"印度团队",对地方合理分权、充分授权,既坚决承担起中央协调地方关系的责任,又充分调动地方自治的积极性、主动性。柬埔寨深刻反思内战后

形成的中央高度集权体制，探索向省级地方逐步下放人事和财政权，解决愈发不适应形势发展需要的央地治理"两张皮"问题。缅甸三令五申强调中央部委不得直接插手省邦政府对口部门业务，强化省邦政府在地方治理中的主体地位。

（二）经济上，处理好政府与市场的关系，着力纠正新自由主义市场经济政策弊端。地区国家在转型发展过程中普遍奉行新自由主义经济政策，在1997年和2008年两次金融危机沉重打击下，自由放任的市场经济弊端凸显，各国普遍意识到经济健康发展"既要找市场、也要有市长"，政府必须对市场进行必要指导和监管。一是加强国家对经济发展的计划性。巴基斯坦提出《2025巴基斯坦远景规划》，制定了全面复兴五年规划和一揽子解决能源危机、恐怖主义、法治失序、贫困失业等问题的"整体国家战略"。印尼推出《2011年至2025年加速与扩大经济建设总体规划》、马来西亚制订《经济转型计划》、斯里兰卡提出"马欣达发展愿景"，各国政府均加强对经济转型发展的指导和规划。二是增强政府对经济发展的引导推动力度。缅甸政府批准设立经济特区，引导市场经济加速发展，推动外资向资源产业之外的服务业、建筑业、工业领域投放。孟加拉国设立了由总理挂帅的"快速审批项目监督委员会"，对重要项目专案立项督办，制订时间表、路线图予以推进，减少行政低效掣肘。斯里兰卡政府将斯里兰卡航空、电力局等国有企业推向市场，引入现代企业经营制度和外资竞争，倒逼国企改革提高竞争力和效益。三是加强政府对经济活动的必要监管。印尼政府通过立法、增税、出口设限等手段强化了对铜、铝土等矿产品出口的管制，限制物流、电信等服务业进口，强力保护本国资源环境，促进本地就业和产业发展。缅甸推行并不断完善农村耕地登记和生产许可证制度，在赋予农民土地所有权和买卖权的同时，不断加强对土地产权经营活动的政府监管。

（三）社会治理上，处理好"堵"与"疏"的关系，刚柔兼备，争取"管得住"但"不管死"。一是加强对非政府组织的管理。新加坡、泰国坚持政府主导的监管思路，在内政、司法等部门下设专门的监管机构，施行较为严格的登记注册制度，同时又注重充分发挥和借重非政府组织的活力和优势，积极引导其为社会发展注入正能量。印度则坚持"宽进严管"的治理态度，并不强制多达200多万的非政府组织登记注册，但对其内部管理、资产等情况进行定期审查，对国内非政府组织接受外国捐赠实行登记和预先许可制度，对在印度外国非政府组织则要求其定期提交详细雇员信息备查，对从事不法行为的西方背景非政府组织依法立案调查、冻结银行账户、禁止活动、遣返涉案外籍人员，同时鼓励政府有关部门积极参与非政府组织活动，开展对口合作，藉此加强引导和管控，调动非政府组织在社会事务中发挥积极作用。

二是积极应对新媒体管理难题。新加坡政府采取“协作式治理”思路,广泛发动企业、社会组织和个人参与监管治理,摸索出“主体多元、责任分担、立体协作”的新媒体监管模式,通过法律、制度和行业自律,将新媒体网络服务商、内容服务商、应用企业及用户调动起来,从各个环节协作监督,取得较好效果。缅甸、马来西亚、斯里兰卡等国积极加强新媒体监管立法,加强职能部门的监管能力,对“脸书”(Facebook)等国际新媒体既应用也防范,一再“提醒”其不得干涉内政、破坏和谐,划清红线。

(四)民族宗教问题上,处理好原则性与灵活性的关系,最终通过政治手段将各方合理利益纳入体制内通过对话协调解决。南亚、东南亚地区民族、宗教多元,长期遭受民族分离主义、宗教极端主义以及恐怖主义困扰,在处理民族宗教问题的长期实践中形成了一些符合地区现实情况和文化传统的思路和做法。一是坚决捍卫国家主权和领土完整。斯里兰卡一举消灭顽固坚持国家分裂的“猛虎组织”,坚定维护国家完整,为政治解决民族矛盾扫除障碍。印尼出台《预防和打击恐怖主义筹资行为法案》,加强清剿宗教极端武装及挂名习经院的恐怖训练营,严密监控“捍卫伊斯兰阵线”等极端宗教组织,严防恐怖主义活动升温。巴基斯坦谢里夫政府出台首部国内安全政策文件,成立国家反恐署和反恐快速反应部队,建立反恐新机制,同时追加国防预算支持军方深入腹地剿恐,开展反恐专项行动,严防恐怖袭击,严惩恐怖分子。二是以合理放权换和平,政治处理民族宗教矛盾。地区各国对民族宗教问题普遍采取“以打促谈、放权谋和”的政治解决思路。印尼、菲律宾通过长期斗争和谈判最终政治解决亚齐、菲南民族分离问题,在少数民族地区建立高度自治的民族行政区划,赋予少数民族行政、财政等高度自治权。缅甸在对缅北少数民族武装保持军事高压的基础上,积极争取与其签署全国停火协议,通过推动修宪赋予少数民族省邦更多自治权。斯里兰卡内战后建立起以泰米尔人为主的北方省政府,保护泰米尔民族和区域利益,进一步缓和民族矛盾。巴基斯坦谢里夫政府上台后推动与塔利班的政治对话,加强与军方及各党派在政治解决国内和平问题上的沟通协调,争取全国共识。三是综合施策纾解矛盾,营造和谐民族宗教关系。地区多数国家均采取发展经济、改善民生、文化融合等方式,多管齐下促进民族宗教和谐。新加坡将维护多元民族宗教文化植入日常行政和社会体系,如鼓励不同族群学生学习使用其他民族语言,在政府组屋分配上专门安排不同民族家庭毗邻而居,推动不同族群熟悉、适应彼此文化习惯。印尼、马来西亚、菲律宾等东南亚国家逐步恢复华人宗教和节庆,推动多元文化和世俗政治发展。缅甸在少数民族地区推动毒品替代种植,设立工业区和经济区,加强教育和卫生事业,帮助少数民族实现发展进步。

巴基斯坦逐步将宗教学校纳入国家教育体制,启动国家级"青年职业发展项目",为教育程度低、长期失业的青年提供职业技能培训,与宗教极端组织争夺青年人。

(五)文化价值观念建设上,处理好"民族的"和"世界的"关系,立足国情强化民族特性和文化传统。受信息技术革命和全球化影响,西方意识形态大肆侵蚀地区各国民族特性和文化传统,冲击国家治理的精神基础和文化支撑,引起各国高度警觉。印度人民党提出"一个印度、伟大印度"的口号,强调其执政的一个重要目标,就是根据印度民族精神与价值观,建立起现代、繁荣和充满活力的印度。印尼新总统佐科深刻反思印尼奉行新自由主义经济政策与印尼文化传统的冲突,提出要在"建国五基"基础上,不断弘扬民族文化特色,汲取本土智慧。新加坡总理李显龙在2014年新年讲话中特别强调"新加坡精神"的重要性,政府拟通过庆祝2015年建国50周年系列活动重温建国历程和辉煌,凝聚民心,提振精神。马来西亚、菲律宾分别提出"一个马来西亚""同一民族、同一国家"的理念,凝聚人心,积极培育国家认同感。总体看,地区国家对发展本国文化价值体系重要性的认识在不断深化,以本国文化价值体系为基础逐步增强国家治理能力的意识在不断增强。

三、南亚、东南亚国家在治理方面的经验教训,对各国加强国家治理具有启示意义

(一)以人为本,提升国家治理与各阶层民众的利益关联度。加强国家治理的根本目的在于满足民众日益增长的需求,不断赢得民众的信任与支持。任何一个国家的执政党和政府,都要切实转变作风、放低身段,聚焦民情、民心、民意,让民众真切感到国家所提出的目标有助于实现其自身的梦想,支持帮助政府就是帮助他们自己,强化对政府的理解和认同。

(二)政府主导,充分发挥政府、市场、社会和个人等不同主体的积极性和创造性。对于广大发展中国家而言,国家治理得失成败的关键仍然在于强有力的中央政府。特别是在改革发展转型期,利益复杂、矛盾多发,市场、社会、个人的角色定位和功能仍不稳定成熟,需中央政府居中发挥好治理中枢作用,协调理顺各种关系。政府在国家治理上的主导作用,一是应体现在完善各种法律法规,建立健全治理制度框架,更好实现依法治理;二是应通过加强政策设计,不断完善市场和社会体系建设,合理配置公共资源,引导治理模式和方向,确保治理体系和能力能够顺应形势变化取得治理实效;三是应提高执行和响应能力,为多元社

会利益群体提供充足的公共产品和服务,努力消除各种矛盾隔阂,并形成有效监管。同时,要汲取部分国家政府权力过大的反面教训,在提高政府执行能力的过程中,充分发挥市场作用、激发社会活力和民众创造力。

(三)讲究策略,统筹推进改革、发展和稳定等多元治理目标。一方面,推进国家治理体系改革、提升治理能力是大势所趋,必须立足实际、把握节奏、循序渐进、灵活审慎。速度过快容易引发思想混乱和社会失序,过慢则难以满足国家治理的现实需求。为此,要加强政策宣示,让民众形成合理的改革预期,减少改革的压力和阻力。另一方面,国家治理在立法执法及维护国家主权、安全等问题上,硬的一面必须更硬;在化解各种社会矛盾时,软的一面必须更软,采取更多嵌入治理、柔性治理、协作治理等新思路,更多体现政策手段的精细化和人文关怀。

(四)标本兼治,坚持以持续变革作为国家治理体系和能力建设的根本动力。国家治理的改革调整,应避免"头疼医头、脚疼医脚",不能只做局部性、阶段性的小手术,必须从治理体系革新的整体性出发,坚持核心价值体系建设,为体制变革夯实思想和价值基础,必须从顶层设计和国家长治久安的高度,激发体制和思想上的革命,触及国家治理模式、理念及政治文化的发展变化,触及全民思想观念的转变进步,为改革发展进一步提供支撑和动力。

阿拉伯动荡国家推进国家治理建设的教训

2010年底，突尼斯、埃及、利比亚和叙利亚等国相继发生剧变，有关国家在推进国家治理建设方面的失误和不足，是剧变的重要诱因之一。

一、历史进程:20世纪中期，伴随民族解放运动的浪潮，一些阿拉伯国家纷纷独立并开始探索和推进国家治理建设的历史进程

（一）独立初期至20世纪70年代中期，威权铁腕治理国家，推动国家发展由乱到治。埃及等国政权初创时期，一些军人领袖凭借铁腕手段整合国家资源，不断强化国家机器，同时提供医疗、教育及民生等公共产品，国家治理实现由乱到治的历史性转变。在苏联社会主义模式影响下，各国大多建立了以军人为核心的中央集权式政治体制——威权政治体制。政治上奉行各具特色的“社会主义”，经济上大多采用计划经济模式，实行大规模国有化运动，制定各种“社会主义”政策，抑制私人资本发展，国家通过行政手段直接或间接干预、调节社会经济生活。在当时特定历史条件下，这种国家治理模式对于动员和组织各种社会力量，实现政治独立、发展民族经济发挥了积极作用。

（二）20世纪70年代中期至2011年，开启政治多元化和经济自由化，国家治理进入变革调整期。20世纪70年代中期以后，埃及等国政局相继出现动荡，恐怖活动频仍，经济发展低迷，民众抗议示威不断。为摆脱困境，各国开始逐步摒弃苏联模式转而实施不同程度的政治多元化改革，计划经济被弱化。特别是80年代末90年代初，在苏东剧变和世界民主化浪潮冲击下，一些国家治理模式发生重大转变，在继续沿用威权体制的前提下，政治上实行多党制，经济上实施大规模私有化计划，计划经济全面转向市场经济。但在经济全球化和国际金融危机双重影响下，一些阿拉伯国家治理体制长期存在的弊端更加凸显，并最终引爆2010年底的地区剧变。

（三）2011年后，国家治理进入动荡、反思和新的探索期。地区剧变后，有关

国家政局动荡、发展低迷、民生凋敝,国家治理重新陷入由治到乱的困局。一些国家在政权更迭后,相继建立民选政权或过渡政权,政治上大多实行多元化、多党制和议会民主选举,但仍普遍面临宗教与世俗矛盾激化、经济与民生问题恶化、地方与部落势力坐大、社会动荡不断加剧、宗教极端主义和恐怖主义强势回潮等严峻挑战。目前,地区国家已进入政治重建和经济调整的变革转型期,现实困境促使有关国家在深刻反思的同时,加快了推进国家治理建设的新探索。

二、主要弊端:阿拉伯动荡国家几十年的发展历程,特别是在2010年底开始的动荡中暴露出的国家治理模式的缺陷

(一)政治治理重集权,轻民主。政权初创时期,一些国家普遍实行威权政治模式。它与阿拉伯国家从传统农业社会向现代工业社会过渡的转型过程基本相适应,在当时历史条件下具有一定积极意义。同时,威权领袖们在执政初期,肩负建设民族国家的历史使命,大多注重廉政、效率和革新,因而得到民众拥护和爱戴。但在统治后期,威权领袖日益凌驾于法律之上,专断独权,不断培植家族和亲信势力,寻求长期执政、终身执政乃至权力世袭。国家法治和民主建设遭到严重破坏,立法、司法等机构作用不断被弱化,政党、选举等制度成为集权的民主外衣,国家治理日益显现个人化、家族化倾向,政权服务对象由多数民众转向少数由亲信和高官组成的特权阶层。

(二)经济治理重效率,轻民生。阿拉伯国家在发展历程中,也曾实现过经济的快速增长。埃及经济增长多年保持在4%以上。突尼斯连续20年保持经济稳定增长,是非洲最具竞争力的国家之一,在达沃斯世界经济论坛2010年公布的全球竞争力排行榜上位列世界第32位。但因政策不配套,经济增长并未带来民生预期的改善。相反,许多国家普遍存在高失业、高物价、高房价"三高"和低收入、低保障和低幸福指数的"三低"现象。同时,由于缺乏有效制度保障,大规模国有企业和金融机构的过度私有化带来国有资产大量流失,造就一大批靠裙带关系暴富的新权贵,贫富差距进一步加大。埃及近一半人口生活在贫困线以下,也门被列为最不发达国家。贫困人口不断增加和贫困阶层不断扩大,使政权维系统治的难度越来越大。一旦经济发展遭遇瓶颈制约,民众对贪腐、贫困、失业等问题的容忍度就会显著降低,社会危机可能随时爆发。

(三)社会治理重压制,轻疏导。在威权体制下,一些国家法治建设缺失,政府过度依靠国家机器和强力机构治理国家,采取压制而非疏导方式解决社会问

题。有的国家长期以反恐、国家安全和稳定为口号,限制政治自由和言论自由,依靠严格管控实现稳定和发展。埃及自1981年开始实行长达30余年的紧急状态法,军警滥用权力,严酷、暴力执法盛行,宪法赋予公民的合法权利被剥夺,公民政治权利受到严格限制。随着公民文化素质、知识水平、民主意识的不断提高,这种脱离法治轨道依靠暴力解决社会问题的模式,必然遭到民众的强烈反抗。

(四)整体治理结构不合理,政府、市场、社会三方关系失衡。在长期的威权体制下,由于国家对经济部门的垄断和统治集团对政治权力的控制,许多国家普遍形成强政府、弱社会的治理结构,社会组织或发育不良,或独立性不强,政府通过在社会中扮演仲裁者、规则制定者和监管者等多重角色,不断强化对社会的管控,公民缺少正常有效的政治参与和表达诉求的渠道。同时,政府通过垄断权力和掌控资源,不断干预经济活动,导致市场未能在资源配置中发挥作用。在埃及,总统大权独揽,所有强力国家机构实体都正式或非正式地隶属于总统府,立法和司法机构难以对其形成有效制约。在利比亚,卡扎菲政治上采用具有明显部族政治色彩的统治方式,禁止一切政党和公民组织活动,强政府、弱社会特征更为典型。

(五)治理理念保守僵滞,现代治理能力低下。许多国家的威权领袖迷权恋栈,思想僵化,因循守旧,长期沿用传统的部落式、家族式治理模式,思想观念和治国方法严重滞后,错失全球化和信息化带来的机遇,致使国家深陷老人政治的泥潭。国家发展一旦出现重大危机,当权者往往难有现代治理举措。由于政权内部不能实现有序更替和新陈代谢,大量社会精英无缘参与国家管理和推动社会进步,因而进一步加剧威权治理模式的僵化和落后。一些国家虽进行变革转型尝试,但总体进程缓慢,政治、经济、社会发展严重失衡,改革步伐和相关制度建设明显滞后于时代发展,整个地区在国际体系中日益被边缘化。

三、重要警示:阿拉伯动荡国家在推进国家治理建设方面走了一条弯路,其深刻教训值得警醒和反思

(一)与时俱进地根据国情世情变化推进国家治理是关键。有关国家从乱到治、再从治到乱的历史进程表明,国家治理体系必须顺应时代潮流而不断加以改革和完善。威权治理模式在一些阿拉伯国家曾发挥过积极作用,但在长期执政过程中,威权领袖无视这种模式本身固有和不断累积的弊端及缺陷,未能根据

时代和社会的发展变化进行根本改革,国家最终因治理失效而陷入危机和动荡。

(二)根据国情自主探索是推动国家治理现代化的重要前提。20世纪70年代至90年代,埃及曾多次根据西方国家开出的“药方”实行经济改革,或取消和减少对基本食品的政府补贴,或过度实行私有化政策,短期内虽取得一定成效,但最终遗留诸多经济社会问题。地区剧变后,一些国家简单移植的西式民主制度,不仅未能弥合社会分歧、凝聚社会共识,反而沦为党派和政治斗争的工具,成为有关国家政局动荡的重要诱因。西方模式在地区国家遭遇“水土不服”的事实表明,国家治理不能脱离本国的历史、文化、传统和政治社会现实。

(三)强化执政党建设是推动国家治理现代化的重要抓手。埃及等国执政党执政初期,也曾重视党的建设,并提出过各具特色的“阿拉伯社会主义”理论,在领导人民建设国家中发挥了重要作用。但在多年的僵化体制下,各党未能紧跟时代步伐,党的先进性、方向性缺失,党内独断专行,群众基础日益萎缩,导致最终丧失执政地位。惨痛教训表明,执政党执政能力的强弱和自身建设的好坏不仅决定一个政党兴衰存亡,也决定着一个国家、一个民族的命运。

(四)法治建设是推动国家治理现代化的可靠保障。部分阿拉伯动荡国家治理失效的重要原因之一是法治建设的缺失,个人代替国家,“人治”代替法治,系统性的权力寻租和腐败便是其恶果之一。埃及、突尼斯和利比亚等国当权者利用特权大办家族企业,疯狂侵吞国有资产,积聚巨额财富,权力腐败成为国家社会政治生活中的常态。据统计,阿拉伯世界1/3的国内生产总值被腐败吞噬。在“透明国际”的全球腐败国家排名中,埃及、也门、叙利亚等国名列前茅。缺乏法治的国家治理必将带来权力垄断、监督缺失和权力腐败,也必将走向末路。

(五)改善民生和推动国家可持续发展是国家治理的根本目的。民生和发展问题是此次阿拉伯国家剧变的导火索,在经济全球化、信息化、网络化、城市化及转型期矛盾的综合作用下,它直接催化了社会矛盾的大爆发。因此,国家治理的制度设计要坚持以人为本的全面、协调、可持续发展,坚持把经济增长、社会进步与促进人的全面发展结合起来,正确处理好发展与稳定、效率与公平的关系,让人民群众平等参与现代化进程,共享经济发展和现代化成果。

非洲国家探索国家治理建设的进程、经验教训和启示

非洲国家在国家治理建设方面的实践，贯穿于各国探索政治发展道路和经济发展模式的全过程。从20世纪60年代起，非洲国家开始寻求建立适合国家发展需要的治理模式，但受制于内、外诸多因素而屡屡受挫，其经验教训值得借鉴总结。

一、非洲国家探索国家治理建设走过了艰难曲折的道路

（一）独立初期，沿袭殖民主义管理体制。殖民统治时期，西方列强在非洲许多国家建立了一整套统治制度和机构。独立之际，这些国家对于选择何种政治体制和发展模式来治理国家，既无理论准备，也无实践经验。出于尽早实现民族独立的现实政治需要，它们大多继承了原宗主国的管理体制，实行民主共和政体，成立文官政府和议会，建立竞争性的选举制度，允许反对党合法存在。经济上，除几内亚等少数国家对原有经济结构进行大幅调整外，大多国家保留了原有经济结构，沿袭宗主国制定的经济发展计划和政策，同时建立并掌控国家经济各个部门，对外资采取保护政策。

由于殖民主义管理体制原本为宗主国利益设立，在非洲国家缺乏政治、经济、社会和文化基础，所以这些国家在独立后不久，相继发生政局动荡、部族纷争和政治腐败等问题，因此，这一模式并未持续多久即被大多数非洲国家所抛弃。

（二）20世纪六七十年代，实行全能主义的国家治理模式。在经历独立初期的政权巩固和力量整合后，非洲国家迫切希望早日实现民族融合、经济发展和国家现代化等目标，因此，全能主义的国家治理模式成为多数国家的选择。政治上，非洲2/3以上的国家建立了中央集权的一党制或军政权。执政党或军政权包揽了公共事务的管理权力，并通过自上而下的行政手段行使权威。在经济战略上，尽管各国选择的发展模式在意识形态层面并不相同，但它们都主张国家应

在经济社会发展中发挥重要作用,由国家直接控制经济资源,发展强大的国营企业、公共部门和社会福利事业。

这一时期,全能主义的国家治理模式对于维护国家统一稳定,促进民族融合,发展民族经济发挥了积极作用。但也催生了许多问题:如权力集中导致政治独裁和腐败、国家过多干预经济抑制了劳动者生产积极性等。20 世纪 70 年代后期,全能主义的国家治理模式逐渐陷入危机。

(三)20 世纪 80 年代以来,移植以新自由主义、多党制为核心的治理模式。非洲国家被迫接受"结构调整方案",开始推行新自由主义经济政策,强调市场机制的自发调节作用,反对政府过多干预经济社会生活,大力推行自由化和私有化。政治上,西方国家以援助为杠杆,持续向非洲国家施压,强迫非洲国家改行多党制。短短数年间,绝大多数非洲国家仓促实现了由一党制或军政权向多党制的转型。与此同时,大批社会组织和非政府组织成立,非洲国家治理模式发生重大转变。

实行这一模式后,非洲国家治理陷入新的困境。部分国家因实行多党竞争加剧了原有的部族矛盾,陷入逢选必乱的怪圈,并引发长期动荡和混乱。非洲经济也并没有因推行新自由主义经济政策而取得发展和改善,许多方面还有恶化的趋势。

(四)20 世纪 90 年代以来,部分非洲国家开始独立探索适合国情的治理模式。南非、埃塞俄比亚、卢旺达等部分非洲国家顶住西方压力,开始独立探索自主发展道路,寻求适合本国国情的治理模式。南非政府积极同各党派、工商界和其他社会力量建立关系,共同解决失业、土改和社会福利等众多社会问题,探索以非国大为领导核心的政府与社会共治模式。埃塞俄比亚提出建设"民主发展型国家"的战略构想。在多党制条件下,通过民主选举实现执政的埃塞俄比亚人民革命民主阵线对国家权力的绝对控制,确保政治稳定和政策持久;充分发挥政府在国家治理中的作用,适当参与并干预经济发展;加强对非政府组织的引导和管控,促进各类社会组织发展,培育有利于民主和良政的社会土壤。卢旺达认为无论是民主建设还是经济发展战略,都要结合自身特殊历史、传统和社会结构的需要。政治上,卢旺达爱国阵线长期保持执政地位,并致力于廉洁政府建设,为经济社会发展创造了良好的政治环境;经济上,积极发挥市场作用,政府通过适当方式干预经济,防止市场失灵。埃塞俄比亚、南非、卢旺达等国在探索国家治理建设方面取得了一定成效,但尚未形成一套成熟的体系,仍有很长的路要走。

二、非洲国家探索国家治理建设的经验教训

从非洲国家探索国家治理建设的历史进程来看，西方治理模式在相当长一段时期内占据主流地位。在西方治理模式下，非洲国家治理水平并无实质性提升，部分国家政治腐败、社会管理不善、经济效益低下以及社会环境日益恶化，不仅没有实现国家的有效治理，反而被视为“劣治”国家。西方治理模式给非洲带来的更多是消极后果。

（一）国家权威日益衰微，政府行政效率低下，难以实现有效的政治治理。非洲国家独立后，面临民族国家建设和发展经济的双重任务。在国家整合、民族认同尚未彻底完成、政府权威未曾确立的情况下，许多国家盲目照搬西方治理模式，经历了从多党制到一党制，再到多党制的政治发展道路。一方面，政治民主变革，特别是实行多党民主，扩大了政治参与，适应了民众要求变革的诉求，但同时也打破了传统政治权威，并激化了以往未解决好的民族、部族、宗教等矛盾，造成非洲国家的权威受到严重挑战并日益弱化，甚至导致一些国家陷入长期动荡。20 世纪 90 年代以来，发生战争、冲突或骚乱的非洲国家达 30 多个，索马里、苏丹、中非共和国等国长期处于国家失序解体状态。另一方面，在多党制下，各个政党围绕自身利益互不相让，再加上许多国家政府官员任命存在任人唯亲、营私舞弊等现象，一些能力较强、具有专业素质的持异见者难以进入政治体系，导致政府行政效率低下。刚果（金）、尼日利亚等许多国家缺乏对政府权力运作的规范、制约和监督，官员利用权力攫取个人或小集团经济利益，贪腐现象严重。

（二）经济管理长期受西方操控，经济治理能力被严重削弱。长期以来，非洲国家严重依赖外国资金、市场及技术装备，卢旺达、埃塞俄比亚等国家政府财政的 50% 以上依赖西方援助，经济自主性差。从政府与市场的角度看，独立后一段时期内，非洲国家一度认识到政府应在经济社会发展中发挥重要作用。但新自由主义经济政策的实行，削弱了政府在经济调控方面的作用，弱化了非洲国家的经济治理能力，使非洲对西方国家的经济依附得以强化。放松政府管制并削减政府开支，造成政府无法有效动员和整合各种资源推进国家经济建设以缩小与发达国家的差距，并难以应对在发展过程中因社会变革所产生的失业、饥荒、贫困等问题。同时，导致非洲经济政策和宏观经济管理的操控权落入西方手中。在非洲国家经济治理中，大到国家发展方向、经济发展战略、政府财政政策，小到企业是否私有化、何时私有化，都要听命于西方。

(三)社会组织发展存在诸多问题,社会治理面临新的挑战。随着多党民主浪潮,非洲非政府组织数量急剧增加,大量工会、教会、学生组织、职业协会等团体和组织成立,这些团体和组织在减贫、教育、技能培训、民主与人权,以及人道主义救济等领域发挥了积极作用。从政府与社会的角度看,社会组织的发育一定程度上弥补了政府治理的不足,但同时也对非洲国家的社会治理提出了新的挑战。一是非洲社会组织并非现代意义上的社会组织,而是混杂着大量传统的部族、宗教组织,这些组织的某些观念和价值会对社会治理带来一定负面影响。尼日利亚部分非政府组织主张按部族分裂国家,塞内加尔、几内亚、尼日尔等国许多非政府组织因宗教派别不同而冲突不断。二是非洲的非政府组织很难从国内筹措到足够资金,经费大多严重依赖西方支持,在关注议题和行动上难以摆脱西方操控。许多非洲国家的非政府组织以批判、挑刺执政党和政府为己任,或为西方价值观代言人。乌干达非政府组织仅有25%的资金来自政府支持和私人捐赠,津巴布韦、肯尼亚等国非政府组织80%以上的资金依靠外国资助。津巴布韦部分非政府组织经常对政府政策进行批评,被政府指控为“外国主子的传声筒”和“国家的敌人”,肯尼亚“绿色地带运动”等非政府组织在有关环境、人权和政治犯等一系列问题上直接挑战政府权威。这些团体和组织的过度政治化、商业化以及无序发展削弱了政府权威,影响了政府施政效率,破坏了执政党内部团结,加速了经济社会管理的复杂化和碎片化。

(四)文化价值观受西方意识形态冲击严重,无法为国家治理提供文化支撑。在探索国家治理的过程中,非洲国家偏重制度建设,忽略了文化价值体系建设的重要性,造成核心价值观缺失,难以给国家治理提供强有力的文化价值支撑。长期以来,西方势力借助同非洲在语言、宗教等方面的传统联系,通过提供援助、控制新闻媒体、举办培训班、资助留学生、扶助非政府组织等多种形式,加强对非洲的价值观输出和文化灌输活动。西方大国在对非援助中都附加民主、良政、人权等政治条件,迫使非洲国家接受西方价值观。赞比亚、坦桑尼亚等非洲国家的新闻广播或电视新闻主要依靠西方媒体,本国媒体只能提供少数娱乐节目。美、法等国还试图通过留学生奖学金、非洲青年领导人培训等项目,培训一批亲美的政治精英,引导非洲国家的内外政策。在此过程中,非洲独有的历史文化传统被逐步侵蚀,原本薄弱的国家和民族认同感也面临前所未有的冲击,许多非洲专家、学者、非政府组织人士甚至政府官员在此攻势下接受了西方意识形态,对非洲国家的政治路径选择和经济社会发展产生了深刻的影响。

三、几点启示

(一)切实把握本国国情是探索国家治理模式的前提。西方治理模式是伴随着民族统一国家的建立、发达市场经济的形成、法律制度的日益完备、人民文化素质的提高、自由平等和民主意识不断增进等因素而逐步发展起来的,这一过程经历了近两百年时间。显然,它并不适合民族国家构建尚未完成、经济社会发展水平低下、市场发育不完善、公民参与能力不足的非洲国家。非洲国家的实践表明,脱离本国国情,试图在短期内通过套用西方治理模式实现国家治理的做法是无法取得成功,难以带来人们所希望的稳定和发展。

(二)坚持独立自主、走自己的路是推进国家治理现代化的基本原则。非洲国家独立以来,内部事务长期受西方干预,国家主权难以得到保障。西方对非洲的干预方式不断变化,20 世纪六七十年代以军事干预为主,80 年代转为经济干预,90 年代以来则通过提供资金、操控舆论导向、扶植非政府组织等手段来进行干预,造成非洲国家在政治经济发展上处处受制于人,缺乏独立自主性。而埃塞俄比亚、南非等国家近年来之所以能够保持政局稳定,快速发展经济,实现较好治理,关键在于坚持独立自主原则,走自主发展道路。正反两方面的实践表明,西方治理模式并非实现国家治理的唯一途径,推动国家治理必须独立自主地设计和选择自己的发展道路。

(三)处理好政府、市场、社会三者关系是推进国家治理现代化的关键。政府、市场、社会在治理体系中的地位和作用随着经济社会发展水平而不断变化,在此过程中三者都在相互适应并调整自身的行为模式和功能,因此,治理体系的演进和现代化是一个长期的、复杂的过程。多数非洲国家在自身市场、社会发育并不成熟的条件下,迷信西方式的“小政府、大市场”治理理念,削弱国家权力,结果造成“弱政府”“弱市场”“弱社会”并存的局面,导致治理体系的衰败和混乱。

五、当代世界社会主义探讨

对21世纪非洲社会主义的看法

21世纪初的十几年,非洲社会主义运动无疑仍处于低潮,但它仍是一股影响广泛的社会政治思潮。社会主义既存在于非洲许多政党和政治组织的指导思想与纲领文件中,也存在于许多国家对发展道路的探索中,还更广泛地存在于进步人士的思想意识中。

一、理论特征

当今非洲社会主义理论的表现形态主要有科学社会主义和民主社会主义,其中民主社会主义为主流,科学社会主义为支流。20世纪60—80年代广泛存在的各种名称的"村社社会主义"已基本消亡。

(一)科学社会主义。非洲的科学社会主义主要存在于一批共产党或共产主义性质的政治组织中,其中南非共产党力量影响最大,其次为留尼汪共产党。此外还有一批共产党和共产主义性质的政治组织,如莱索托共产党、苏丹共产党、阿尔及利亚劳工党、博茨瓦纳民族阵线、刚果(金)和尼日利亚的共产主义组织。这些政党和政治组织的共同理论特征是坚持马克思主义基本原则,同时根据现阶段革命斗争的特点制定具体的方针政策。

南非共产党拥有20万党员,系非洲大陆最大的共产党。该党坚持以马列主义为指导思想,把实现没有阶级、压迫和剥削、人人平等、按需分配的共产主义社会作为最终奋斗目标。该党认为,社会主义的三大核心特征是民主、平等和主要生产资料的社会化。民主反映在社会生活的各个领域,包括通常人们误称为"资产阶级民主"的一人一票、定期多党选举、公民基本权利法案、司法独立等。平等就是要努力消灭资本主义社会中普遍存在的收入、财富、权力和机会等方面的巨大差异。经济主导部分的社会化是实现民主和平等的最基本条件。社会化不是所有制在法律形式上的简单集中,而是强调真正赋予工人阶级经济权力,包括扩大工人阶级对工作场所决策的影响力。经济社会化包含各种不同的所有制形式,即占主导地位的多种形式的公有制部门、相当规模的合作制部门和主要由中小企业组成的私营部门。

留尼汪共产党在坚持马克思主义基本原理的同时,考虑到作为法国海外省的地位,着重把争取留尼汪人同法国本土居民的同等权利作为斗争的重点,为此提出系列政策主张,得到岛内民众的普遍支持。

在南非共产党推动下,非洲国家共产主义组织近年来加强了联系与合作。其中一项工作是成立"非洲左翼力量论坛",彼此分享信息和经验,共同推动非洲进步事业。该论坛已举办三届,数十个共产主义性质的政党和组织参与。

(二)民主社会主义。民主社会主义是当今非洲影响最广泛的社会政治思潮。主张走民主社会主义道路的非洲政党、政治组织数量众多,大致有如下两种:一是社会党国际成员中的非洲政党。这类政党共36个(正式成员党19个,咨商成员党8个,观察员党9个),其中15个为执政党。二是未加入社会党国际的各国劳工党和工会组织,如科特迪瓦劳工党、南非工会大会等。

非洲的民主社会主义从其渊源来看,既有西欧式传统民主社会主义,也有从科学社会主义和"村社社会主义"转变而来,因此,其理论既与西欧民主社会主义有共同之处,也具有自身特征。一是对资本主义持批判态度,把建设政治民主、经济公平、人人享有社会福利的社会作为奋斗目标。如安哥拉人民解放运动主张建设一个带有社会主义特征、人人共享财富的包容性民主社会。曾在科特迪瓦执政10年的人民阵线称,人民阵线是扎根于人民群众的社会民主主义政党,以促进人的发展、物质和精神幸福为目标。尼日尔执政党争取民主与社会主义党主张建立一个主权独立、民主、自由、社会主义的新国家。二是主张发展混合所有制经济,建设福利国家。安哥拉人民解放运动认为,政府要在混合经济体制下实现社会保障平等,财富再分配均衡,消除贫困现象。塞舌尔人民党利用自己的执政地位将免费医疗、免费教育等社会福利条款和成套的社会保障制度写入国家宪法。尼日尔争取民主与社会主义党主张发展民族经济,保护公共利益,保持不同经济成分和社会力量间的平衡,反对执行世界银行和国际货币基金组织的"结构调整计划"。赞比亚执政党爱国阵线主张消除资本主义带来的不平等、贫穷、饥饿、愚昧、疾病、犯罪、腐败及人剥削人的现象,主张以勤劳、诚实、奉献和自力更生的精神努力提高赞比亚人民特别是农村居民的生活水平,建立一个以人为本、为人民谋福利的政府。三是为工人阶级和劳动阶层争取权利。科特迪瓦劳工党认为,必须改变资本主义制度下劳动者创造财富却无法公平地分配财富的状况。该党进而提出了"公民企业"的概念,其要旨是让劳动者能够参与分配企业创造的财富。有200多万会员的南非工会大会在其宪章中规定,工会大会的目标是消除经济剥削,为实现全体劳动者的社会与经济公正而奋斗。

为此,工会大会将努力改造国民经济,使创造财富的方式更加民主,劳动果实为全体劳动者共享,全体人民均有公平的生活水平、社会保障和劳动条件。

二、实践特征

当今非洲国家中,仅坦桑尼亚一国仍在宪法保留“社会主义与自力更生”的表述,但坦桑尼亚议会也以宪法修正案的形式重新界定“社会主义”的涵义,明确“社会主义和自力更生”原则代表民主、自主、人权、自由、平等、友爱、团结,而不再表示坦具有社会主义的意识形态。在其他民主社会主义政党执政的国家,由于实行多党制,社会主义也不再是国家的意识形态。因此可以说,今天非洲已没有任何国家可称为社会主义国家,社会主义作为一种制度性的国家实践已不存在。然而,这并不意味着社会主义在非洲的实践和探索已经停止,相反,非洲社会主义的实践和探索仍以不同的方式在进行中,其表现形态主要体现在两方面:一是南非共产党、留尼汪共产党在资本主义条件下探索推进社会主义建设的道路。二是各国执政的民主社会主义政党在施政过程中对公平、正义、福利等社会主义基本价值的追求和对建设发展型国家道路的探索。

(一)南非共产党的社会主义实践。1994年新南非诞生后,南非共给自己确定的主要任务有两项,一是确保南非国家发展不偏离民族民主革命方向,二是探索在资本主义条件下注入社会主义因素的方式方法。该党1995年提出“未来属于社会主义,建设自今日始”主张,后来又提出“在工作和生活的地方建设社会主义”口号,解决了对民族民主革命与社会主义革命关系的认识问题。该党认为,后种族隔离时代的南非革命性质仍是民族民主革命,这场革命既是民族民主斗争,又是社会主义斗争,党要团结工会和其他左翼力量向执政党和政府施压,确保国家发展不偏离民族民主革命的大方向,同时在巩固和深化民族民主革命过程中不断注入社会主义因素。

在确保国家发展方向方面,南非共产党的做法取得明显成效。南非共产党联合工会大会和非国大内部左翼力量,与姆贝基总统领导的政府进行了数年斗争,最终迫使政府事实上放弃新自由主义政策。在南非共产党积极推动下,非国大提出建设“发展型国家”设想,更加注重社会公平和加强政府的宏观调控作用;政府设立国家计划委员会,出台国家发展规划,制定全民医保计划;立法机构通过一系列有利于劳动人民的法案,如《劳资关系法》《就业基本条件法》《就业平等法》《失业保险法》等。

南非共产党在局部和微观层面的社会主义实践探索也取得一些进展。该党发动一系列群众运动,推动合作制经济的发展,如利用工会会费成立首家面向贫困家庭的合作制银行。该党还从1999年起在每年10月发起“红十月运动”,每次确定一个特定主题,如金融改革、土地改革、农业、就业等,为工人阶级和贫苦人民争取权利与利益。在“红十月运动”推动下,南议会通过了《合作社法》《合作银行法》《免除信贷不良记录法》等法律。

(二)民主社会主义实践。民主社会主义政党执政的国家虽不再把社会主义作为国家意识形态,但与其他非社会主义政党执政的国家相比,其施政仍具有一些社会主义色彩,主要表现在:一是逐渐放弃新自由主义政策取向,重新强调国家(政府)在发展中的作用,特别是在制订国家发展规划、基础设施建设和人力资源开发领域。如南非在姆贝基任总统时期(1999—2008年),执行新自由主义色彩浓厚的经济政策,但随着2009年祖马出任南非总统,非国大政策出现较大幅度转变,提出建设“发展型国家”设想。二是由国家主导进行大规模基础设施建设,特别是交通、通讯、电力、供水、医院、学校等基础设施。安哥拉、坦桑尼亚、莫桑比克、埃塞俄比亚等国近年来均在国家主导下进行了大规模的基础设施建设。2002年安哥拉开始结束内战后的大规模重建过程中,并未接受西方关于由私营部门来主导国家重建的主张,而是注重发挥国家(政府)的主导作用。政府设立重建办,将巨额石油收入用于大规模的基础设施建设、人力资源开发和社会福利。在基础设施建设的带动下,安哥拉经济2003年以来年均增长超过7%,个别年份达到两位数。埃塞俄比亚执政党埃革阵1991年通过武装斗争上台执政以来,坚决抵制新自由主义压力,带领埃人民自主探索发展道路。该党领导人梅莱斯在研究总结东亚经验的基础上,结合埃国情,提出建设“民主发展型国家”理论。根据该理论,埃塞俄比亚在政治上实行“一党独大型多党制”,允许反对党存在,但保持埃革阵的绝对优势地位;在经济上实行混合所有制经济体制,土地和矿产资源归国家所有,国家在基础设施建设和人力资源开发领域发挥主导作用,公有制和私有制共同发展,但国有企业控制主要经济命脉如银行、电信、交通、邮政、电力等部门。埃塞俄比亚的探索取得显著成就,国内生产总值增长率已连续9年超过10%,是同期非洲增长最快的经济体。三是努力注重社会公平,强调向全体人民提供社会服务,建设福利社会。如非国大执政20年间,建成一个覆盖面较广、水平相对较高的社会保障体系。

三、两点看法

(一)社会主义在今天非洲的新发展有其历史合理性。一方面,非洲社会主义虽有过挫折,但作为一种理想,它寓意美好,代表着劳动人民和进步人士追求公平、公正与幸福的方向。有人说非洲人是天生的社会主义者,这不无道理。非洲传统社会中确实包含一些原始的社会主义因素,西方资本主义对非洲长达数百年的奴役也造就了非洲人对资本主义的天然反感,社会主义在非洲仍有广阔的空间和市场。一些政党即使其意识形态不是社会主义,但其领导人也表示,他们从内心上是认同社会主义的,希望创造条件为建设社会主义打基础。另一方面,非洲社会主义的新发展也是对新自由主义的否定。西方强加给非洲的新自由主义使非洲失去了数十年的发展黄金期。通过对新自由主义的反思,越来越多的非洲政治家认识到,非洲不能走西方式的发展道路。正如埃塞俄比亚已故总理梅莱斯所言,新自由主义并未给非洲带来发展和繁荣,而是经济长期停滞、非工业化和政府职能弱化。南非、津巴布韦、莫桑比克等国认识到,新自由主义政策所产生的社会不公造成执政党与群众关系紧张,威胁到党的执政地位,因此必须加以修正。坦桑尼亚学者最近撰文指出,坦桑尼亚放弃社会主义意识形态使国民的思想认识出现混乱,经济发展伴随更为严重的社会不公,现在是重新回到社会主义时代的时候了。学者的观点应该说反映了坦桑尼亚部分民众的心声。

(二)非洲社会主义运动仍处于低潮,但孕育着新的希望。从历史发展的长周期看,当今非洲社会主义运动无疑处于低潮,在未来相当长时间里,非洲再难重现像20世纪60—80年代那样的大规模社会主义实践运动。多党制也使得执政的社会主义政党再难将社会主义确定为国家意识形态,然而一些政党和国家在新的历史条件下探索建设公平社会的实践为社会主义运动注入了新的活力,特别是一些国家对建设发展型国家的探索丰富了非洲社会主义运动的内涵。它们的探索如能取得成功,或许将成为世界社会主义运动的一道独特风景线。

拉美“21 世纪社会主义”探索

20 世纪 90 年代后期，新自由主义在拉美的负面效应日益凸显，多国出现政治、经济和社会危机，一批左翼力量迅速崛起，并先后在多国上台执政，开始探寻新的发展模式。其中，委内瑞拉已故总统查韦斯和厄瓜多尔总统科雷亚提出建设“21 世纪社会主义”，玻利维亚总统莫拉莱斯提出“社群社会主义”，巴西劳工党提出“劳工社会主义”，在拉美形成一股走“21 世纪社会主义”道路的潮流。这些国家对社会主义的探索实践丰富了世界社会主义的理论内涵和实现形式。

一、拉美“21 世纪社会主义”产生的背景、特性和政策主张

（一）“21 世纪社会主义”的产生有其历史必然性和现实可能性。拉美地区社会主义思想源远流长，既有本土思想家马里亚特吉提出的印第安美洲社会主义，又有空想社会主义、马克思主义等外来思想的广泛传播，为社会主义在拉美打下了不浅的群众基础和思想知识基础。拉美地区还有较丰富的社会主义实践，古巴社会主义、圭亚那合作社会主义、智利社会主义等对战后拉美政治发展进程产生了深远影响。苏东剧变后，拉美社会主义运动一度跌入低谷。但中国、越南等国社会主义建设成就令人瞩目，同时古巴社会主义政权顶住美西方封锁和制裁，显示出顽强的生命力。这在相当程度上增强了拉美社会主义者的信心。特别是 20 世纪八九十年代，拉美各国推行新自由主义改革，导致经济扭曲发展、贫富分化加剧，一些国家相继爆发经济和金融危机，并引发政局动荡，多国右翼政党因局势失控而下台。一批高举“反对新自由主义”旗帜、具有广泛草根基础的左翼政治力量及领袖人物得到选民广泛拥护，先后上台执政。他们在执政初期曾试图推行“人道的资本主义”改革，但遭到既得利益集团重重阻挠，遂决定冲破旧体制藩篱，探索符合各自国情的社会主义道路。

（二）“21 世纪社会主义”具有鲜明的民族性、时代性和包容性。拉美“21 世纪社会主义”理论来源庞杂，不仅吸收了马克思主义等外来社会主义理念，更强

调根植于本土的优良价值观、历史文化和进步思想。如委内瑞拉“21 世纪社会主义”继承了玻利瓦尔“自由平等、独立自主、地区联盟”思想，罗德里格斯“有教无类、全民教育”思想和萨莫拉将军“军民共生、统筹发展”思想；厄瓜多尔“21 世纪社会主义”吸收了许多基督教社会主义思想和原则；玻利维亚“社群社会主义”主要吸收了印第安的传统文化和宇宙观；巴西“劳工社会主义”则更多来源于民主社会主义。同时，拉美“21 世纪社会主义”突出当前历史条件和本国特色，以区别于前苏东国家的社会主义。查韦斯强调，委内瑞拉“21 世纪社会主义”绝不照搬照抄别国模式和经验，而要建设本国特色的社会主义道路。委内瑞拉现总统马杜罗强调，“21 世纪社会主义”是英勇的创造，当前委内瑞拉处于 21 世纪社会主义的第一阶段。科雷亚认为，厄瓜多尔“21 世纪社会主义”不同于传统社会主义，是在反思新自由主义过程中形成的不同于资本主义的方法论和原则，是结合厄瓜多尔现实不断革新创造的过程；巴西“劳工社会主义”强调建设“有巴西特色的社会主义”，但当前巴西尚不具备实现社会主义的条件，劳工党要在新的历史条件下为“重建社会主义”积聚条件。

（三）“21 世纪社会主义”的政策主张在有关国家共性突出，亦各具特色。在政治领域，四国均主张建立参与式民主，建立人民政权，鼓励社会各阶层广泛参与国家决策。委内瑞拉将“建设社会主义政治模式”写入宪法，而厄、玻两国新宪法则未提及“社会主义”，巴西则主张推进代议制民主和参与式民主共同发展。在经济领域，均反对新自由主义，抨击全球化负面效应，主张建立以社会所有制为主体、多种所有制共存的混合所有制，加强国家对经济的干预。委、玻主张对能源等战略性部门实行国有化，巴、厄则侧重加强对战略部门的控制。在社会领域，均将改善民生和实现社会公正作为中心任务，强调公平分配财富，缩小贫富差距，保护低收入和弱势群体的利益。在对外关系领域，均强调独立自主，反对外来干涉，反对帝国主义和霸权主义，倡导拉美联合自强，推动地区一体化，促进南南合作。委、玻、厄高调反美，但囿于对美经贸依赖，与美斗而不破。巴西在对美关系上则更加灵活、务实，寻求建立平等的新型大国关系。

二、拉美“21 世纪社会主义”在较短时间内取得积极成效

在政治领域，以参与式民主取代代议制民主，委、厄、玻三国成功修宪，在行政、立法、司法权外增设公民参与权，扩大了人民民主；修改总统任期限制，扫除连选连任障碍，四国执政党均实现连任，巩固了政权，维护了国家稳定；努力强化

对司法和地方政权的掌控,巩固执政根基。

在经济领域,强化国家对经济命脉的控制。委、玻将石油、天然气、电力等战略部门收归国有,厄提高外国企业开发油气利润上缴比例。此外,推行包容性发展模式,如厄推行"平民经济",巴西劳工党政府则力推以社会发展为核心的发展模式。从目前看,上述国家对国民经济的掌控力明显增强,国力提升。如委内瑞拉 2012 年国内生产总值比 1999 年翻了近两番,人均国内生产总值增长近 3 倍;巴西经济总量全球排名由 2003 年的第 13 位升至 2011 年第 6 位。

在社会领域,四国政府均加大投入,实施多项旨在保障公民权利、消除贫困、改善公共教育和医疗状况的社会计划。委、玻、厄进行土地改革,将闲置土地收归国有并转给无地农民。得益于上述措施,四国贫困人口和失业率明显下降,贫富分化现象有所改善。1999—2012 年,委贫困率从 49.4%下降至 21%,基尼系数从 0.49 下降至 0.39;2007—2012 年,厄贫困率由 37.6%降至 25.3%,基尼系数由 0.54 降至 0.47;2005—2013 年,玻贫困率由 38%降至 18%;2003—2011 年,巴贫困人口减少 50.64%,赤贫人口减少 47%,基尼系数由 0.594 降至 0.519。

在对外关系领域,四国推动地区国家加强团结协作取得积极成效。委内瑞拉主导建立由部分左翼国家组成的美洲玻利瓦尔联盟,通过建立偿付基金、使用统一货币、推动区内自由贸易等尝试,特别是通过优惠供油计划,促进了成员国在政治、社会和经济等领域的合作,切实帮助贫弱国家解决了一些燃眉之急;巴西推动南美地区一体化,由其主导的南方共同市场和南美洲国家联盟为地区协作搭建了良好平台;巴、委等国还推动成立涵盖地区所有国家的拉美和加勒比国家共同体,实现地区一体化历史性突破。此外,四国推行多元外交富有成效,与欧盟、亚太、非洲国家的关系日益紧密,拓宽了市场和合作渠道,一定程度上减轻了对美依赖。

但遭遇不少挫折,执政困难加大。首先,激进左翼政府推行的政治改革意识形态色彩浓厚,导致社会左右分化加剧,朝野斗争空前激烈,不利于国家长治久安。如委内瑞拉社会被人为分成"拥查"和"倒查"两大阵营,泾渭分明,针锋相对,长此以往势必造成社会分裂,动摇执政基础。同时,随着改革渐入"深水区",某些过激措施恐突破民众传统价值观底线而产生质疑。厄瓜多尔执政党在地方选举中遭遇失败即反映出厄瓜多尔民众对"公民革命"和"21 世纪社会主义"心存疑虑。此外,国家干预过多易造成资源垄断,滋生腐败,形成新的权贵阶层,如委内瑞拉反对派抓住执政党某些把柄,讽之为"玻利瓦尔资产阶级"。

其次,一些国家未能处理好政府与市场的关系,发展不可持续。如委内瑞拉政府过于强调国家调控作用，无视经济规律，重民生、但损生产，重公平、但伤效率，经济社会发展过度依赖石油部门，结构失衡加剧。特别是近年来，委内瑞拉对外汇和物价严加管控，挫伤了企业积极性，造成产能下降，供应不足，通胀高企。此外，委、玻等国激进的国有化政策，导致外资减少，内资不振。与此同时，各类社会计划支出远超经济实力，如委内瑞拉社会开支占财政支出比例高达60%，政府入不敷出，社会项目难以为继，却又骑"民粹"之虎难下。

再次，美国从自身地缘政治和价值观出发，不会坐视拉美"21 世纪社会主义"发展壮大。美国曾多次或明或暗地支持反对派图谋搞垮委、玻、厄政权。查韦斯病逝后，美国利用委内瑞拉政治过渡期内部困难增多之机，大力扶持和煽动委内瑞拉反对派闹事，意欲推翻马杜罗政府。从中长期看，美国因素仍是影响拉美"21 世纪社会主义"发展的最大外部威胁。

三、几点看法

（一）"21 世纪社会主义"是拉美左翼对独立自主发展道路的有益探索，丰富了世界社会主义实践，壮大了世界社会主义力量。拉美激进左翼放弃暴力革命，在资本主义体制内通过选举上台执政，开辟了夺取政权的新路径。他们从本国国情出发，在资本主义制度下大胆践行社会主义理念，为拉美其他国家提供了不同于新自由主义发展模式的新范式，对世界各国探索符合本国国情的发展道路也有一定借鉴意义。经过数年实践，委、玻、厄等国在政治经济社会诸领域各有成就，坚定了相关国家探寻本国特色社会主义道路的信念，也为世界社会主义运动注入新的动力。

（二）拉美"21 世纪社会主义"是拉美左翼在资本主义体制内的变革或改良。从理论上看，拉美"21 世纪社会主义"是基督教教义、马克思主义、印第安主义、卡斯特罗主义、考迪罗主义等多种思想，人道主义、民主、团结互助等价值观的混合体，虽借鉴了科学社会主义的一些理念，但在指导思想、方法论及对社会主义的认识和构想上均与科学社会主义存在本质区别。从实践看，"21 世纪社会主义"虽具有某些社会主义元素，但在资本主义多党制下，各项改革措施遭到反对党和传统利益集团的强烈抵制，难以彻底推行，未能改变国家政治、经济和社会结构，其自诩的革命难言成功，社会生产力并未得到解放。以委内瑞拉为例，政府仅控制了石油和天然气等少数部门，制造业、金融、商业、交通运输业等仍掌握在垄断资本、私人资本和外资手中；在农村，土地仍掌握在大庄园主手中，土改只分配部分闲置土地，未触动大庄园主的利益。此外，实行"21 世纪社会主义”的国家在拉美仅是少数,并非主流,西方价值观在拉美社会仍占上风,社会主义在拉美远未形成共识,温和、中间道路更受青睐。

(三)拉美“21 世纪社会主义”仍处于艰难探索阶段,尚未形成完整的理论体系和制度安排,前景具有较大的不确定性。首先,拉美“21 世纪社会主义”思想主要体现为领导人言论及经济社会政策或计划,尚未提炼升华为完整、系统、明确的理论体系。其次,仍处于替代模式初探阶段,各领域制度建设尚未跟进,各项政策措施不是通过民主程序和法制手段来推行,而是通过考迪罗式的魅力型领袖和大规模群众运动来推动实施。再次,执政党自身建设滞后,多为着眼于大选而组成的松散政治联盟,内部派系林立,缺乏凝聚力和战斗力,党和国家的前途命运多系于伟人和强人。受选举制度下政党轮替的影响,一旦强人去世或失势,执政党恐难当重任,社会主义进程可能发生逆转。如查韦斯病逝对“21 世纪社会主义”造成重创,马杜罗虽一再强调继承查韦斯衣钵,但由于其面临诸多内外挑战,未来委“21 世纪社会主义”充满不确定性。

社会主义在原苏东地区国家的发展态势与影响

苏联东欧曾是社会主义力量最强大、社会主义运动最发达的地区之一。苏东剧变使该地区的社会主义运动蒙受重大挫折。但该地区国家社会主义力量经过重组、调整,得到一定程度的恢复和发展,使社会主义影响在该地区持续存在,成为当今世界社会主义的重要组成部分。

一、苏东剧变使该地区传统意义上的社会主义政权和制度不复存在,但社会主义力量尚存,在各国政治生活中占据一定地位

苏东剧变后,原苏东 9 国演变为 28 国,各国相继发生急剧的社会制度变革。尽管各国国情、历史文化传统和现实发展水平不同,政治经济体制和社会发展模式存在诸多差别,但总体看,苏东各国普遍摒弃了传统社会主义,向多党议会民主政治和市场经济转变。

在这一过程中,地区国家共产党经历了被禁、解散、分化、转型、重组等不同境遇,一些党逐步以新的形式复兴。当前该地区社会主义力量发展主要呈现以下特点:

社会主义政党平稳、多元化发展。从数量上看,地区国家现有共产主义政党约 40 个,社会民主主义政党近 50 个。两类政党内部可划分不同的类型。共产党方面,有未更改名称的原共产党的继承党,如捷克和摩拉维亚共产党(简称捷摩共)等;有在剧变遭禁后恢复重建的共产党,如俄罗斯联邦共产党(简称俄共)等;有从前共产党分裂出来重组的新共产党,如保加利亚共产党(简称保共)等;还有完全新建的共产党,如罗马尼亚新共产党等。社会民主主义政党包括由原执政的共产党演变而来的"改建党",如匈牙利社会党等;有老社会党的"重建党",如捷克社民党、罗马尼亚社民党等;还有剧变后成立的"新建党",如波兰劳

动联盟等。

共产主义政党与社会民主主义政党作为不同类型的社会主义政党,各自发展的重点区域有所分化。在俄罗斯、摩尔多瓦,比较而言,共产党在政治舞台上影响较大,而社会民主主义政党的力量相对薄弱。重建后的俄共曾成为议会第一大党,目前保持第二大党地位;摩尔多瓦共产党人党(简称摩共)在21世纪初曾连续八年执政,现为议会第一大党(在野)。在中东欧及前南斯拉夫地区,社会民主主义政党具备同右翼政治力量相抗衡的实力,各国相应形成了左右翼轮流执政的局面。其中,由原共产党转化而来的社会民主主义政党多是各国最有影响力的左翼政党。波兰民左联党、匈牙利社会党、捷克社民党、保加利亚社会党、阿尔巴尼亚社会党、塞尔维亚社会党、黑山社会主义者民主党等,都通过选举多次上台执政。在中亚地区,持左翼或社会民主主义倾向的政治力量普遍存在,拥有较为稳定的社会基础,如吉尔吉斯斯坦社民党、祖国社会党为执政联盟主要成员;哈萨克斯坦共产人民党、塔吉克斯坦共产党在议会内参政。相比较而言,波罗的海三国、外高加索三国社会民主主义政党和共产党影响不是很大,但各政党在处境艰难的条件下,仍以各种方式开展活动。拉脱维亚社会党自1994年成立起,一直积极参加议会选举,稳定保持四五个议席。

二、地区社会主义力量普遍对社会主义的重大问题进行重新认识,试图提出更加符合社会发展需要及选民要求的纲领主张

(一)关于如何对待马克思主义。各国共产党普遍坚持遵循马克思主义学说和唯物辩证法,同时强调必须以发展的眼光看待马克思主义。俄共坚持马克思主义是关于人类社会的科学学说,是共产党人世界观的理论基础,同时强调将马克思主义与俄罗斯的民族特性、历史经验与社会主义制度的优秀成果结合起来。摩共认为,马克思主义依然具有强大的现实生命力,正成为当代世界普遍应用的一门科学。保共强调,马克思主义从来就是不断丰富的理论学说。

(二)关于什么是社会主义和怎样实现社会主义。各国共产党认为,人民政权、建立在生产资料公有制占主导地位基础上的发达的生产力和社会公正,是社会主义的主要特征。社会民主主义政党则更强调民主和自由。两类政党

都主张利用一切合法手段、通过若干阶段实现社会主义。俄共十三大通过的党纲指出,俄共“把社会主义视为以公有制为基础,根据劳动的数量、质量和成果分配生活用品的没有人剥削人的自由社会”。在实现社会主义的具体方式上,提出建立“俄罗斯社会主义”,将爱国主义、强国思想和俄罗斯精神等注入到社会主义的基本原则中。公正俄罗斯党强调要走超越苏联社会主义和西欧社会民主主义的“21 世纪新社会主义”道路,即“第三版社会主义”。哈萨克斯坦共产党(简称哈共)强调社会主义既不同于哈“现行的犯罪猖獗的资本主义制度”,也有别于苏联时期社会主义的一些消极特征,要建立一种没有暴力体制、社会公平、真正民主、保障物质和精神财富的社会主义社会。斯洛伐克共产党反对走回头路,但认为社会主义是维护人类文明存在的唯一道路。保加利亚社会党、捷克社民党、匈牙利社会党等社民政党则强调奉行自由、公正、团结互助的基本价值,建立和平、自由、民主和公正的民主社会主义社会。在实现社会主义的道路问题上,多数党表示不准备以暴力手段改变现行制度,而是在本国宪法和法律范围内活动,通过自己的努力、循序渐进、和平地达到自己的目的。

(三)关于资本主义被社会主义取代的必然性。各国共产党普遍认为,资本主义的本质没有改变,内在固有矛盾并未消除,最终会被社会主义所取代。俄共等承认资本主义生产方式占据世界主导地位的事实,同时强调资本主义生产方式意味着对人和自然资源的无节制开发,对人类产生致命后果。西方国家通过推行全球化来重新瓜分世界,导致人类陷入新的矛盾,2008 年以来的金融危机和经济危机是资本主义内在矛盾所致,危机的性质是资本主义的结构性危机。无论是新一轮重新瓜分世界,还是将资本主义的主要矛盾——劳动和资本之间的矛盾转化为地区间的矛盾,为社会冲突披上国家间冲突的幌子,上述矛盾在资本主义框架内是无法解决的。要解决这些问题,“只能是在没有剥削、压迫、贫困、不公正和不压制自由的世界里,也就是在真正的社会主义条件下”,才有可能。

(四)关于政治、经济体制。政治上,多数政党承认多党制、议会民主、自由选举及三权分立是现行政治体制的基本原则,政党要在宪法规定的体制和框架内活动,最终建立人民民主政权。经济上,多数政党反对资本主义野蛮“私有化”行径,主张公有制在社会主义经济中发挥主导作用,但不再坚持消灭私有制是进行社会主义革命的首要条件。俄共、摩共、哈共、匈牙利共产主义工人党等都提出在一定条件下,允许多种经济成分共同发展,实行社会多元经济结构,并将国家调控与市场机制相结合。

三、原苏东地区国家不会重回苏联模式的老路，但也不能走照抄西方的道路，都在逐步探索符合本国国情、具有本国特色的社会发展道路。在这一过程中，社会主义因素被部分保留并不断生长，体现在国家治理的方方面面

地区国家在剧变之初大都照搬西方资本主义发展模式，后果是政治社会动荡，社会财富迅速集中到极少数人手里，经济状况恶化，社会分化加剧，人民不满增加。各国普遍认识到照搬西方模式付出的巨大代价，努力探索适合自身国情的发展道路。

在俄罗斯，普京提出将市场经济和民主制普遍原则与俄现实有机结合起来，走俄式特色发展道路。政治上，推行以维护政局稳定、保持社会和谐为基本目标的“可控民主”，坚持以总统为核心的总统制和以中央为核心的垂直权力体系，不断完善政治环境，鼓励各派政治力量竞争，建立“开放政府”。经济上，建立以注重效率、兼顾公平为基本特征的社会市场经济，加大国家宏观调控力度，注重社会领域改革，推进农业、住房、医疗、教育等四大民心工程，增加社会保障产品品种，扩大覆盖范围。可以看出，普京领导下的俄罗斯继承了苏联社会主义的某些“遗产”。正如原俄共副主席库普佐夫所说，普京拿走了俄共许多主张。普京主义被外界认为是“融合自由主义、社会主义和民族主义的产物”。

除俄罗斯外，原苏东地区各国根据各自国情，探索具有本国特色的发展道路，社会主义因素不同程度有所体现。在白俄罗斯，卢卡申科当选总统后，中止“休克疗法”，实行“市场社会主义”。具体讲，注重国家的宏观调控和计划的作用；缓行私有化，实行以国有和公有经济为主体、各种经济成分并存的所有制结构；强调社会公正，取消不合理特权，推进社会保障制度改革。在意识形态领域，抵制西方价值观念的影响，加强对公民的道德、爱国主义和集体主义教育。这些做法被认为是继承了苏联社会主义在国家宏观调控、社会保障和精神价值观等方面的积极因素。摩共通过选举上台执政后，主张按照社会主义生产原则，发挥国家在调控战略产业部门中的作用，并控制商业银行、基金会和其他财政与信用机构。强调保障公民的劳动、休息、住房、医疗和教育的权利等。土库曼斯坦、乌兹别克斯坦等中亚国家在转轨过程中，出于稳定国内局势需要，最大限度地保留了原社会福利政策，逐渐走向国家—市场统筹结

合的社保模式。中东欧国家社会主义因素集中表现在推行国家社会经济政策时，把体现社会公平、公正放在极其重要的位置。如波兰社民党、民左联党执政期间，重点实施了一系列改善民生的政策，包括增加最低工资、扩大最低养老金覆盖面，以法律的形式使福利制度合法化，加强对公共设施的投资、解决严重失业问题等。

西方国家对政府与市场关系的探索

自18世纪第一次工业革命以来，西方资本主义市场经济体制历经两百余年的发展和演变，形成了不同类型的市场经济模式和较完备的代议制现代政府。各国为渡过历次周期性经济危机找寻出路，多次调整政府与市场二者的边界，不断完善资本主义市场经济体制。

一、西方国家在不同时期对政府与市场关系的探索

（一）古典政治经济学对政府与市场关系的定义。西方对政府与市场关系的探究可追溯到17世纪。18世纪英国古典政治经济学创立者亚当·斯密在《国富论》中指出，经济在发展中受到市场这只“看不见的手”的指导，政府的作用只是扮演好一个“守夜人”的角色。此后，大多数古典经济学家都不同程度上接受了“反对国家直接干预经济”的观点，认为市场与政府的关系应是市场自由运行、政府提供基本公共服务。但以西斯蒙第（法国）和马尔萨斯（英国）为代表的浪漫主义和现实主义经济学家则指出，市场机制的自动调节并不能实现经济自动均衡，政府需要对经济进行必要和适度的干预，加强宏观管理，刺激总需求以适应总供给。西方17—18世纪古典政治经济学理论思潮对政府与市场关系的定义，充分体现了新兴资产阶级对经济自由和市场竞争的需求，对当时各国政治经济政策产生了深远影响，有力推动了西方资本主义飞速发展。

（二）凯恩斯主义关于政府和市场作用的观点。20世纪30年代，主要西方国家爆发了资本主义历史上最为严重的经济危机，原有自由放任的市场经济模式难以为继，凯恩斯主义应运而生。凯恩斯主义认为，受各种外部条件制约，“看不见的手”无法有效对市场进行调节，政府应承担起调节供求关系的责任。在市场失灵情况下，通过政府手段增加有效需求，以选择性的政府干预消除资本主义宏观经济的弊端，但无需对资本主义制度本身进行根本变革。第二次世界大战后，西方各主要资本主义国家以凯恩斯主义为思想指南，运用积极的财政政策和货币政策对经济进行大规模干预，调节社会总需求，刺激社会活力，实现了

西方资本主义发展的黄金期。凯恩斯主义成为这一时期西方主流经济学,并分别在英国工党、德国社民党、法国社会党等中左翼政党的价值理念和政策实践中得到集中体现。

(三)新自由主义对政府与市场关系的重新界定。20世纪70年代,西方主要发达国家经济普遍陷入"滞胀"泥潭,凯恩斯主义及国家垄断资本主义的干预政策陷入困境,以新自由主义为代表的调整和改革浪潮在西方国家兴起。新自由主义将"滞胀"归咎于国家过渡干预和政府开支膨胀,主张"小政府,大市场",强调完全自由市场竞争,反对政府对经济的不必要干预。认为市场的自我调节是最优越、最完善的资源配置机制,自由市场竞争是实现资源最佳配置和充分就业的唯一途径。即便存在市场失灵,但解决方法也在于市场本身而非政府干预,政府干预恰恰是造成市场失灵的原因。新自由主义甚至喊出,"应受到谴责的是国家和政府,而不是资本主义或市场经济,政府本身也会出现失灵"。政府与市场二者关系的理想状态应该是政府通过经济和货币政策为市场自由运行创造稳定框架和良好环境。在这一思想影响下,撒切尔夫人和里根分别在英美两国推行新自由主义变革,不仅成功帮助两国走出"滞胀",也带动了西方国家经济政策和政府治理模式的转型。

(四)"第三条道路"对政府和市场关系的思考。新自由主义在一定程度上遏制了通货膨胀,促进了经济发展,但也累积了大量问题。20世纪90年代中后期,新自由主义不仅在西方引发了巨大金融、经济和社会危机,也对拉美、东欧、东亚等地区产生了强烈冲击。在西欧传统社民主义经济政策也遭遇危机的情况下,西方重新调整了对政府与市场关系的认识,提出走"第三条道路",主张"在不受约束的个人主义、自由放任主义与传统政府干预、各阶级合作的社会民主之间,找到一条在当代实现公平的道路"。该主张既注重市场机制在经济运行中的主导作用,又强调发挥政府调节经济的职能,倡导效率优先、兼顾公平的原则。同时坚持国家基本责任理念,强调政府对经济和社会的干预责任,从而为经济发展和社会公正提供保障。

(五)全球金融危机之后西方对政府和市场关系的反思。2008年爆发的全球金融危机对西方各国产生了严重冲击,曾被西方奉为圭臬的新自由主义遭到普遍质疑。为尽快走出危机,西方各国纷纷对传统的放任自由经济政策进行不同程度调整。如美国奥巴马政府秉承"变革"理念,以加大政府对经济生活干预为主要手段,试图推动经济复苏;英国卡梅伦政府提出"大众资本主义"等概念,主张通过政府引导,克服市场弊端,为资本主义注入"公平""正义"元素;法国萨科齐政府提出重新定位国家在经济中的作用,主张国家应积极参与经济管理,加大国家对经济的干预力度。而受危机影响最小的德国则更坚定了对社会市场经济理念和政策的信心。2009 年 7 月,德国基民盟阿登纳基金会发布《共同富裕、社会公正和可持续经济发展》文件,指出要在坚持团结和互助原则基础上处理国家与市场关系,一方面给市场创造自主行动和自我负责的空间,另一方面主张在市场失灵或公共产品供给不足时,必须由国家来“补位”,但同时强调将国家干预限定在一定范围之内。金融危机背景下西方各国对政府与市场关系的反思和相关政策调整,表明西方试图在政府和市场之间找到新的平衡,一定程度上从“市场万能论”和“公共干预无用论”朝国家干预方向回摆。

二、西方国家处理政府与市场二者之间关系并无定式,既处于动态调整之中,又是危机下的产物

从西方对政府与市场关系认识的演进中不难看出,西方国家始终将政府和市场视为资源配置的两种方式,承认二者的有效性和各自弊端。政府与市场关系的变化,实质上反映出二者在经济、社会生活等诸多领域作用边界的调整。西方对于二者关系的认识,很大程度上与当时经济状况和生产力发展水平密切相关,并为资本主义国家经济发展现象提供理论解释,为政府制定政策提供理论依据。此外,西方国家对政府、市场二者关系的调整往往是资本主义经济危机下的产物,是传统的政府与市场关系平衡被打破的结果,缺乏主动性和前瞻性。当市场失灵严重时,政府不得不出面干预,而当政府干预暴露弊端时,市场主导的呼声又再次兴起。不论西方对政府与市场二者关系如何调整,均未触及资本主义根本制度,也难以彻底摆脱资本主义基本矛盾。在未来很长一段时间,西方对政府与市场关系的调整还将持续。

三、西方国家对政府与市场关系的认识和调整有差异,带有本国深刻的政治和文化烙印

西方国家对政府与市场关系的调整,均与本国市场经济特点等具体国情相适应。各国市场发育程度和市场作用强度不尽相同,政府介入经济的程度和方式也有所区别。美国市场经济的形成主要依靠移民时期留下的自由主义竞争思想,强调“个人奋斗”和“自治”“天助自助者”等观念深入人心,历史上政府调节

经济作用较浅，主要发挥维护市场框架和经济秩序的作用。受历史因素影响，西欧国家国有经济在国民经济中占比相对较大，最早建立社会保障和福利制度，民众对政府依赖较强，因此更强调发挥政府作用。各国对政府与市场关系认识的差异，也体现出本国特有的政治文化传统。英美两国受自由主义文化传统影响较深，倾向于“自由竞争”“小政府”“有限政府”，主张尽可能发挥市场的竞争和活力，减少政府干预。而德、法等国家则受国家主义传统影响，倾向于“集体团结互助”和“社会市场经济”，因而较为看重政府的作用。

四、政府与市场关系的理想模式是“有效市场”和“有为政府”的有机统一

从西方国家200多年来不断调整政府与市场关系的历史发展中不难看出，在市场经济条件下，政府地位和作用具有二元性：一是在“市场失灵”的领域，政府可直接介入经济运行过程，影响市场供给与需求；二是在市场机制有效发挥作用的领域，政府承担着维护市场秩序、稳定宏观经济环境、平衡市场与社会关系的管理者责任。因此，即便市场经济体制比较完善的国家，政府的地位和作用相较于市场也会更突出一些。很多国家在界定和调整政府与市场关系过程中多次反复甚至遭遇挫折的主要原因并非是市场机制不够完善，而恰恰是因为政府受制于垄断资产阶级利益和意志，其作用相对软弱甚至“缺位”。正如福山指出，“在过去几年中，世界政治的主流是抨击‘大政府’，力图把国家部门的事务交给自由市场或公民社会。但在一些国家特别是发展中国家，政府软弱、无能或无政府状态，却是严重问题的祸根”。无论从历史维度还是现实层面看，政府与市场二者关系的理想模式应该是：既充分发挥市场配置资源的作用，也强调政府在经济进程中的有益指导和补充，从而达到“有效市场”和“有为政府”的有机统一。

印共(马)中央政治局委员亚秋里谈社会主义与资本主义问题

2014 年 3 月 5 日,印度共产党(马克思主义)中央政治局委员、印度联邦院议员亚秋里在新德里印共(马)总部会见了中共中央对外联络部工作人员,双方就当前社会主义与资本主义问题进行了交谈。现将会谈内容整理如下,供参考。

中方:谢谢你会见!你是知名的马克思主义理论家,我对与你见面渴望已久。我不多讲客气话,直接向你请教关于社会主义与资本主义的问题。第一个问题是战略形势方面的问题,我们现在所处的时代显然不同于列宁所说的"帝国主义与无产阶级革命的时代",从力量对比来看,明显是资本主义力量比社会主义力量更强。请问你对当前社会主义和资本主义力量对比的战略判断是什么?

亚秋里:欢迎你们的来访!我很高兴你跳过客套,直奔主题,我们共产党人就应该这样!印共(马)在上届全国代表大会上有一个对当前国际形势和共产主义运动现状的分析报告,还形成了一个关于意识形态若干问题的特别决议,都是经过我们党代会讨论过的。我简要概括一下我们分析的基本内容:第一,你说得对,当前的国际阶级力量对比有利于帝国主义,社会主义处于相对弱势,这是现实;第二,由于存在这样的现实,我们认为帝国主义并未终结而是更具进攻性;第三,你说得对,目前的形势已经不同于列宁分析的那个时代。列宁时代的帝国主义是金融和工业资本、金融寡头控制下的银行资本和一个个帝国主义国家结成的同盟。这些要素相互竞争,所以帝国主义内部竞争是帝国主义在那一阶段的主要形式,而这种竞争在帝国主义可承受程度之内。列宁在其著作中认为,随着帝国主义的发展,金融资本将成为更加主要的资本形式,其他资本将卷入国际金融资本。我认为,列宁的这一观点是正确的。随着帝国主义的发展,国际金融资本主义成为全球资本主义的领导者,其他形式的资本都在国际金融资本的主导下融入其中。今天,工业资本已与金融资本相联结,不再独成一体。金融资本是全球性的,而不仅仅局限在某一中心。所以,今天的帝国主义是全球帝国主义,不再是美国帝国主义、英国帝国主义或法国帝国主义,而是全球性的。全球帝国主义,这是我要强调的第一点。

我要强调的第二点是,这一全球帝国主义在全球运转,企图主导世界。在企图主导世界的过程中,目前重要的一个方面就是其致力于控制全球资源,当前就是试图控制石油和天然气。所以,帝国主义在中东和西亚花大力气,是因为石油;关注委内瑞拉,是因为石油;关注和孤立俄罗斯,还是为了石油。现在,阿富汗对帝国主义十分关键。中亚有世界上最丰富的天然气储备,要获得这些天然气就必须控制阿富汗,因为阿富汗是唯一连接中亚通往出海口的通道。如果通过欧洲连接出海口,成本会很高。所以,今天在西亚、叙利亚、阿富汗的军事行动,就是要控制经济资源。

我们不认为列宁是错的,我们认为列宁在他当时的历史条件下是正确的。在我们的时代,这些具体条件已经发生变化。所以,列宁的论点没有变,具体情况要具体分析。正如列宁所讲的,辩证法的精髓就在于对具体情况进行具体分析。既然具体情况变了,具体分析也要相应改变。列宁的分析是对于一个世纪前其所处情况而言的,今天的具体情况已经不同于当时。因此,我们不认为帝国主义已经终结,帝国主义的特点发生了变化,其关注点不再是帝国主义内部竞争,而是全球霸权。在全球霸权之下,帝国主义联合起来对付全世界。在这一全球霸权下,除了经济资源,帝国主义的主要目标是要阻止潜在对手的崛起。

马克思主义告诉我们,资本主义作为一种制度,永远无法摆脱危机,也无法放弃剥削。当危机加深,剥削随之加剧。所以,在全球化背景下,剥削加剧,利润最大化,大型的跨国公司不断增加。同时,底层的贫困加剧,经济不平等扩大。这意味着广大人民群众没有购买能力,如果他们没法购买资本主义生产的产品,经济危机就产生了,这是资本主义危机的本质。它们越想摆脱危机,贫富差距就越大,危机就进一步加剧。所以,过去五年,全球资本主义经历了一次又一次的危机。金融崩溃,出台纾困计划。出台纾困计划,公司主权转化成国家主权,我指的是公司破产转化为国家破产。然后又试图通过紧缩措施来克服国家破产。紧缩措施意味着人民手中的钱少了,贫富差距又拉大了。没钱购买产品,新的资本主义危机又来临了。所以,资本主义危机是常态。当然,资本主义能调控危机程度,不会自我崩溃。马克思告诉了我们这一点,是正确的。每一次危机,资本主义能克服,但是通过加剧剥削来克服的。通过加强对人民的剥削来克服危机,资本主义渡过了一次又一次的危机,但同时又酝酿了下一次危机。所以,资本主义本身没有解决办法。这就是最基本的问题,资本主义本身没有解决办法,只有社会主义才能解决。但我们认为,当前形势最大的弱点是全世界的共产党没有足够强大到可以利用资本主义的这一特征。列宁曾论及自觉斗争,推翻资本主义的自发斗争有了,但自觉斗争还很弱。因为自觉斗争还很弱,资本主义得以继续发展。

总而言之,我们认为,帝国主义尚未终结,而是发展到了新的阶段。这一新阶段的显著特征就是全球霸权、控制经济资源、遏制潜在对手。在遏制的过程中,招募所有其他国家如印度、东南亚国家于其麾下,这也是美国2/3的舰队聚集在太平洋的缘由。帝国主义的目标是要继续延续其生命。

中方:我的第二个问题是关于当前资本主义的。我认为,当前资本主义存在两面性。一方面,资本主义不断地从一个危机到另一个危机,说明资本主义制度存在无法克服的内在矛盾;另一方面,当前资本主义还有活力,资本主义制度本身还有一定的调适能力和发展空间。请问你怎么看待当前资本主义的两面性?

亚秋里:资本主义始终拥有内在活力,问题是社会主义力量能否利用其内在矛盾导致的危机来推翻资本主义。如果替代资本主义的政治力量不够强大,那么资本主义将不断从一次次的危机中重新崛起。资本主义内在活力是绝对存在的,但这一力量又是相对的,重要的是共产党人是否准备好利用危机推翻资本主义。如果没有,资本主义就成功了,这也是当前正在发生的情况,这是我们的看法。另外,马克思指出,资本主义从每次危机中变得更强大,通过毁灭部分生产力变得更强大,这就是今天资本主义的逻辑。你的手机质量好到可用十年,但一年之后你换了新款手机,不是因为你原来的手机坏了,而是有了新功能的新款手机,所以你换了新手机。因此,你毁掉了部分生产力,尽管它还具备生产力、还能使用,但这就是资本主义的逻辑。所以我们认为,资本主义具有内在活力,但我们共产党人是否准备好利用其内在矛盾来推翻它?我们没有,这就是现实。不幸的是,我们没有做好准备。

中方:我的第三个问题是关于当前社会主义的。当前形势下,社会主义国家包括中国和越南都在进行改革和革新事业,其他国家的共产党包括印共(马)也在发展自己的社会主义理论。当前,社会主义国家与共产党在新形势下努力使自己的制度和理论与本国国情和时代特征相结合,这已经成为一大潮流和趋势。请问你是怎么看待这一潮流和趋势的?

亚秋里:你说得很对。我们相信,成为马克思主义者就必须坚持具体情况具体分析的原则,如果具体情况变了,而你的分析不变,那我们就认为你不是真正的马克思主义者。东欧发生的事情不是说社会主义有问题,也不是马克思主义出了错,问题在于他们没有正确理解马克思主义,犯了错误。我们认为,改革和革新都是马克思主义的一部分。我们提醒印度同志,回顾俄罗斯、中国、越南、古巴等国革命运动的历史,在关键节点要改变战术路线。例如,毛泽东过去还在对地主进行土地革命,日本入侵并占领东北后,他就宣布:那些反对日本帝国主义的爱国地主,我们将停止对你们的土地革命。毛泽东区分阶级敌人为爱国地主和非爱国地主,将区分出来的爱国地主纳入到共产党的革命队伍。这就是对具体情况进行具体分析。日本入侵东北改变了具体情况,针对变化了的具体情况,你就需要进行具体分析,主要矛盾已经变成了中国和日本之间的矛盾、爱国分子与非爱国分子之间的矛盾。所以,中国共产党担负起领导权,提出了具体口号,分裂了统治阶级,争取了更多的革命空间和进步力量。这只是一个例子,当情况发生变化时,你也要相应地改变策略,改革就属于改变策略的内容。社会主义最终必须要表现出相对于资本主义的优越性,正如列宁所说,在更高的生产力方面,要看劳动力、资本、生产资料组成的经济制度是否优于资本主义。东欧和苏联社会主义解体了,因为它们没能比资本主义更优越,这就是错误所在。在改革过程中,反对社会主义的因素将会上升。因为改革就是通过发展获得力量,主导权问题相当重要。在苏联与东欧,反社会主义的力量成了主导,所以社会主义失败了。所以,我们希望中国的反社会主义力量现在没有发展起来。正确的方向、正确的策略,对于改革成功十分重要。

中方:我的第四个问题是关于社会主义的历史地位与作用的。自从1516年托马斯·莫尔发表《乌托邦》以来,社会主义作为一种思潮和理论,推动着人类向前发展。社会主义作为一种批判理论,一直在揭露和批判资本主义的矛盾和弊端。即使在当前资强社弱的形势下,社会主义依然是很多国家民众作为不同于资本主义的一种选择。正是在这种力量的推动下,资本主义国家内部出现了越来越多的准社会主义因素。也就是说,资产阶级政党也不得不采取一些社会主义的政策来缓解社会矛盾。请问你是怎么看待社会主义作为一种思潮和理论对人类文明发展进程的推动作用的?

亚秋里:社会主义的作用很重要,因为最终人类的发展取决于生产力的发展和人类生存的更好环境,不仅是物质条件,还有生存空间和精神。在资本主义制度下,这些条件不可能完全地被充分创造出来。不可否认,资本主义在进步,美国资本主义也在进步,但它们不允许挖掘出全部潜力,因为资本主义利用生产力只是为了追求利润最大化。所以,在资本主义制度下,生产力的发展受到限制,而社会主义是可以完全解放生产力的。因此,实现社会主义的努力对于人类文明发展起到了十分重要的作用。正如很多年前罗莎·卢森堡说的,要么走向社会主义,要么回到野蛮状态。因为为了追求利润最大化,资本主义将会变得越来越野蛮、越来越贪婪。这就必须作出选择,所以社会主义作用很重要。托马斯·莫尔创造了乌托邦社会主义,傅立叶等法国哲学家们构想出空想社会主义,马克思主义将空想社会主义发展成科学社会主义。所以社会主义是人类思想发展过程中和人类经济进步的重要因素。

中方:我的第五个问题是关于社会主义未来发展前景的。社会主义是资本主义的对立物、继承物和创新物。社会主义的本质需要不断创新和与时俱进。当今世界,除社会主义运动外,还存在很多新社会运动,其中包括绿色环保、反全球化、女权运动等。请问你如何看待社会主义与新社会运动的关系,未来社会主义的发展需要容纳这些新社会运动吗?

亚秋里:这要分两个方面来看。一方面我认为,不论是环保还是女权主义,都是社会主义所必需的,这是马克思主义的观点。因为人类生存的基础是人与自然相处,人与自然相连,制造工具,创造文明。这种相处是长期的,所以没有环保就没有人类发展。简单地说,环保相比其他方面更应是社会主义的一部分,女权、性别平等相对其他方面也应该是社会主义的一部分。另一方面,反对马克思主义的势力——利用环保、女权等问题反对马克思主义的资本主义反动力量,它们断章取义地利用人类发展的某个全球性问题来反对马克思主义。环保、女权主义很重要,是社会主义必要组成部分,但被资本主义利用与社会主义相对抗。因此,我们必须同时考虑这两方面的情况。环保、女权主义等问题,社会平等(不是经济平等)、民族平等问题,共产党必须拥护。如果共产党不拥护,这些问题将成为社会主义的对立面。所以,这个问题存在两个方面,有积极面和消极面。我们必须促进积极面,并与消极面作斗争。

中方:我的第六个问题是关于新时期世界共产党的合作问题。共产党最讲国际主义,也主张建立某种形式的合作。当然,合作的前提是我们应该尊重各国共产党人的自主探索。请问你如何看待新时期世界共产党的合作问题,应该采取什么方式合作才比较好?

亚秋里:我认为,在过去的70年或80年,任何时候都不存在成立世界共产党国际中心的可能。共产党建立初期存在这种必要性,在资本主义的早期阶段,有必要建立跨国的国际主义,也有必要存在不断演进的国际机构,直到后来成立了第三国际。但这之后,特别是第二次世界大战之后,在非殖民化之后,这一阶段就结束了。我认为,斯大林作出了很正确的决定,就是解散了共产国际。不论对于中国、越南还是印度,我们这些共产党都拒绝过共产国际的建议。中国拒绝了三次,印度和越南也都拒绝过。在这时候,斯大林认清了形势。我们还是要回到马克思主义的观点,具体情况具体分析。印度的具体情况不同于中国的具体情况,中国的具体情况又不同于越南的具体情况。所以我们的分析也就不同。你得了解全球的形势,每个国家都有自己的不同分析,所以不可能存在一个统一的中心。每个国家的共产党必须根据自己的国情自主作出决定。在每一个国家，情况又有所不同。在印度，我们有很多民族。不像中国，人口的大部分是汉族。印度不存在一个占绝对主导的民族，也没有一种大多数人通用的语言，各民族有自己的母语。这就不同于中国、俄罗斯、越南，印度的问题很不一样。所以，站在我们的角度，我们比你们更加了解印度的具体情况。你们了解中国胜过我们了解中国。每个国家的共产党都必须保持独立自主，不受外来干涉；世界共产党人通过国际主义、反对全球帝国主义联合起来。所以，就有了国际主义和民族主义，它们不是互相矛盾的，而是并行不悖。这就是我们认为不需要存在一个国际中心的原因所在，而且，每个共产党根据本国情况所作的决定都必须得到尊重。甚至在情况最糟的时候，当苏共反对我们，中共反对我们，我们仍然认为苏联和中国是社会主义国家，虽然执政党正在犯错误，但它们仍然是社会主义国家，这种情况有别于世界上别的共产党。1983 年我们两党恢复关系前，中共对我们的攻击一度让我们很痛苦。我很坦率地告诉你们，我们党曾经面临着来自印度国内巨大压力，有人批评毛泽东发动的“文化大革命”是“反革命”，但作为印共(马)，我们说不是，我们有我们自己的理解和关切。中共是中国代表人民的执政党，我们不能干涉你们。这也是我们今天应该做的，作为印度的共产党我们也不应受到干涉。但是在全球范围反对帝国主义斗争时，我们就应该联合起来。帝国主义对伊拉克的进攻、对阿富汗的进攻，将来对伊朗的进攻，我们要联合起来阻止这种行为，这是我们应该做的。所以我认为，当前的国际共运应该加强各国共产党的协调，而不是任何形式的统一行动或在各国推行革命的、统一的指导方针。面对全球帝国主义，我们要加强协调。在各自国内，我们都要独立自主，我想这才是最好的路线。所以，我们要的是协调而不是统一的国际组织。关于协调，目前有一种很好的尝试，就是每年都举行各国共产党、工人党的会议。上次我们在新德里举办会议的时候，中共派代表参加了，还递交了论文。后来又举行过几次，好像是在布鲁塞尔和其他地方举行的。由于我们之间存在友好关系，很多共产党上次来新德里参加了会议，这取决于会议在哪个国家开。当然，这个不重要，关键是我们要在反对全球帝国主义斗争中协调起来。但处理内部事务时，我们要自主，不干涉内部事务这一点很重要。

中方：我的第七个问题是关于处理社会主义和资本主义两种制度的关系问题。当今世界，一球两制、竞争相处，一个世界、两种制度，社会主义和资本主义在竞争中相处。我们现在所处的是全球化时代，出现了很多全球性问题，既不是一个国家所能解决的，也不是一种制度所能解决的。请问你应该如何处理好社会主义和资本主义两种制度的关系？

亚秋里:你说得很对,当前有很多全球性的问题需要全球合作。但与此同时,我们也要牢记,资本主义不能也永远不会和社会主义和解。当前资本主义的发展阶段是处在控制全球经济资源的阶段,也企图控制中国的经济资源、想要掌控中国,但它做不到,因为中国是大国也是社会主义国家,但它不会停止这种企图。这就是它们遏制中国的意图所在,也是它们干涉中国事务和将更多舰船部署在太平洋的原因所在。因此,在这一层面我们必须相互合作。关于气候变化,造成气候灾难的是资本主义,所以我们应该采取共同立场。我们向印度政府施压,要求它们表明立场:气候变化必须得到遏制,但资本主义国家首先应该在气候变化上承担更大的责任和义务,然后才轮到其他国家。但资本主义国家要求各国承担相同减排责任和义务;我们说,你们才是造成气候变化责任最大的国家,所以从比例上,你们应该承担更大的减排责任和义务。这就是双方矛盾的根本点。美国人宣称说,中国与印度才是气候变化责任最大的国家,所以中、印不要进行工业化,否则会造成气候变化;至于减排,你们减少20%,我们也减少20%。但我们认为,如果我们减少1%,美国则要减少20%。因为人均能源消耗值,印度人跟美国人的比例是1比20,每个美国人破坏环境的程度是每个印度人的20倍。所以,如果要求印度减排的话,我们要做到公平,我们减1%,美国减20%。奥巴马说,不行,你们减1%,我们也减1%,这样显然是没有道理的。但这恰恰是国际资本主义所惯用的伎俩,将对手置于劣势,把自己放在优势地位。在世贸组织、气候变化等方面,它们都是这么做的。一方面,没有国际合作,类似气候变化这样的问题没法解决。但另一方面,解决问题的条件也很重要。如果你破坏环境多,那么相应地改善环境的责任也要更大,这样才公平。但对它们来说不是这样的,它们要求彼此承担相同的责任。所以,国际合作很重要,但是合作的条件也必须很清楚、很公平。

中方:我们的交流大大超过了预定时间,我不得不克制自己,向你提最后一个问题,即关于中国特色社会主义问题。我们新一届中央领导集体上任后,强调要坚持“三个自信”,即坚持中国特色社会主义道路自信、理论自信和制度自信,因为我们坚信中国特色社会主义道路是成功的,也得到了绝大多数人民群众的拥护。请问你怎么看待中国特色社会主义?

亚秋里:我们认为,中国特色社会主义是社会主义能在中国建立起来的唯一道路,印度的社会主义必然具有印度特色。我们认为,中国的社会主义是你们将马列主义应用于中国实际的结果,这就是我们的看法。中国特色社会主义意味着中国国情不断变化,社会主义也要相应变化。我们的信条和理论是:具体情况要具体分析。中国进行社会主义改革,社会主义力量必然会上升,但反对社义的力量也会增加.这就是中国现在面临一些困难的原因。什么是腐败?腐败不是其他什么别的东西,而是资本主义的弊病。正如邓小平提出的口号,改革"允许一部分人先富起来"。当一部分人先富起来之后,有的人就想比这部分人更富裕。然后,当其他人想变得跟那些更富裕的人一样富裕,这时腐败问题就出来了。腐败是社会主义制度中的资本主义弊病。不断加剧的贫富差距,也是社会主义制度中的资本主义弊病。中国存在的这些问题,事实就是资本主义想努力重返中国,这是中共所面临的挑战。你们要阻止这种事情发生,要解决这些问题。解决了这些问题就意味着消灭了反社会主义的势力。腐败、非法财产实际上反映了资本主义因素在社会主义制度下的滋生蔓延。你们能在多大程度上成功消除这些反动因素取决于中国特色社会主义的力量。所以我认为,胡锦涛同志提出的和谐发展理念和现在的"三个自信"必须与增强社会主义力量同步,同时要与这些不利因素作斗争。腐败、贫富差距、裙带关系都是资本主义对社会主义的不利影响。这些问题很重要,中国特色社会主义事业要解决好这些问题,因为这些正是资本主义在中国用来削弱社会主义的手段。总之,我祝你们取得成功!

中方:十分高兴和你进行了较长时间的理论探讨,希望今后还有机会向你请教,谢谢你!

亚秋里:谢谢!我们共产党人应该有更多类似的同志式的坦诚对话,我也希望今后与你有机会进行更深入的理论交流,这对我们双方都有益处。再次欢迎你们访问印度!

图书在版编目(CIP)数据

当代世界研究报告. 2014～2015 / 郭业洲, 丁孝文主编. —北京：党建读物出版社, 2015. 4

ISBN 978－7－5099－0614－9

Ⅰ. ①当… Ⅱ. ①郭…②丁… Ⅲ. ①国际政治—研究报告—汇编—2014～2015 Ⅳ. ①D5

中国版本图书馆 CIP 数据核字(2015)第 062363 号

当代世界研究报告

DANGDAI SHIJIE YANJIU BAOGAO

(2014—2015)

郭业洲　丁孝文　主编

责任编辑:季利清

责任校对:张学民

封面设计:李志伟

出版发行:党建读物出版社

地　　址:北京市西城区南横东街 6 号(邮编:100052)

网　　址:http://www.djcb71.com

电　　话:010－58587632 / 7681

经　　销:新华书店

印　　刷:保定市中画美凯印刷有限公司

印　　数:1—2000

2015 年 4 月第 1 版　2015 年 4 月第 1 次印刷

710 毫米×1000 毫米　16 开本　17.5 印张　300 千字

ISBN 978－7－5099－0614－9　定价: 46.00 元
